主办
中国人民大学中国合作社研究院
中国合作经济学会

中国合作经济评论

THE CHINESE COOPERATIVE ECONOMIC REVIEW

2017年第1期（总第1期）

主　编：孔祥智
副主编：陈卫平　钟真　谭智心　毛飞
本期执行主编：钟真

社会科学文献出版社
SOCIAL SCIENCES ACADEMIC PRESS (CHINA)

《中国合作经济评论》编辑委员会

主　任　张晓山　温铁军　孙中华
委　员　（按姓氏拼音排序）
　　　　陈东平　陈建华　陈良彪　陈卫平　郭翔宇
　　　　何广文　黄胜忠　柯水发　孔祥智　刘进喜
　　　　马九杰　庞晓鹏　仇焕广　任大鹏　孙中华
　　　　唐　忠　仝志辉　王明利　温铁军　夏　英
　　　　徐　晖　徐旭初　应瑞瑶　苑　鹏　查迎新
　　　　张利庠　张晓山　张云华　张照新　赵　鲲
　　　　郑风田　郑有贵　周　立

主　　　编　孔祥智
副 主 编　陈卫平　钟　真　谭智心　毛　飞
本期执行主编　钟　真

《中国合作经济评论》发刊词

当前,中国农业农村的发展正处于剧烈的转型时期,政府的政策在主要农产品供给和农民收入两个大目标上艰难抉择,左右摇摆;而在WTO框架下,国际、国内市场的竞争日趋激烈,使得中国农民正在承受着前所未有的压力。这既是转型之痛,也是凤凰涅槃之机。自2007年《中华人民共和国农民专业合作社法》实施以来,农民专业合作社快速发展。根据国家工商总局公布的数据,当前依法注册的农民专业合作社已经超过170万家,成员数超过1亿人(农户)。2016年12月26日,中共中央、国务院颁布了《关于稳步推进农村集体产权制度改革的意见》,预计未来5年内农村社区股份合作社将在全国范围内取得较大的发展。2015年3月23日,中共中央、国务院颁布了《关于深化供销合作社综合改革的决定》,进一步推进了供销社系统的改革,使其成为中国合作经济事业发展的又一重要力量。除此之外,城乡消费者合作社、住宅合作社、手工业合作社、旅游合作社等都在一定范围内发展起来。中国合作经济的大发展给研究者提供了不可多得的"试验场"。

毋庸讳言,合作社的研究工作总体上滞后于丰富多彩的实践。为了推动研究工作的深入开展,2010年,中国人民大学中国合作社研究院、中国合作经济学会曾与中国人民大学书报资料中心合作创办《中国合作经济评论》数字期刊(网址为http://www.zlzx.org/zghzjjpl/index.html),2017年,与社会科学文献出版社合作出版同名纸质集刊。开始每年出版两期,待成熟后按季度出版。《中国合作经济评论》刊登的文章内容以制度分析、案例分析、比较分析、调研报告为主,但也不排斥言之有物的计量分析文章。要求投稿文章技术路线正确并可重复,语言流畅并有较强的可读性,数据资料翔实可靠,研究方法适用、规范、严谨,理论研究和经验研究相结合。

本刊以1万字以上原创学术论文为主，也欢迎2万字以上的长篇宏论。以农民专业合作社研究的学术成果为主，兼顾其他类型合作社问题的研究成果。为提高刊物的质量，本刊采取"双盲"评审的录用办法。为了提高国际化水平，我们也将刊登一部分英文翻译文章。文章在本刊刊发后，作者也可以投给其他正式刊物，但经有关刊物转载的文章需要遵守相关版权规定。

本刊由中国人民大学中国合作社研究院、中国合作经济学会共同主办。前者成立于2008年，是中国人民大学校属科研机构；后者是国家一级学会，是由国内合作经济的研究单位、研究人员和实际工作者自愿组成的非营利性学术团体。我们希望能够给学术界提供一个集中讨论合作社理论问题的高水平学术平台，为在国际合作社研究领域形成中国学者的话语权和话语体系而努力。21世纪，中国合作社的实践在世界上是独一无二的，必然会出现引领国际合作经济理论研究的学术成果。中国合作社现象是对国际合作社运动的巨大贡献，我们期待着在理论研究上也能够产生分量相当的学术成果。当然，这需要学术界同人的共同努力。

《中国合作经济评论》编辑委员会

2017年4月5日

中国合作经济评论　2017年第1期（总第1期）
2017年4月出版

目　录

合作社热点

农业供给侧结构性改革与合作社转型发展 …………… 高　强　张照新 / 3

合作社治理

成员异质性合作社的制度安排与合作稳定性：
　　以三家奶农合作社为例 ………………… 钟　真　王舒婷　张　琛 / 21
独立理事制度对合作社信贷约束的缓解机制研究：
　　以山东省菏泽市为例 ………………………………… 郑力文　孔祥智 / 38
渔业合作组织与渔民利益联结机制问题研究 …………………… 郑思宁 / 59

合作社调查

黑龙江克山县仁发现代农机合作社的创新发展
　　…………………………… 刘同山　钟　真　周　振　孔祥智 / 85
农民专业合作社联合社发展情况调查报告
　　………………………… 中国人民大学中国合作社研究院课题组 / 109

合作社正规金融机构信贷获取状况调查报告 ………… 毛 飞 陈江萬 /126

合作社政策

农民合作社联合社扶持政策研究 …………………………… 谭智心 /143

海外借鉴

合作社的混合定价与竞争标尺效应 ………… 梁 巧 George Hendrikse /171
对合作社失败的经济学解释 ………………………… Emmanuel T. Velasco /196
欧美农民合作社融资经验及对中国的启示 ………… 毛 飞 李 昂 /210

投稿者须知 …………………………………………………………… /227

CONTENTS

Cooperative Hot Issue

The Supply-side Structural Reform and Innovative Development of the
 Farmers' Cooperatives　　　　　　　　　　*Gao Qiang　Zhang Zhaoxin* / 3

Cooperative Governance

Institutional Arrangement of Member Heterogeneous Cooperative and
 Cooperation Stability: Evidences from Three Dairy
 Farmers' Cooperatives　　　　*Zhong Zhen　Wang Shuting　Zhang Chen* / 21
Study on the Independent Director System's Alleviate Mechanism to the
 Cooperatives' Credit Limitation: Based on the Case of Heze,
 Shandong Province　　　　　　　　　　　*Zheng Liwen　Kong Xiangzhi* / 38
The Research on the Problems of the Fishery Cooperation and the
 Fisherman's Connected Benefit Mechanism　　　　　　*Zheng Sining* / 59

Cooperative Investigation

The Innovation and Development of the Renfa Cooperative in Heilongjiang
 Province　　　*Liu Tongshan　Zhong Zhen　Zhou Zhen　Kong Xiangzhi* / 85

The Survey Report of the Farmers' Cooperatives Unions
　　　　　　　　　　Research Group of Cooperative Research Institute
　　　　　　　　　　　　　　　of China in Renmin University / 109
The Investigation Report of Access Condition of Cooperatives' Credit
　　from Formal Financial Institutions　　　Mao Fei　Chen Jiangli / 126

Cooperative Policy

Study on the Support Policy of the Farmers' Cooperatives Unions
　　　　　　　　　　　　　　　　　　　　　Tan Zhixin / 143

Overseas Reference

Pooling and the Yardstick Effect of Cooperatives
　　　　　　　　　　　　　　Liang Qiao　George Hendrikse / 171
A Theoretical Economic Explanation of the Failure of Cooperatives
　　　　　　　　　　　　　　　　　　Emmanuel T. Velasco / 196
The Experience Enlightenments of European and American Farmers'
　　Cooperatives' Financing to China　　　　Mao Fei　Li Ang / 210

Instructions for Authors　　　　　　　　　　　　　　/ 227

合作社热点

农业供给侧结构性改革与合作社转型发展*

高 强 张照新**

摘 要 农业供给侧结构性改革是生产领域的全方位变革，是供给领域的全产业链条变革，是改革领域的协同性变革。当前，关于对农业供给侧结构性改革政策内涵的解读存在以下三个误区：一是简单地认为农业供给侧结构性改革主要是解决农产品供给过剩问题；二是简单地认为农业供给侧结构性改革主要是调整优化农业结构；三是简单地认为农业供给侧结构性改革主要是转变农业发展方式。推进农业供给侧结构性改革，完成既定的目标任务，关键在于通过培育新型农业经营主体，引发农民的自觉行动，增强农业农村发展活力和内生动力。与普通农户相比，农民合作社资源动员能力和服务能力更强，对接市场渠道更广。与家庭农场、龙头企业等其他新型农业经营主体相比，农民合作社与农户的利益联结机制更紧密，发挥协同效应的纽带作用更明显。因此，政府应当加大政策创新力度，给予农民合作社更多的优惠与扶持，促进农民合作社规范化创新发展，引导其在供给侧结构性改革中发挥引领作用。

关键词 供给侧 农业结构调整 合作社 改革

---

* 本文得到农业部经管总站委托课题"合作社在农业供给侧结构性改革中的引领作用研究"和国家社会科学基金重点项目"农业现代化体制机制创新与工业化、信息化、城镇化同步发展研究"（批准号13AZD003）的资助。
** 高强，农业部农村经济研究中心副研究员，主要从事农业政策分析、土地问题研究；张照新，农业部农村经济研究中心研究员，主要从事农业产业政策、合作社研究。

2015年11月10日，在中央财经领导小组第十一次会议上，习近平总书记强调，"在适度扩大总需求的同时，着力加强供给侧结构性改革，着力提高供给体系质量和效率，增强经济持续增长动力"。2015年12月召开的中央经济工作会议，对供给侧结构性改革从理论思考到具体实践都做出了全面阐述，从顶层设计、政策措施到重点任务也做出了明确部署。作为一种全新表述，"供给侧"概念的提出表明了党中央对我国宏观经济政策思路的新认知，也指明了今后宏观经济政策的走向和着力点。

农业是国民经济的基础。从产业结构演进的规律来看，农业是基础性产业和战略性产业，其主要功能是保供给、保安全。从当前和今后一段时期看，全面建成小康社会和实现现代化，农业更是基础支撑。2015年中央农村工作会议做出了推进农业供给侧结构性改革的战略部署。2016年中央一号文件指出，"用发展新理念破解'三农'新难题，厚植农业农村发展优势，加大创新驱动力度，推进农业供给侧结构性改革"。这是经济新常态下，提升我国农业大国竞争力，实现农业提质增效与转型升级的必然选择，也是当前和今后一段时期农业农村经济工作的重大任务。

同时，2016年中央一号文件还提出，"发挥多种形式农业适度规模经营的引领作用"。农业适度规模经营，涉及农业经营方式的变革，既涉及生产力，又影响生产关系。发展适度规模经营，新型经营主体培育是关键，农民合作社创新发展是核心。与普通农户相比，农民合作社资源动员能力和服务能力更强，对接市场渠道更广。与家庭农场、龙头企业等其他新型农业经营主体相比，农民合作社与农户的利益联结机制更紧密，发挥协同效应的纽带作用更明显。因此，政府应当加大政策创新力度，给予农民合作社更多的优惠与扶持，促进农民合作社规范化创新发展，引导其在供给侧结构性改革中发挥引领作用。

一 正确理解农业供给侧结构性改革的政策内涵

（一）背景及成因

改革开放以来，我国农业综合生产能力显著增强。截至2015年底，全国共建成高标准农田4亿亩，农业有效灌溉面积占比超过52%，农作物耕种收综合机械化水平达到63%，农业科技进步贡献率达56%以上。2015年粮食产量达到6209.5亿公斤，实现"十二连增"。农民收入持续较快增长。2015年农民人均可支配收入11422元，城乡居民收入差距连续6年缩小。① 农村基础设施建设与农村社会事业改善加快，美丽乡村建设进入"快车道"。农村改革取得新进展，农民生产生活条件有了明显改观，农业农村发展保持持续向好势头。与此同时，我国农业农村发展也出现了一些突出矛盾。这些问题主要集中在供给侧，突出表现为结构性矛盾，涉及农业、林业、牧业、渔业多个领域，贯穿农业生产、加工、流通、贸易等多个环节。

一方面，我国农产品供求结构错位失衡，部分产品库存压力大，生产成本过高。粮食生产呈现生产量、进口量、库存量"三量齐增"现象。品种结构主要表现为玉米多、大豆缺。2015年我国大豆进口8169万吨，大豆自给率降到15%以下。从库存角度看，我国部分农产品库存压力持续增大。综合判断，2015~2016年我国玉米、小麦、稻谷库存量合计高达2.54亿吨，创历史最高纪录（伍振军，2015）。从价格角度看，我国粮棉油糖肉等大宗农产品价格与国际农产品价格相比出现全面倒挂。据监测数据显示，2016年以来我国小麦、玉米、大米平均批发价格比进口到岸完税后成本价高出30%以上，我国猪肉、食糖、棉花、大豆价格也长期高于进口价格。从效益角度看，我国农业生产成本持续攀升，农产品国际竞争力逐步减弱。2014年我国稻谷、小麦、玉米、棉花每吨生产成本比美国分别高出39%、14.8%、112%、35.6%，大豆每吨生产成本甚至比美国高出103.3%。在生产成本结构上，我国人工费用和土地租金持续刚性增长，远远超过物化投入，环境成本逐步显性化，农业生产已经进入全面高成本时期。

另一方面，我国耕地资源、淡水资源匮乏，农业可持续发展的基础十分薄弱。我国人均耕地面积仅为1.4亩，不足世界平均水平的40%。人均水资源占有量约2100立方米，仅为世界平均水平的28%，且时空分布不均。全国农田灌溉用水缺口达300多亿立方米，严重缺水期即将到来。同时，粮食连年丰收的背后我们也付出了很大代价，耕地数量减少、质量下降，地下水超采，土地重金属污染，水土流失和土地荒漠化加剧，农业面

---

① 国家发改委：《着力推进农业现代化和农民奔小康》，新华网，http://news.xinhuanet.com/fortune/2016-02/17/c_128726637.htm。

源污染加重，生态环境代价越来越沉重。我国农业化肥利用率仅为40%，农作物秸秆60%以上未被有效利用，每年大约有1500万吨氮肥流失到农田之外，农药污染耕地面积达1.4亿亩左右，重金属污染国土面积达13%左右。在资源环境约束趋紧的情况下，依靠增加化肥、农药等投入品数量来提高农产品产量的潜力日益减少。这些问题迫切要求我国必须进行农业供给侧结构性改革。

（二）存在误区

2015年以来，关于农业供给侧结构性改革的研究逐渐增多。孔祥智（2016）提出，农业供给侧结构性改革的三大着力点在于土地制度改革、农业结构调整和粮食体制改革。陈晓华（2016）提出，推进农业供给侧结构性改革的重点在于去库存、降成本、统管理、调结构和政促融合五个方面。伍振军（2015）提出，推进农业供给侧结构性改革，需要采取针对性措施，重点解决资源配置扭曲问题。涂圣伟和周振（2016）认为，农业结构性问题产生的三大根源主要在于农业要素投入结构长期失衡、农业产业链协同存在"梗阻"以及宏观调控机制化建设滞后。推进农业供给侧结构性改革，要做好风险应对，防止粮食减产滑坡、区域性农民减收和政策效果"漏损"。推进农业供给侧结构性改革，在去库存、降成本、补短板的基础上，要尽快扭转农业要素投入结构失衡、政府与市场关系失衡和产业链协同发展失衡。这些研究对于我们把握农业供给侧结构性改革的理论内涵与重点任务奠定了基础，也为分析合作社在农业供给侧结构性改革中的积极作用提供了借鉴。与此同时，无论在理论研究层面，还是在实践工作层面，都出现了一些误区，归纳起来主要有以下三点。

一是简单地认为农业供给侧结构性改革主要是解决农产品供给过剩问题。当前，受国内外农产品价差影响，我国玉米、棉花出现阶段性供大于求、库存积压、财政负担加重等问题。同时，植物油籽和乳制品也存在过度进口问题。近年来，我国收储加工的菜籽油大部分积压在库，2014年乳制品进口折合鲜奶1000多万吨，占国内原奶产量的1/4。一方面是由于国内外农产品成本差距过大，农业基础竞争力先天不足；另一方面由于一些农产品供给不能满足消费者日益丰富和安全优质的消费需求。从长期看，我国对农产品的消费需求将呈刚性增长趋势。从总量上看，虽然粮食连续12年增产，但是大概还有200亿公斤的缺口，还需要进口来弥补。随着人口总量继续增加以及城镇化进程加快，预计到2020年我国人口将达到14.09亿，粮食需求将在7000亿公斤左右，产需缺口将达到1000亿公斤左右，棉花、糖料以及生鲜农产品的供需也将持续趋紧，肉蛋奶等动物脂肪和蛋白食物的消费将明显增长，饲料粮需求将大幅增加。因此，推进农业供给侧结构性改革不是单纯强调"消化库存"，而是在消化个别农产品库存的同时，继续提高产能，确保国家粮食安全和重要农产品有效供给。

二是简单地认为农业供给侧结构性改革主要是调整优化农业结构。近年来，我国农业生产在数量与质量、总量与结构、成本与效益等方面的结构性问题十分突出。从品种结构看，我国谷物自给率仍保持在97%以上的较高水平，但大豆、食用植物油、棉花、食糖的自给率已分别下降到20%、40%、70%和85%左右。以大豆为例，我国大豆生产由最高1800万吨减少到目前的1200万吨。从品质结构看，大众产品、普通产品多，中高端产品、优质产品少，多样化和专用化的农产品发展滞后。例如，小麦可保持产需基本平衡，但优质专用小麦存在品质性短缺。水产、肉类、蔬菜、水果等生鲜农产品、绿色无公害有机产品少。同时，种养加结合不紧、农牧渔循环不畅、粮经饲统筹不够以及一、二、三产业融合不足等问题十分突出。这些情况表明，我国农业已经进入转型升级的关键时期，亟须加快调整、优化农业结构。改革开放以来，我国政府综合采用价格与收入支持、降低农业投入成本、生产资料供应、信贷补贴、科技支持与基础设施建设等政策工具，对农业生产结构做出了一系列调整（高强和孔祥智，2014）。农业结构调整是农业供给侧结构性改革的重要内容，没有农业结构的调整，就不会形成结构合理、保障有力的农产品有效供给。然而，与农业结构调整相比，农业供给侧结构性改革的牵扯面更广、意义更为深远。农业供给侧结构性改革语境下的农业结构调整包括生产结构、产品结构、经营结构和区域布局多个方面。农业供给侧结构性改革，不仅强调"调优调精"优化生产布局，而且强调解放和发展生产力，突出强调调整变革生产关系，通过改革消除发展障碍。

三是简单地认为农业供给侧结构性改革主要是转变农业发展方式。农业发展方式是指实现农业发展的方法、手段和路径的总称，是以农产品产出的增加为核心，实现农业的自然资源、社会资源和政策资源及其结构的优化和全面进步的方法与形式。经济新常态下，我国农业农村经济发展面临严峻挑战，突出表现在资源环境硬约束与生产发展矛盾日益凸显，农业基础设施和科技创新驱动能力不足，制约着农业可持续发展目标的实现。经济新常态下，要转变农业发展方式，就要从主要追求产量增长和拼资源、高消耗的粗放经营转向数量质量并重、注重农业技术创新、注重提高农业竞争力的集约式发展轨道上来，促进农业发展提质增效升级，实现农业可持续发展（陈锡文，2015）。可见，转变农业发展方式应主要着眼于资源消耗、环境污染问题，强调转变农业的生产方式、资源利用方式和经营方式，依靠科技装备等现代要素投入和体制机制创新，在保护环境的同时提高农业生产效益。因此，转变农业发展方式更多指向的是农业供给侧结构性改革中的"改革"部分，对"供给侧"的问题和"结构性"矛盾涉及较少，不能涵盖农业供给侧结构性改革的准确含义。

（三）基本思路

农业供给侧结构性改革是生产领域的全方位变革，是供给领域的全产业链条变革，是改革领域的协同性变革。推进农业供给侧结构性改革，要重点关注三个方面：第一，着眼于供给侧，强调从生产端入手，从供给侧发力；第二，问题突出表现为结构性矛盾，要优化供给结构，更好地适应消费；第三，根源都是体制问题，强调技术创新和制度创新，依靠改革创新来化解。从逻辑关系上看，供给侧是矛盾起点，调整结构是内容，转变方式是手段，三者互为因果、相互影响，共同构成农业供给侧结构性改革的重要内容。

农业供给侧结构性改革，既强调农产品供给又关注消费需求，既突出发展生产力又注重完善生产关系，既强调发挥市场配置资源的决定性作用又要求更好地发挥政府的作用。因此，应摒弃简单理解和单线思维误区，按照"供给侧×结构性×改革"的思路，从生产端供需错配着眼，牢牢把握矫正农业要素配置扭曲这一主线，通过体制机制创新，以新的发展理念破解农业农村发展中面临的矛盾和问题。

在推进战略上,要以"五大发展理念"引领农业供给侧结构性改革,促进农业新发展。树立创新理念,加快实施创新驱动战略。树立协调理念,推进农村一、二、三产业融合发展,形成粮经饲统筹、种养加一体、农牧渔结合的现代农业结构,最大限度地满足社会对农业的多元化需求。树立绿色理念,大力发展资源节约、环境友好、生态保育型农业,走生产发展、生活富裕、生态良好的文明发展道路,推进农业可持续发展和美丽乡村建设。树立开放理念,统筹利用好国际国内两个市场、两种资源,构建完善的现代农业市场调控体系和对外开放体系。树立共享理念,实施包容性增长战略,加大脱贫攻坚工作力度,建立健全农业支持保护制度,促进农民持续增收,确保到2020年,贫困群众与全国人民同步进入全面小康社会。

二 科学把握农业供给侧结构性改革的重点任务

(一) 总体要求

推进农业供给侧结构性改革,重点是解放和发展社会生产力,以改革的办法推进农业结构调整,从农业生产端和农产品供给侧出发,围绕市场消费需求安排农业生产,矫正要素资源配置扭曲,优化农业要素资源配置,减少无效和低端农产品供给,扩大有效和中高端农产品供给,提升农产品质量安全水平,增强农产品供给结构的适应性和灵活性,使供给更加契合市场需求,更有利于资源利用和生态环境保护,形成更有效率、更有效益、更可持续的农产品有效供给体系,提高全要素生产率,实现农产品供求由低水平均衡向高水平均衡的跃升,最终满足人们日益增长、不断升级和个性化的物质文化和生态环境需求。

(二) 核心主线

生产要素投入结构决定经济增长方式和效率。我国农产品总量增长与质量提升不同步、供给与需求不匹配,根源在于农业生产要素投入结构失衡的局面长期没有根本改观(涂圣伟、周振,2016)。推进农业供给侧结构性改革,核心主线是矫正农业要素配置扭曲,因此,要采取针对性措施,提高农业资源配置效率。从全局视角看,一是着眼于全球粮食市场,加强对国内外农业开发潜力、环境与风险分析，解决国内国际农业资源配置扭曲问题。二是着眼于城乡要素流动，通过市场机制调节土地、劳动力和资本在第一产业和第二、第三产业之间的配置，促进生产要素自由流动。三是着力培植农业比较优势，解决农业内部产业之间的要素配置扭曲问题，提高我国农业竞争力（伍振军，2015）。

优化要素配置、提高农业资源配置效率核心是要消除要素配置的壁垒，提高要素市场化程度。目前，我国工农产品的不平等交换现状已基本改变，但要素的不平等交换依然存在。这主要是耕地补偿标准低、农村金融缺失、农村劳动力价格低廉等因素造成，土地、资金和劳动力大量流向城市。当前和今后一段时期，工业对农业、城市对农村资源要素的"虹吸"效应可能更加凸显，特别是在农业连年丰收、库存高企、财政趋紧背景下，一些地方很容易出现"形势好了改政策、财政紧了减投入"的倾向（孙中华，2016）。推进农业供给侧结构性改革，一方面要大力实施科技创新战略，推动农业发展由依靠物质要素投入向依靠科技进步转变，提高农业全要素生产率，另一方面要坚持市场取向改革，加快完善农产品价格和收储、农业补贴、金融保险、流通贸易、生态环保等政策，实现资源要素在国内外、工农、城乡之间均衡配置（韩长赋，2016）。

（三）重点任务

当前和今后一段时期，推进农业供给侧结构性改革的重点任务是"调结构、提品质、促融合、去库存、降成本、补短板"。

调结构，就是要调整优化农业的生产结构、产品结构、经营结构和区域布局，通过优化结构改善供给。一是要优化生产结构，大力推动自主创新，用现代科学技术武装农业，构建现代农业生产体系；二是要优化产品结构，增加适销对路的农产品，重点是控制玉米产量和增加大豆产量，为消费者提供丰富的农产品；三是要优化经营结构，在稳定完善家庭基本经营的基础上，发展新型农业经营主体和服务主体，健全新型社会化服务体系，发展多种形式的适度规模经营；四是要优化区域布局，推动生产向优势产区、主体功能区和生产保护区聚集，统筹利用两个市场两种资源，形成区域分工合理、符合农业自然生产特点和比较优势的区域供给新格局。

提品质，就是要以扩大中高端和有效农产品供给为重点，着力提升农产品质量和食品安全水平，更好地适应消费者消费结构转型升级和对农产品供给的需求。当务之急，重点是提升牛奶质量，抓好农产品质量提升和品牌创建，大力推进农业标准化生产、品牌化营销和绿色生产，建立健全农产品质量安全追溯体系，科学制定品牌建设规划，打造农产品品牌体系，提升品牌影响力。

促融合，就是要促进农村一、二、三产业融合发展，通过优化产品链、整合产业链、提升价值链，促进产业间相互渗透、交叉重组，带动资源、要素、技术、市场需求在农村的整合集成，发展壮大新业态和新产业，真正实现产加销协调发展、生产生活生态有机结合。当前的重点包括：一是发展农产品电子商务，形成线上线下融合互动、农产品上行与农资和消费品下行双向流通格局，促进流通电商化；二是做精做深农产品加工业，积极推进农业产业化经营；三是加快发展休闲农业和乡村旅游，引导新型消费模式，传承农耕渔业文化，最大限度地满足社会对农业的多功能需求。同时，让更多农民参与产业融合发展，完善利益联结机制，分享产业增值收益。

去库存，就是要立足当前国内外农产品短期内难以明显反弹的实际，综合采用顺价销售、加工转化、调控进出口等多种手段，加快消化玉米等个别农产品的积压库存。一是要尽快采取顺价销售的办法，随行就市消化陈粮；二是要促进农产品加工和多用途转化，大力发展农产品产地初加工，稳步提升主食加工业，引导产业集群集聚。当前主要是玉米，千方百计把农产品库存消化。三是要围绕"一带一路"战略，利用关税配额和国际贸易手段，调控进出口，保障大宗农产品进出口与国内生产、产业安全以及农民就业增收相协调。

降成本，就是要以节本增效为重点，减少无效投入、创新经营方式、强化科技创新，着力降低农业生产经营、加工和流通等各环节成本，提高农业的效益和竞争力。一是要通过测土配方和控肥减药，普及节水灌溉，降低投入品成本；二是要通过股份合作、土地托管、联耕联种等方式，让经营主体和农户共享经营权，降低土地成本和劳动力成本；三是推进要素替代，激发创新活力，加快构建覆盖全产业链的国家科技创新联盟，加快品种改良和技术推广。

补短板，就是要以加强农业基础设施建设和提高农业装备水平为重点，大力弥补制约农业持续发展的薄弱环节，着力提升农业综合生产能力和抗灾减灾能力。把农田水利作为农业基础设施建设的重点，加快高标准农田建设，推动农业机械化发展，着力提升薄弱环节、薄弱品种和薄弱地区的农业机械化水平。同时，要注意保护产能，实施藏粮于地、藏粮于技战略，实施耕地质量保护和提升行动，做好生态环境修复治理工作，构建绿色高效粮食生产技术体系。

三 合作社在农业供给侧结构性改革中的引领作用

推进农业供给侧结构性改革，完成既定的目标任务，关键在于通过培育新型农业经营主体，引发农民的自觉行动，增强农业农村发展活力和内生动力。合作社作为上接市场、下联农户的组织载体，通过横向纵向联合与合作，可以为农户提供高效便捷服务，紧密联结农业生产经营各环节各主体，为建设现代农业提供坚实的组织支撑。[①] 农业供给侧结构性改革，一方面对作为重要新型农业经营主体的合作社提出了新要求、新任务，另一方面也为合作社规范和创新发展提供了更好的制度环境和政策环境。

（一） 推进农业供给侧结构性改革与合作社创新发展

一是要求合作社进一步发挥引导农民调结构、提品质的作用。农业供给侧结构性改革的首要任务就是要实现供给与需求的有效衔接。供需结构失衡，与目前大多数农户不了解市场、不能按照市场需求变化及时调整产品结构有很大关系。截至2015年底，全国农民合作社已经有150多万家，超过40%的农户加入了合作社，合作社在组织农民开展专业化、标准化生产，带领农民进入市场方面发挥着极其重要的作用。推动农业供给侧结构性改革，要求合作社要积极对接市场，根据市场需求组织农民生产适销对路的农产品，并指导农民遵循标准化生产操作规程，提升农产品品质，满

---

① 《关于引导和促进农民合作社规范发展的意见》（农经发〔2014〕7号），2014年8月27日。

足市场需求。

二是要求合作社发挥社会化服务主体作用，为农民节本增效。降低农业生产成本是农业供给侧结构性改革的重要任务。降低农业生产成本，需要改变规模经营实现路径，重点发展适度规模的专业大户和家庭农场，实施"社会化服务+"行动，利用社会化服务实现作业环节的规模化，在适度规模的基础上取得最佳的规模经济效益。农民合作社是新型农业社会化服务的主要承担者，要进一步发挥为农户或其他经营主体提供专业化生产性服务作用，推进规模经营实现方式的转换，推动农业生产成本的降低。

三是要求合作社进一步发挥桥梁和纽带作用，推动各类经营主体的融合发展。2016年中央一号文件明确提出"把坚持农民主体地位、增进农民福祉作为农村一切工作的出发点和落脚点"。实现农户与各类农业新型经营主体的融合发展，让农民共享农业农村发展收益，也成为农业供给侧结构性改革的重要内容。农民合作社作为农民自发组织，具有民办、民管、民受益的特性，是农民实现自我发展和增收的有效形式。这就要求合作社要进一步发挥自身优势，实现外部经济内部化，组织农户共同发展，与龙头企业等各类主体开展有效联结，实现融合发展。

（二）更好地发挥合作社的引领作用

按照推进农业供给侧结构性改革的总体思路，结合"调结构、提品质、促融合、去库存、降成本、补短板"六大重点任务，农民合作社在提高农业供给质量效率和竞争力方面，应该充分发挥以下六大引领作用。

一是践行新理念，发挥合作社在调整优化生产经营结构方面的引领作用。面对瞬息万变、错综复杂的市场信息，一家一户的分散经营难以适应市场竞争，也难以对结构调整做出有效反应。与分散的农户家庭经营相比，合作社更容易把握市场需求，以新的理念促进新的发展，由"生产导向"转向"消费导向"，带动社员及周边农户进行农业结构调整。例如，黑龙江省克东县金宝现代农机专业合作社成立于2014年，合作社总资产1500万元，社员178户。2015年合作社种了6700亩玉米。2016年国家决定调整玉米临时收储政策。在当地政府的指导下，此合作社调整了种植结构，由"单品种、大面积"种植改为"多品种、精细化"种植，把玉米种植面积调减到 700 亩，其他耕地种上了 2700 亩高蛋白大豆、2000 亩马铃薯、700 亩甜菜和 700 亩红小豆等。在合作社的带动下，2016 年合作社所处的建华村玉米种植面积比 2015 年减少了 70%。全县玉米种植面积减少到 55 万亩，比 2015 年减少了 46%，大豆种植面积增加到 112 万亩，比 2015 年增加了 40%[①]。

二是拓展新功能，发挥合作社在提升农产品品质方面的引领作用。一方面，合作社可以通过发展订单农业，确保农业生产的计划性、农业生产资料供应的稳定性与农业生产管理的可靠性；另一方面，合作社可以通过发展品牌农业，建设优质农产品生产基地，向消费者提供准确的产品等级、规划、新鲜度等信息，提升消费者的消费体验，实现农产品销售优质优价。平邑县庆联沂蒙双红桃专业合作社成立于 2009 年，注册资金 200 万元。截至 2016 年底，合作社已发展社员 150 户，总种植面积 1500 亩。该合作社一个很大的创新在于，理事长带领技术人员不断进行新产品研发，目前已经通过杂交嫁接成功研制出新一代双红桃，红叶红花，产量更大，含糖量更高。在实践摸索中，合作社发现以有机肥替代化肥可以很好地增强桃树的抗病性，也能够提升果实的含糖量，且树根的草不需要清除，适当的杂草能够保持地温，也能够减少病虫害。韩国客户来到基地参观，曾给出了有机种植桃每个 30 元的高收购价格。

三是打造新业态，发挥合作社在促进一、二、三产业融合发展方面的引领作用。有的合作社顺应市场需求变化，积极引入先进理念和现代要素，发展定制农业、众筹农业等新型业态；有的合作社在生产合作的基础上，在成员内部发展信用合作，形成了产业与金融有机结合的新业态；还有的合作社发挥自身优势，大力发展农超对接和农社对接，发展消费会员制，尝试直销直送、体验式消费。合作社发展新业态，不仅开拓了自身的发展空间、拓展了经营业务，还有效带动了周边村镇农产品加工、储藏、包装、运输以及休闲旅游观光、民俗文化等相关产业发展。

四是延长产业链，发挥合作社在加工增值方面的引领作用。农产品供需不平衡，不仅表现在供求双方的需求数量上不同，还表现为不同层次的

---

① 高辉：《黑龙江克东县金宝现代农机专业合作社——看准市场多元种植》，《农民日报》2016 年 5 月 31 日。

消费者对农产品品质、体验、便捷等多元化的需求无法满足。满足消费者多种形式的需求,关键在于农产品加工和流通等环节。黑龙江省克山县仁发现代农机合作社于2009年底组建,2010年正式运营。2015年,合作社固定资产达到5176万元,入社成员1024户,经营土地5.6万亩。2013年以来,合作社投资建设了1800平方米马铃薯组培楼和每年可烘干玉米1.5万吨的烘干塔。合作社还牵头与县内7家合作社联合出资1亿多元,新建30万吨谷物综合加工项目,推动玉米和大豆错峰销售,实现农产品加工增值。①

五是共享经营权,发挥合作社在降低生产成本方面的引领作用。人工费用和土地租金是近年来农业生产成本上涨的主要推动因素。与直接流转土地不同,合作社通过与农户共享土地经营权,创新开展股份合作、土地托管等服务模式,可以有效降低农业生产成本,实现利益共享、风险共担。例如,2009年成立的商水县天华种植专业合作社,围绕粮食生产,不断探索实践,创新实施了土地托管、粮食银行等做法。合作社成立了机械耕作队、收割队、科技队、田管队、抗旱防汛队5个专业队,实现了农业规模化、专业化、标准化生产和产业化经营,有力促进了粮食增产、农民增收。目前,合作社成员336户,固定资产达1400万元,土地入股3000亩,托管土地12000多亩,辐射带动周边3个乡镇20多个行政村3000多农户。

六是依托新载体,发挥合作社在弥补农业发展短板方面的引领作用。农业资源环境是农业可持续发展的基础,是农产品质量安全的源头保障。与分散农户相比,合作社推行农业标准化和绿色生产,控制灌溉用水,减量使用化肥农药,加强农业资源保护和合理利用,有能力有动力节约成本。实践表明,合作社承担农业综合开发、中央基建投资等涉农项目,实施高标准农田建设、节水农业建设和农业机械化提升等工程,采取重大技术推广与服务补助等方式,开展农业资源污染与土壤重金属防治、农业生物资源保护、测土配方施肥、病虫害绿色防控等公益性服务,更有利于实现政策目标,优化农业投资绩效。

---

① 《引导合作社创新发展推动农业转型升级——全国农民合作社创新发展座谈会典型发言摘登》,《农民日报》2015年10月13日。

四 政策措施

推进农业供给侧结构性改革，关键是通过改革的办法促进制度创新，优化要素组合方式，让市场在农业资源配置中发挥决定性作用和更好地发挥政府作用（高强，2016）。推进过程中，应当更加重视发挥新型农业经营主体的作用，尤其是重视农民合作社在外拓内联方面的作用，注重合作社内涵式发展，充分发挥其在农业供给侧结构性改革中的引领作用。主要政策着力点有以下五个方面。

一是创新农业补贴政策，加快落实农业支持保护补贴政策，建立与农业供给侧结构性改革相适应的补贴政策体系。尽快建立覆盖全国的适度规模经营补贴制度，降低规模化生产主体和服务主体的生产经营成本；以绿色生态为导向，激励和补偿合作社等新型农业经营主体更多地采用生态技术模式，加强耕地地力保护，实现农业生态环境保护与农民持续增收相结合，保护农业生态环境不吃亏、有动力。就合作社而言，各地要创新对农民合作社支持方式，采取以奖代补、贷款贴息等方式，鼓励合作社积极承担重大技术推广与服务任务，参与涉农工程建设与管护，探索财政补助资金形成的资产量化折股为社员股金，提高财政资金使用效率。适当安排增量资金，采取PPP等模式，引导社会资本，进一步优化农业投资绩效。

二是理顺农产品价格形成机制，健全农产品价格调控体系。在市场经济背景下，既要避免短期型调控措施长期化，又要防止保障型政策频繁调整。在深入总结试点经验的基础上，发展多元市场购销主体，逐步完善粮食等重要农产品价格形成机制。就合作社而言，各地要引导合作社适度调减市场积压的粮食品种，按照市场需求安排生产，对合作社开展的生产结构调整活动进行适当补助，对因结构调整而导致的市场价格损失进行适度价差补贴。

三是创新农村金融保险政策，综合运用市场化的政策工具，推进金融资源向"三农"倾斜。明确各类金融机构支农服务的功能定位和应当承担的支农责任，建立储备金制度。综合运用市场化的政策工具，完善农业保险制度。加快建成覆盖粮食主产区及主要农业大县的农业信贷担保网络，引导带动更多资金投入现代农业建设。就合作社而言，各地应顺应合作社的综合化发展趋势和农民社员的多样化需求，将信用合作纳入法律调整范围，明确合作社内部信用合作的主管部门，平衡风险监管与发展活力的关系，促进合作社内部信用合作更好地发挥作用。

四是创新农产品贸易政策，充分运用世界贸易组织规则，提高国际农产品市场影响能力、国际农业资源掌控能力。制定实施分品种、分国别的重要农产品贸易战略，加快构建全球重要农产品监测、预警和分析体系。建立重要农产品产业损害防范与救济机制，推进战略性国际农业合作。就合作社而言，各地要以合作社优质农产品生产基地和农产品初加工基地为基础，并对其中优势产业和加工项目给予适当扶持，帮助其开拓海外市场。

五是提升各地农业部门的指导服务能力。政府应当加强宏观形势研判，跳出"三农"看"三农"，把农业置于国民经济和全球背景来考虑，提高政府行政管理和指导服务能力。就合作社而言，随着合作社的快速发展，其对政府部门的指导服务也提出了新的要求。除了需要简单的技术和政策指导服务外，合作社在实践中更需要市场营销、品牌培育、质量体系建设等方面的具体指导服务。各地农业主管部门应当在提高自身能力的同时，以政府购买服务的方式，引入各类专业化服务组织，为农民合作社提供所需的指导和服务，促使其在农业供给侧结构性改革中发挥更大作用。

参考文献

陈锡文，2015，《适应经济发展新常态 加快转变农业发展方式——学习贯彻习近平总书记在中央经济工作会议上的重要讲话精神》，《求是》第6期。

陈晓华，2016，《推进农业供给侧结构性改革要从五个方面抓起》，《上海农村经济》第4期。

高强，2016，《加快推进农村金融供给侧结构性改革》，《中国金融文化》第5期。

高强、孔祥智，2014，《中国农业结构调整的总体估价与趋势判断》，《改革》第11期。

韩长赋，2016，《着力推进农业供给侧结构性改革》，《求是》第9期。

孔祥智，2016，《农业供给侧结构性改革的基本内涵与政策建议》，《改革》第4期。

孙中华，2016，《我国现代农业发展面临的形势和任务》，《东岳论丛》第37卷第2期。

涂圣伟、周振，2016，《农业供给侧改革关键在扭转"三大失衡"》，《上海证券报》4月6日。

伍振军，2015，《农业供给侧改革，资源配置是关键》，《农民日报》12月9日。

The Supply-side Structural Reform and Innovative Development of the Farmers' Cooperatives

Gao Qiang Zhang Zhaoxin

Abstract: The supply-side structural reform in the agricultural sector is an all-round revolution in the production field, a whole industrial chain revolution in the supply field and a synergy revolution in the reform filed. At present, there are three misunderstandings about the policies for the supply-side structural reform in the agricultural sector. Namely, it is simply believed that the supply-side structural reform in the agricultural sector should mainly focus on solving the supply glut of agricultural products, adjusting and optimizing agricultural structure, and changing the development mode of the agricultural sector. For advancing supply-side structural reform in the agricultural sector and completing established goals and tasks, the key point is to foster new-type agricultural operation bodies, stimulate farmers' voluntary actions, and boost the development momentum and endogenous power of the agricultural sector and the rural area. Compared with common farmers, the farmers' cooperatives is more powerful in service ability and the mobilization of resources, and it has access to more market channels. While compared with other new-type agricultural operation bodies like family farms and leading enterprises, the farmers' cooperatives see closer interest connection with farmers and plays greater role in synergy. Therefore, the government should pursue more innovative policies and provide more privilege and support so as to facilitate standardized and innovative development of the farmers' cooperatives and make the farmers' cooperatives play a leading role in supply-side structural reform.

Key words: supply side; adjustment of agricultural structure; cooperative; reform

合作社治理

成员异质性合作社的制度安排与合作稳定性：
以三家奶农合作社为例[*]

钟 真 王舒婷 张 琛[**]

摘 要 风险分担机制和利益分配机制是成员异质性农民合作社两大重要的制度安排，两者决定了合作社的契约形式，并最终影响合作社的稳定性。本文以中国三家奶农合作社为例，对合作社风险分担、利益分配与合作社稳定性之间的逻辑关系进行分析。研究发现，社员与合作社组织之间的合作稳定性受到合作社利益分配和风险分担的共同影响。其中，在控制其他条件不变的情况下，合作社承担的风险越多，合作社组织与社员的合作关系越稳定；合作社组织与社员之间合作剩余的分配机制越明晰，社员与合作社保持稳定合作关系的倾向程度越高。

关键词 制度安排 风险分担 利益分配 合作稳定性 奶农合作社

一 引言

当前，农民合作社（以下简称"合作社"）在农业发展中起到的作用日

---

[*] 本文得到国家自然科学基金"产业链转型视角下的生鲜乳质量安全保障机制研究"（批准号71203227）、"成员异质性、合作社理论创新与农民专业合作社发展政策体系构建"（批准号71273267）和教育部人文社会科学重点研究基地重大项目"我国新型农业经营体系构建与实践案例研究"（批准号14JJD790030）资助。

[**] 钟真，中国人民大学农业与农村发展学院副教授，研究方向为农业政策和农业产业发展；王舒婷，党建读物出版社编辑，主要研究方向为农业经济管理、党建理论；张琛，中国人民大学农业与农村发展学院博士研究生，主要研究方向为农业政策分析、合作经济。

益增强。合作社是以农户社员为基础建立起来的合作经济组织,其合作稳定性问题受到了学者们的广泛关注(Wadsworth,2001;王鹏、霍学喜,2011;Hernández-Espallardo et al.,2013)。Fulton(1999)研究发现,社员同质性强、产权明晰和治理结构透明的合作社,社员与合作社交易频率越高,合作稳定性越强。可见产权、治理等方面的制度安排已成为影响合作社社员参与合作和合作社绩效的重要原因。虽然不少实证研究表明,合作社的制度安排对合作社的治理结构具有显著的影响,合理的合作社制度安排能够提高组织效率,并对合作社成员与其绩效产生正向影响(秦中春,2007;孙亚范、余海鹏,2012;Huang et al.,2016),但也有学者探讨了合作社制度安排的不利影响,如马彦丽和孟彩英(2008)的研究认为中国农民合作社存在双重委托—代理关系,这种关系导致社员的利益得不到保障。在众多合作社制度安排中,合作社与社员之间的利益分配机制和风险分担机制已成为合作关系中最为突出的两大问题。已有许多学者从合作社利益分配的角度对合作社稳定发展(Sexton,1986;孙亚范,2008)和合作社经营绩效提高(Bijman et al.,2012;周振、孔祥智,2015)等方面进行了广泛的探讨,认为一个合理的合作社利益分配机制能够促进合作社的健康稳定发展。同时,农户因其经营规模较小,个体获取各类信息的渠道有限,社会资本积累水平不高,往往承担了大量的风险,已有研究表明农户的行为通常是风险规避型(Pingali,1993;米建伟等,2012;Liu,2013;仇焕广等,2014),因此合作社的风险分担机制势必会对合作社的稳定性产生重要影响。

  经验观察已经发现,合作社与其社员之间存在着多种制度安排,除产权结构差异外,契约方式也存在着多样性。有学者研究发现,制度安排的多样性与合作社社员的异质性问题紧密相关,社员在自然资源、资本资源、人力资源和社会资源四个方面存在异质性(林坚、黄胜忠,2007),也有学者认为社员参与合作社的动机和目的在合作社创建和发展过程中扮演的角色也存在差异(黄胜忠、徐旭初,2008)。成员异质性导致社员承受风险的程度也存在差异,因而合作社需要根据其成员异质性程度选择不同的制度安排和契约方式,不同的制度安排和契约关系对合作社的风险分担和利益分配产生影响。中国合作社的发展是以"风险分担、利益共享"为基础,以"民办、民管、民受益"为原则，在这种合作关系中，以全体社员聚集虚化而成的集体组织与社员之间的合作稳定性俨然受到风险分担和利益分配的影响。[①] 因此，合作社的风险分担和利益分配机制均影响合作社的稳定性。

近年来中国奶业的发展受到了政府的高度重视，也得到了学术界的广泛探讨（钟真、孔祥智，2010；Huang et al., 2010；Zhong et al., 2014；Wang et al., 2015）。奶农合作社呈现迅猛发展的趋势，在有效促进奶业生产和满足社会需求的同时，也逐步摸索形成了一套值得关注的组织模式和制度机制。不同的内部合作关系体现着不同的制度安排和利益分配方式，那么，中国奶农合作社内部的制度安排与合作稳定性二者之间的逻辑关系究竟是怎样的呢？对这一重要问题目前尚缺少深入具体的经验分析和理论总结概括。本文通过对陕西省宝鸡市千阳县兴盛乳业专业合作社、山东省东营市广饶县阳光奶牛养殖服务农民专业合作社、新疆维吾尔自治区伊宁市新生源奶牛养殖农民专业合作社这三个具有代表性的微观案例进行深入剖析，试图回答如下三个问题：（1）当前中国奶农合作社组织与社员之间的风险分担方式有哪些？（2）中国奶农合作社内部的利益联结机制是如何形成的，利益分配方式有哪些？（3）中国奶农合作社的制度安排对其内部合作稳定性有什么影响，这种影响是怎样产生的？以期研究结论可为中国合作社的稳定发展提供经验支撑。

二 理论框架和研究假说

（一）理论框架

产业分析框架模型（Structure-Conduct-Performance）于 20 世纪 30 年代被建立，该分析框架模型在产业经济组织理论中有着非常重要的地位，得到了学者们的广泛运用（Powell，1996；Goddarad et al.，2001；Klint &

---

① 本文将合作社按层级区分为两大科层组织，上层是合作社组织（集体），下层是社员（个体），其中合作社组织至少是名义上代表大多数社员利益的团体，但在实际中，它有可能是少数核心社员的权利组织。当个体社员拥有自由退社权利时，合作社组织与个体社员之间的合作便是容易理解的。

Sjöberg，2003；Behname，2012）。本文借鉴罗必良（2008）的研究成果，在此基础上构建了一个理论分析框架，① 如（1）式和（2）式所示：

$$CS = F_O[\,C(A_1,A_2,T)\,|\,P_1,P_2\,] \qquad (1)$$

$$O = \lambda[\,D,R,Q(q_1,q_2),\varepsilon\,] \qquad (2)$$

（1）式中，CS 表示奶农合作社的内部合作稳定性，它是奶农合作社所面临的生产风险（P_1）和市场风险（P_2）的函数，T 表示其他影响合作社制度安排的因素（如技术、资产特性、产业特性、组织规模等）。合作社不稳定性主要是指社员或合作社违约和社员退出合作社。C 表示奶农合作社能够采用组织形式的可选集合。② 本文在罗必良（2008）的 RTCP 模型基础上加入组织风险态度（A_1）及社员风险态度（A_2）。F 是所有合作函数的一个总称，并能按制度安排分割。F_O 表示奶农合作社对应于制度安排 O 的一个合作函数。制度安排 O 由合作社风险分担（R）、利益分配（D）、合作契约选择集 Q（其中 q_1 为正式契约，如合同；q_2 为非正式契约，如一些默认契约或口头协议）和其他因素（ε）共同构成。本文所构建的理论框架的逻辑关系如图 1 所示。

很显然，制度安排 O 对组织形式可选集合 C 起着决定作用。制度安排决定着组织采用何种组织形式，并且倘若制度安排 O 的约束越多，组织形式可选集合 C 的空间就会越小。当 C 与 O 不相容时，表示合作社组织形式的运行成本是非常高的，因此，本文要求 C 与 O 是相容的。假设生产风险和市场风险既定，那么，选择何种组织形式 C 将会影响到合作社组织与社员之间的合作稳定性。罗必良（2008）采用埃塞俄比亚农民的案例，研究发现合作社制度结构决定组织形式，进而决定着社员行为并影响组织的经济绩效。

---

① Jensen 和 Meckling（1976）建立过类似的模型，罗必良（2008）建构的"产权结构—交易对象—计量能力—经济绩效"（RTCP）模型可看作是对 Jensen 和 Meckling（1976）模型的拓展，本文所构建的理论框架可以看作是对罗必良（2008）模型的延伸。
② 在 Jensen 和 Meckling（1976）模型中，C 是组织形式可选集合的一个综合标志，包括合伙制还是股份制公司形式、管理分散化程度、自己购买还是租赁设备、报酬计划的特征等参数。罗必良（2008）构建的模型中，C 也是组织形式的可选集合，包括技术、知识禀赋、组织规模、市场规模、资产特性和产业特性等参数。

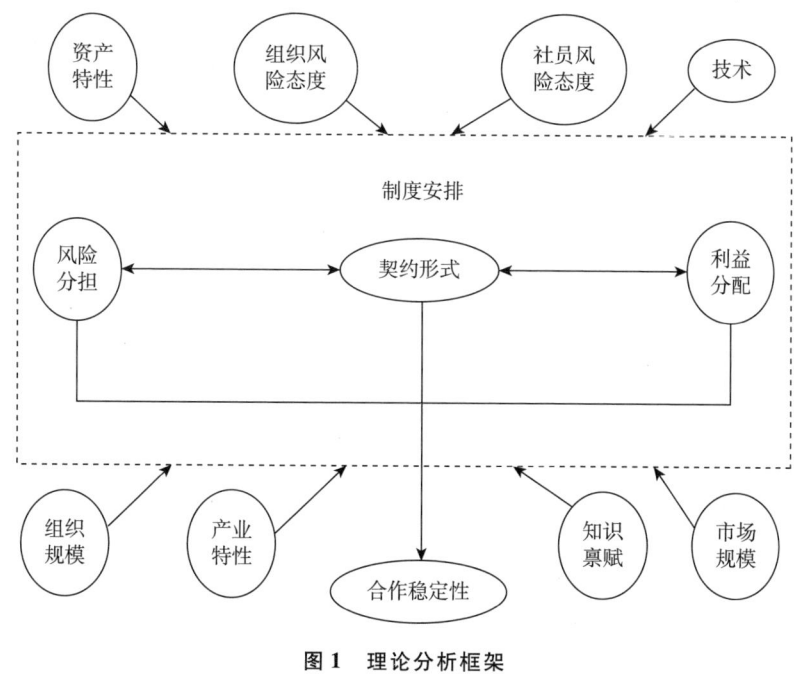

图 1　理论分析框架

（二）研究假说

新古典经济学和交易成本经济学等国内外相关理论认为，合作社是缓解社员流通领域风险的一项重要制度安排。尽管有学者从供应链关系的角度拓展了合作风险的认识，认为合作风险来源于供应链上节点企业之间合作关系的不确定性（刘家国，2010），可是仍然忽略了组织内供应链节点之间的合作风险，如合作社内部交易关系的合作风险。从风险角度看，合作者之间存在违约风险。从合作达成之后的利益分配来看，分配体系与权力体系是同构的，权力格局决定分配格局，利益分配机制的形成是合作者之间权力博弈的结果（张屹山、于维生，2009）。虽然在奶农合作社中，社员是合作社的所有者、惠顾者和受益者，但是当前中国合作社内部成员的异质性程度较高，社员尽管能在与合作社内部交易过程中享受价格优惠，可是并不一定能够参与最终合作剩余的分配；而且，社员入社门槛低或根本无须缴纳会员费，退出权又非常充分以至于可随时提出退社申请。因此，社员与合作社之间的合作关系受到风险分担、利益分配的影响。

相对而言，奶农合作社作为集体经济组织，一方面经营规模比社员的要大，另一方面管理层大多数是社会精英，拥有的社会资本较多，因而在风险承受能力方面要高于社员。假设风险可以在合作社与社员的内部交易过程中完全转嫁，合作社承担的风险越大，社员承担的风险就越小，社员往往更加倾向于与合作社保持稳定的合作关系。从利益分配的角度看，合作社组织与个体社员之间合作剩余的分配机制越明晰，社员的收益预期也就越清楚，在规避不确定性心理的驱动下，社员对与合作社保持稳定合作关系的倾向也会越大。

基于上述分析，本研究提出以下两个研究假说：第一，在控制其他条件不变的情况下，合作社承担的风险（包括生产风险和市场风险）越多，合作社组织与社员的合作关系越倾向于稳定；第二，合作社组织与社员之间合作剩余的分配机制越明晰，社员对与合作社保持稳定合作关系的倾向程度也较高。

三 资料来源与案例情况

（一）资料来源

本文所选取的资料来自中国人民大学课题组于 2011 年 4～6 月在陕西省宝鸡市千阳县、山东省东营市广饶县、新疆维吾尔自治区伊宁市三地对三家奶农合作社的实地调查。调查主要采用与合作社领导人和社员深度访谈和问卷调查的方式，调查内容涉及奶农合作社基本情况、服务与合作活动情况、治理机制情况、内部管理情况、经营状况、利益分配情况、风险分担情况、发展环境与对外关系发展状况等方面。

（二）案例情况

1. 市场交易型及奶农承担全部风险合作社

陕西省宝鸡市千阳县兴盛乳业专业合作社（简称"兴盛合作社"）位于陕西省宝鸡市千阳县北台村。2002 年 4 月，该村村委会和奶牛养殖大户宋继林共同发起成立了北台村奶畜协会，2007 年 7 月该协会在工商部门变更登记为兴盛合作社，注册资金 50.58 万元。合作社成立后，采取自愿加入、统一服务、二次返利、入股分红的形式，实行统一管理、民主决策、实体经营、分户饲养、分户核算，并围绕生产、销售等主要环节为成员提供优质服务，现已成为全县奶畜产业示范基地。合作社占地面积30亩，拥有入社成员138个（含1个团体成员，即北台村村委会），农民成员比例达99%，成员覆盖周边1个县2个乡3个村。合作社建有标准化牛舍115间，奶牛存栏量达940头，其中挤奶牛628头；安装仿生式现代化挤奶设备14组；拥有饲料加工厂1个。是集奶牛养殖、机械挤奶和技术推广为一体的现代化奶站小区。实体化经营是兴盛乳业专业合作社发展最显著的特点，也是其能够不断成长壮大的关键所在。合作社先后建造了饲料加工厂，收购了奶站挤奶设备，还在奶站小区建起了三座高标准沼气池，合作社的基础设施进一步完善，壮大了经营能力。合作社积极组织开展针对成员的无偿技术培训和服务，不断增强成员科学饲养的意识和提高科学饲养的水平，为成员稳定增收奠定了坚实基础。一是聘请宝鸡市农业学校的王仁怀教授为合作社技术顾问，王教授对饲料配方和奶牛常见病预防及治疗等方面进行指导，并帮助合作社建立动态奶牛档案近800份。二是设立兽医室，对成员进行奶牛疫病防治的免费现场指导。三是与省农广校进行技术扶贫，成员养殖水平和奶畜种群质量都得到了大幅提升。此外兴盛合作社与宝鸡市县两级的农业局、科技局、兽医院等部门还进行过多次技术交流与合作。

2. 分成制及奶农承担部分风险合作社

山东省东营市广饶县阳光奶牛养殖服务农民专业合作社（简称"阳光合作社"）位于山东省东营市广饶县丁庄镇牛圈村。阳光合作社2003年12月注册成立，采用标准牧场化管理，让周边散户进入园区集中饲养，并以奶牛养殖专业合作社形式统一经营。合作社现共有21个养殖户、1300头奶牛，每天产奶近10吨。因其实行统一饲喂，其优质的牛奶得到伊利公司认可，成了伊利的奶源基地。养殖户加入合作社须符合一定条件，合作社实行统一防疫、统一配料、统一挤奶、统一销售。奶农只须负责饲喂奶牛、适时清理牛粪。合作社挤奶过程非常标准，有效减少了生鲜乳污染。正因饲料的良好比例，生鲜乳的各种含量指标较高，也比较稳定。好的饲料配方不仅能提高生鲜乳的质量，还可以增加繁殖小母牛的概率，提高奶农的收益。合作社与伊利公司具有紧密的利益联结机制：阳光合作社的牛奶全部卖给伊利公司,签订合同。目前伊利公司每月准时按3.7元/公斤支付奶款,另外单独支付两种款项:管理费以及按生鲜乳成分指标换算的价格。伊利公司在合作社派遣驻站员,对合作社的挤奶工进行专门的岗位培训,为生鲜乳支付运输费用,保障生鲜乳的安全。阳光合作社规模较大,在当地的影响也较广,因此得到了政府的大力帮助和支持,如帮助其流转土地、提供财政支持和政策性保险、免费防疫和配种等方面。阳光合作社所需资金主要来自农村信用社贷款,最初为正常贷款利率,后经当地妇联与信用社沟通后利率降为6.9%;该合作社并没有采取完全平等的一人一票或者二次返利的分红方式,合作社的突出优点表现在以下三个方面:第一,饲料方面,成立合作社有利于统一管理以及社员之间相互约束;第二,合作社的形式有利于共同决策;第三,合作社增强了集体谈判能力,在面对伊利集团、饲料企业或其他外部组织如农村信用社时,合作社可以更好地为奶农争取利益,增强谈判能力。

3. 固定租金制及奶农完全不承担风险合作社

新疆维吾尔自治区伊宁市新生源奶牛养殖农民专业合作社(简称"新生源合作社")是在伊宁市巴彦岱镇良种奶牛养殖场的基础上于2010年7月由政府牵头,是养殖大户与龙头企业共同参与成立的合作社。新生源合作社成立时注册资金100万元,由当地最大的龙头企业新疆伊源乳业股份有限公司牵头成立。合作社制定了自己的章程,召开了成员代表大会,设置了理事长、理事会和监事会,并由理事会成员商讨决定主要工作事宜。合作社奶牛养殖场既有政府的投资,也有龙头企业提供的相关配套设施投资。养殖场内主要建有3栋成牛舍、1栋隔离舍、1栋产房、1栋犊牛舍、1座挤奶厅、9000立方米青贮窖、4座堆草场和1处堆粪场等设施。按照奶牛的自然生长需要,新生源合作社采取现代饲养技术,实行散栏式饲养(自由采食、自由饮水、自由运动)和机械化集中挤奶。随着城镇化、工业化进程的发展,伊宁市近郊的家庭承包经营土地面积日趋减少,这导致农民失去了养牛的饲料来源,对近郊奶牛养殖产生一定影响。同时,奶农的非农就业机会增加,非农收益提高,年轻人更愿意外出打工,不愿意从事劳动辛苦多、挣钱比较少的奶牛养殖业。这样就降低了奶牛养殖的预期收益,因此部分奶农希望把奶牛转托、转租出去,从而产生了转变奶牛养殖方式的需求。新生源合作社养殖方式的建立，既解决了部分奶农无地养牛的困境，又解放了农村劳动力，从而实现了奶农托管奶牛的固定收益和打工收益在内的双份收入。政府对新生源合作社的成立发展发挥了巨大的支持作用，政府作为合作社的局外人，利用自身特有的资源和力量，为合作社提供资金支持、市场信息、技术服务和政策优惠等扶持措施，帮助合作社建立起基本的设施，推动合作社的建立与发展。政府的作用是监督管理市场，不应参与市场竞争，更不能越俎代庖去包办合作社的日常发展，因此需要合作社依靠自身力量进行市场操作或依托有能力的市场主体帮助其运作和管理。新生源奶牛养殖农民专业合作社由龙头企业来代管，恰到好处地使政府成为真正的市场监管者。

四 案例分析

（一）契约选择

契约形式是制度安排的表现形式，在本文中，契约包括正式契约（如合同）和非正式契约（如一些默认契约或口头协议）两类。契约方式可以反映合作社制度安排。三个案例中合作社契约选择的产生和发展有各自的合理性和必然性。

兴盛合作社的契约是采用市场联结的形式。兴盛合作社将原奶主要销售给小乳品企业，并根据市场行情和需求量在市场随机收购养殖户生产的原奶，双方可以不预先签订合同，自由买卖，价格随行就市。这种契约关系的好处是社员与组织都可凭自己的意愿自由决定交易对象，获取最大的市场利益，缺陷是合作组织和奶农双方都承担着不确定的风险，双方关系不稳定，利益连结很松散。同时，兴盛合作社还实行合作型契约方式，主要包括社员以资金、奶牛等要素入股，在合作组织中拥有股份，形成了资金共筹、利益均沾、积累共有的经济利益共同体。社员不再是单纯的生产资料提供者，而是产、供、销环节平均利润的分享者。合作社与社员签订的返利型的合同规定社员分享一部分组织利润，实行市场收购价基础上的利润返还。

阳光合作社采用分成制的契约关系。阳光合作社的管理较规范，原奶销售给固定乳品企业。经合作社组织与社员协商,双方签订具有法律效力的合作协议,规定各自的责、权、利,以合同关系为纽带,建立了相对稳定的合作关系。这种契约方式使合作组织有了充足而稳定的原奶来源,使奶农生产的产品也有了较稳定的销售渠道和市场,降低了组织和社员生产经营的不确定性。契约主要规定组织为社员提供的产前、产中、产后系列化服务,同时通过市场调节收购奶价,有效地保障了奶农的利益。

新生源合作社由龙头企业、当地最大的乳品公司新疆伊源乳业股份有限公司委托管理建立而成,采用固定租金制的契约方式,实行了奶农的奶牛托管。同时该合作社有少部分奶农可以按公司要求在养殖场内自行饲养。新生源合作社实行租赁的契约联结方式,龙头企业在养殖户的奶牛产权关系保持不变的前提下,与奶农签奶牛租赁合同,奶户获得固定租金。在租赁期内,养殖户不再参与原奶生产经营,生产的原奶全部由龙头企业收购。

(二)风险分担

原奶的生产、销售过程中,存在很多风险,大体可分为生产风险和市场风险。作为农户生产风险和市场风险管理的重要组织者,合作社与社员之间承担的风险具有不一致性。

兴盛合作社采取社员风险自留的分担方式。主要分为以下两种情况:一是合作社提供统一购买饲料、防疫、销售等服务,但按市场价收购,社员承担全部生产风险和市场风险;二是合作社仅收购社员的原奶,并不提供其他服务,价格随行就市,个体社员承担全部生产风险和市场风险。因此,兴盛合作社组织承担的风险最小,社员承担了较多的风险。

阳光合作社采取的风险分担方式是合作社与奶牛入社的社员按约定比例分担生产风险和市场风险。当生产风险例如自然灾害、疫病等发生时,社员的原奶生产受到影响,无法获得预期收益,同时合作社组织由于原奶数量减少获得的总管理费降低,还要承担由于原奶质量下降导致伊利公司拒收或奶价降低的损失。同样,由外部需求、市场价格变化等导致的市场风险损失也需要社员和组织共同承担。社员承担一定的生产风险和市场风险,但加入合作社在一定程度上降低了交易风险。因此,阳光合作社风险分担的程度处于中等水平,社员承担的风险较兴盛合作社有所减小。

新生源合作社采用托管和租赁方式经营时，合作社完全承担原奶生产和销售过程中的生产风险和市场风险，无论经营和市场状况如何，社员获得的均为固定的保底收入，不承担风险。因此，新生源合作社组织承担风险的程度最大，社员不承担任何风险。

（三）利益分配

兴盛合作社的利益分配方式是合作组织收取服务费和赚取原奶销售差价，社员完全自负盈亏。同时，兴盛合作社也实行按股分红和二次返利相结合的盈余分配方式。社员销售原奶的价格随行就市，奶农原奶生产完全自负盈亏，合作组织经营利润的20%留作积累，20%按股份分红，60%按社员与组织的业务交易量比例进行返还。合作社社员对剩余收益的控制权较大。

阳光合作社的利益分配方式是经营收益按约定比例分成占有。奶农加入合作社后，所生产原奶完全自负盈亏，阳光合作社支付给奶农的奶款执行伊利公司的基础价格，而伊利公司支付给阳光合作社的奶款价格是按照基础价格加上蛋白质指标大于标准值的奖励，因此合作社从中赚取了一定的差价，对奶款的控制更强一些。伊利公司额外支付给阳光合作社管理费用，奶农加入合作社获得了稳定的销路，减少了生产成本，合作社组织也取得了规模收益。这样，阳光合作社与社员共同分享原奶生产过程中的收益。

新生源合作社实行的利益分配方式有三种，分别是每年固定的托管费、每月租赁的租金以及少量的奶农自负盈亏。主要是利益联结租金化的分配方式。在奶牛托管方式下，社员对自己入社的奶牛按年获取固定收益，而不管奶牛的产奶量多少和奶价高低；经营收益扣除社员奶牛的租金后，剩余利润归合作社所有。

（四）合作稳定性

兴盛合作社的契约关系较弱，社员可以随时自由退出合作组织，对于原奶销售并无太强制约束，违约情况时有发生。社员违反生产规则、将原奶卖给其他乳品收购商、小乳品企业违反合同，合作社拒绝收购社员牛奶的情况都曾发生过。从上述分析上看，兴盛合作社的合作稳定性最弱。

阳光合作社虽然规定社员可自由退出，但目前尚未发生过社员退社的情况。虽然曾经发生过企业违反合同约定的情况，主要是乳品公司没有收购生产的全部原奶，但社员违约的情况从未发生。从上述分析上看，阳光合作社的合作稳定性处于中等程度。

新生源合作社自成立以来从未发生过社员退出合作组织的情况。该合作社采取的是自上而下由政府推动、龙头企业委托管理、奶户托管奶牛的经营方式，这种合作契约非常稳定，社员或合作组织违约的情况没有发生过。总的来说，新生源合作社的合作稳定性最强。

本文对三家奶农合作社的制度安排、风险分担、利益分配与合作稳定性的关系进行了概括（见表1）。可以发现，由于合作社制度安排的不同，不同的契约选择决定了合作社与社员之间承担的风险大小不同，根据IQDC解释性分析框架，合作社利益分配应该遵循风险补偿原则，进而实现合作社的稳定性。新生源合作社承担的风险最大，社员与合作社的稳定性程度最强，而兴盛合作社承担风险最小，社员与合作社的稳定程度最弱。此外，新生源合作社的利益分配机制明晰，固定年托管费和月租金，社员与合作社的稳定程度最高，兴盛合作社利益分配机制衔接不紧密，合作社的稳定程度最低。因此，本文所提出的两个假说均得到了验证。

表1　三家奶农合作社的制度安排、风险分担、利益分配与合作稳定性

项目		兴盛合作社	阳光合作社	新生源合作社
契约选择		市场交易型	分成制	固定租金制（完全的奶牛托管）
风险分担	风险分担机制	分两种情况：一是合作社提供统一购买饲料、防疫、销售等服务，个体社员承担全部生产风险和市场风险；二是合作社仅收购社员的原奶，并不提供其他服务，个体社员承担全部生产风险和市场风险	合作社和奶牛入社社员按约定比例分担生产风险和市场风险	合作社完全承担生产风险和市场风险
	合作社承担风险	最小	中等	最大

续表

项目	兴盛合作社	阳光合作社	新生源合作社
利益分配	合作社收取服务费;合作社赚取原奶销售差价;社员完全自负盈亏	经营收益按约定比例分成占有	社员对自己入社的奶牛按年获取固定收益,而不管奶牛的产奶量和奶价高低;经营收益扣除社员奶牛的租金后,归合作社占有
合作稳定性	最弱	中等	最强

资料来源:作者根据调查情况整理得到。

五 结论与讨论

(一)主要结论

上述案例分析结果表明,合作社利益分配机制是由制度安排和契约选择共同作用的结果,合作社的风险分担机制是合作社组织形式的重要组成部分,社员与合作社组织之间的合作稳定性受到合作社利益分配和风险分担的影响。具体而言,本文的结论可归纳为以下三点。

第一,合作社是有效减缓社员农业生产风险和市场风险的一项重要制度安排。合作社利益分配机制是由制度安排和契约选择共同作用的结果,合作社的风险分担机制是合作社组织形式的重要组成部分,社员与合作社组织之间的合作稳定性受到合作社利益分配和风险分担的影响。

第二,合作社承担的风险越大,社员承担的风险越小,社员往往更加倾向于与合作社保持稳定的合作关系。从利益分配角度看,合作社承担的风险越大,对收益的控制就越强,更具有剩余收益的索取权,并且仅支付社员的固定租金。

第三,合作社集体与社员之间合作剩余的分配机制越明晰,个体社员的收益预期也就越清楚,在规避不确定性心理的驱动下,社员对与合作社保持稳定合作关系的倾向也会越大。合作社稳定性的关键在于确保参与的双方能够获得与其承担的风险相匹配的收益。利益分配方式协调了合作集体与成员之间风险分担的关系,从而有利于保持合作的稳定性。

(二)政策建议

本研究以中国奶农合作社中组织与社员的合作为例,对制度安排、风险分担、利益分配与合作稳定性的关系进行分析，根据研究结论，提出以下对策建议。

首先，合作稳定性与风险密切相关，农业生产面临多种风险，参与合作社是农户规避风险和风险管理的重要策略之一，但农户和合作社对农业巨灾风险的承担能力是有限的，需要更多能够转移风险的外部机制，如各级政府财政转移支付、推行政策性农业保险。另外还可以创新合作社的制度安排，如鼓励和支持合作社设立风险基金或成立以互助共济、共同抵御风险为目的的农村互助保险合作社，当然这需要合作社与农户在意识、资金、技术等方面达到一定程度才能实现。

其次，增强合作社组织与社员合作的紧密程度。不同的制度安排决定了不同的风险分担，也导致了不同的利益分配方式，从而影响合作的稳定性。对于风险规避程度高的农户，合作社需要承担农业生产中的更多风险，这时合作组织对社员的利益分配可以更倾向于固定租金制，这样双方的合作关系才会更稳定。

最后，国家要继续出台更加科学有效地扶持合作社发展的系列化政策，可以根据不同地区的经济发展水平、生产经营特点以及农业风险状况，对合作社采取不同的制度安排和灵活组织形式，使合作组织与社员之前的风险分担状况与利益分配方式相匹配，实现合作的稳定性和持续性，促进合作社发展壮大，提高农民收入和生活水平。

参考文献

黄胜忠、徐旭初，2008，《成员异质性与农民专业合作社的组织结构分析》，《南京农业大学学报》（社会科学版）第 3 期。

林坚、黄胜忠，2007，《成员异质性与农民专业合作社的所有权分析》，《农业经济问题》第 10 期。

刘家国，2010，《基于突发事件风险的供应链利益分配与行为决策研究》，博士学位论文，哈尔滨工程大学。

罗必良，2008，《合作机理，交易对象与制度绩效——温氏集团与长青水果场的比较研究》，《中国制度变迁的案例研究（广东卷）》（第六集），中国财政经济出版社。

马彦丽、孟彩英，2008，《我国农民专业合作社的双重委托—代理关系——兼论存在的问题及改进思路》，《农业经济问题》第 5 期。

米建伟、黄季焜、陈瑞剑、Elaine M. Liu，2012，《风险规避与中国棉农的农药施用行为》，《中国农村经济》第7期。

秦中春，2007，《农民专业合作社制度创新的一种选择——基于苏州市古尚锦碧螺春茶叶合作社改制的调查》，《中国农村经济》第7期。

仇焕广、栾昊、李瑾、王阳洁，2014，《风险规避对农户化肥过量施用行为的影响》，《中国农村经济》第3期。

孙亚范，2008，《农民专业合作经济组织利益机制及影响因素分析——基于江苏省的实证研究》，《农业经济问题》第9期。

孙亚范、余海鹏，2012，《农民专业合作社制度安排对成员行为及组织绩效影响研究》，《南京农业大学学报》（社会科学版）第4期。

王鹏、霍学喜，2011，《一个探索农民退社行为的理论及实证分析框架——来自渤海湾苹果优势区367户退社果农调查数据的分析》，《中国农村观察》第5期。

张屹山、于维生，2009，《经济权力结构与生产要素最优配置》，《经济研究》第6期。

钟真、孔祥智，2010，《中间商对生鲜乳供应链的影响研究》，《中国软科学》第6期。

周振、孔祥智，2015，《盈余分配方式对农民合作社经营绩效的影响——以黑龙江省克山县仁发农机合作社为例》，《中国农村观察》第5期。

Behname, M. 2012. "The Compare of Concentration and Efficiency in Banking Industry: An Evidence from the OPEC Countrie." *Eurasian Journal of Business and Economics*, 5 (10): 15 – 24.

Bijman, J., Iliopoulos, C., Poppe, K. J., et al. 2012. *Support for Farmers' Cooperatives*. Final Report of European Commission.

Fulton, M. 1999. "Cooperatives and Member Commitment." *The Finnish Journal of Business Economics*, (14): 418 – 437.

Goddard, J A., Molyneux, P., Wilson, J. O. S. 2001. *European Banking: Efficiency, Technology and Growth*.

Hernández-Espallardo, M., Arcas-Lario, N., Marcos-Matás, G. 2013. "Farmers' Satisfaction and Intention to Continue Membership in Agricultural Marketing Co-operatives: Neoclassical versus Transaction Cost Considerations." *European Review of Agricultural Economics*, 40 (2): 239 – 260.

Huang, J., Wu, Y., Yang, Z., et al. 2010. "Marketing China's milk: A Case Study of the Sales Activity of Dairy Farmers in Greater Beijing." *China Economic Review*, 23 (3): 675 – 689.

Huang, Z, Wu, B., Xu, X, et al. 2016. "Situation Features and Governance Structure of

Farmer Cooperatives in China: Does Initial Situation Matter?" *The Social Science Journal*, 53 (1): 100 – 110.

Jensen, M. C., Meckling, W. H. 1976. "Theory of the Firm: Managerial Behavior, Agency-costs and Ownership Structure." *Journal of financial economics*, 3 (4): 305 – 360.

Klin, M. B., Sjöberg, U. 2003. "Towards a Comprehensive SCP-Model for Analysing Strategic Networks/Alliances." *International Journal of Physical Distribution & Logistics Management*, 33 (5): 408 – 426.

Liu, E. M. 2013. "Time to Change What to Sow: Risk Preferences and Technology Adoption Decisions of Cotton Farmers in China." *Review of Economics and Statistics*, 95 (4): 1386 – 1403.

Pingali, P. L. 1993. *Pesticides, Rice Productivity, and Farmers' health: An Economic Assessment*. IRRI CABI.

Powell, T. C. 1996. "Research Notes and Communications, How Much does Industry Matter? An Alternative Empirical Test." *Strategic Management Journal*, 17 (4): 323 – 334.

Sexton, R. J. 1986. "The Formation of Cooperatives: A Game-theoretic Approach with Implications for Cooperative Finance, Decision Making, and Stability." *American Journal of Agricultural Economics*, 68 (2): 214 – 225.

Wadsworth, J. 2001. "Keep the Coop Candle Burning." *Rural Cooperatives*, 68 (2): 19 – 20.

Wang, J., Chen, M., Klein, P. G. 2015. "China's Dairy United: A New Model for Milk Production." *American Journal of Agricultural Economics*, 97 (2): 618 – 627.

Zhong, Z., Chen, S., Kong, X., et al. 2014. "Why Improving Agrifood Quality is Difficult in China: Evidence from Dairy Industry." *China Economic Review*, 31: 74 – 83.

Institutional Arrangement of Member Heterogeneous Cooperative and Cooperation Stability: Evidences from Three Dairy Farmers' Cooperatives

Zhong Zhen   Wang Shuting   Zhang Chen

Abstract: Risk sharing, and benefit distribution are two important institutional arrangements of Member Heterogeneous farmers' cooperatives, they determine the contract form and influence the stability of cooperatives. Taking three

Chinese dairy farmers' cooperatives as examples, this paper analyzes the logical relationships between, risk sharing, benefit distribution and cooperative stability. The study suggests that the cooperation stability between cooperative members and organizations has been influenced both by benefit distribution and risk sharing of cooperatives. If other conditions are under control and unchanged, the more risks cooperatives take, the stabler the cooperative relationships of cooperatives and members. If the surplus distribution mechanism between cooperatives and members is more distinct, the tendency degree for keeping a stable cooperation relationship of members and cooperatives will be relatively higher.

Key words: institutional arrangement; risk sharing; benefit distribution; cooperation stability; dairy farmers' cooperatives

独立理事制度对合作社信贷约束的缓解机制研究：
以山东省菏泽市为例

郑力文　孔祥智[*]

摘　要　资金短缺是制约当前我国农民专业合作社发展壮大的主要障碍。本文结合垄断型、利率限制条件下的金融机构信贷合约行为理论，以3家农民专业合作社为案例样本，分析了山东省菏泽市农村信用社通过向合作社派驻独立理事来缓解合作社信贷约束的作用机理。研究发现，农村信用社派驻合作社的独立理事制度能够充分利用其特殊机制下的制度优势，有效降低农村信用社向合作社发放贷款的交易费用、增强合作社自身的抵押担保能力以及提高合作社投资项目的成功概率，从而提高农村信用社信贷供给意愿，缓解合作社的信贷约束。

关键词　独立理事制度　农民专业合作社　信贷约束　缓解机制

一　问题的提出

自2007年7月1日《中华人民共和国农民专业合作社法》正式实施以来，我国的农民专业合作社无论是在数量上还是在覆盖面上，都呈现出迅猛发展的态势。农民专业合作社的蓬勃发展，促进了农户之间的联合与协

---

[*] 郑力文，农业部种植业管理司粮油处主任科员，研究方向为农村合作经济；孔祥智，中国人民大学中国合作社研究院院长、农业与农村发展学院二级教授。

作，提高了农业生产的专业化和组织化程度，实现了小农户与大市场的有效对接，完善了农村经营体制，正成为发展现代农业的中坚力量和重要载体。充裕的资金是合作社成长壮大的物质基础，也是其能否持续发展的关键。然而，我国的农民专业合作社发展尚处于初级阶段，有相当一部分的合作社尚未具备真正的盈利能力，从而没有稳定而充足的自有经济来源，在生产经营中普遍面临着融资贷款困难，尤其是在购买农资、收购产品等短期周转性资金和推进农业标准化生产、改善技术服务设施等中长期投入性资金上普遍缺乏。资金瓶颈已成为制约农民专业合作社进一步发展壮大的主要因素。

长期以来，具有互助合作性质的农村信用社一直是提供农村金融服务的主力军（谢平，2001；何广文，2001；Watson，2003）。尤其是在各大商业银行逐步撤出农村金融市场后，农村信用社作为"三农"部门获得信贷资金的主渠道更显得弥足珍贵。然而，农村金融市场存在信息不对称、抵押物缺乏、特质性成本与风险并存等问题，导致农村信用社在审核发放贷款时往往通过"惜贷"（提高贷款门槛，减少信贷供给量）等选择性放贷来控制信用风险，致使合作社的金融需求不能得到较好地满足。此外，农户受到正规信贷约束的现象也非常普遍，形势非常严峻（Braverman & Guasch，1986；韩俊，2008）。据调查，从正规金融机构申请过贷款的农户中，没有获得批准的农户占41.97%；有借贷需要且最想从金融机构借款的农户中，有40.42%的农户没能够获得贷款，在获得金融贷款的农户中，35.63%的农户指出贷的款不能满足资金需求。

为加强对农民专业合作社的金融支持力度，从2009年年底起，山东省菏泽市农村信用社实施了以向合作社派驻独立理事为核心的金融服务创新方式。经过一段时间的发展，实践证明，这种由农村信用社向农民专业合作社派驻独立理事的制度创新，有效地控制了农村信用社对合作社放贷的成本和风险，增强了农村信用社的信贷供给意愿，从而大大缓解了当地合作社的资金约束，为突破合作社做大做强的资金瓶颈进行了有益的探索。本文拟结合垄断型、利率限制条件下的金融机构信贷合约行为理论，通过案例比较分析方法，探讨农村信用社派驻合作社独立理事制度，有效的缓解了合作社信贷约束的作用机理。

二 文献回顾

对于农民专业合作社而言,充裕的资金是其发展壮大的物质基础,具有决定成败的关键性作用。部分学者指出,现阶段合作社为实现规模经济和提高市场竞争力,会不断地追求规模扩张,导致其对信贷资金的需求日益旺盛(黄祖辉等,2002)。而孔祥智等(2005)通过实地调研发现,现实中约有85%的合作社没能形成真正的盈利能力,从而没有稳定而充足的自有经济来源。在这种境况下,大部分农民专业合作社的自我积累和持续发展也就无从谈起。因此,吕献荣(2006)等学者认为,资金短缺已经成为我国农民专业合作社发展的瓶颈,使得广大合作社在扩大规模、实现可持续发展的过程中举步维艰。谢宁(2008)通过对山东省农民专业合作社的融资结构进行分析,指出了山东省农民专业合作社发展资金缺口较大,同时存在融资渠道狭窄、贷款难、担保难和缺乏资本市场融资渠道等主要融资问题。贾楠(2009)通过对33家农民专业合作社的调查,发现只有7家合作社获得了金融机构的贷款,共获得贷款1552万元,仅占其贷款需求量的6.6%。

学者们对合作社信贷支持不足的原因给予了高度关注(于华江等,2006;李晓渝,2006;曹鸣凤,2007;田祥宇,2008;贾楠,2009)。制约农民专业合作社获得信贷支持的因素很多,既有内部原因,也有外部因素。从内部原因看,农民专业合作社内部筹资有限,是因为其独特的内部制度设计限制了农民专业合作社的筹资能力。农民专业合作社产权不明晰和运作不规范导致外部金融机构难以准确评价贷款风险,农民专业合作社大多处于起步发展阶段,规模较小,财务制度不健全,难以提供符合金融机构要求的抵押担保品。从外部因素看,农村金融服务体系的不完善,导致了农民专业合作社的信贷需求很难得到充分有效地满足。如农业发展银行作为我国政策性金融机构之一,目前仅负责粮棉油的购销贷款;中国农业银行由于商业化改革,大量压缩农村分支机构,贷款业务基本退出了农村领域。在农村金融市场,信贷资金的主要供给者是农村信用社(部分地区已经改制为农村合作银行或农村商业银行),资金供给主体单一,信贷服务难以满足合作社的资金需求。此外，还有学者专门从农村信用社的角度阐述了农民专业合作社信贷支持不足的原因。一是农民专业合作社发展的外部环境较差，严重挫伤了农村信用社对农民专业合作社的信贷供给意愿；二是农村信用社自身的信贷供给能力有限，在一定程度上难以满足农民专业合作社发展的资金需求；三是出于对信贷成本与风险的考虑，农村信用社对农民专业合作社缺乏信贷信心；四是在县、乡两级法人的管理体制下，农村信用社整合信贷资源的能力较弱，无法将有限的信贷资金进行整体调度和优化配置，以重点支持农民专业合作社发展。

三 理论框架

（一）理论基础

现代金融机构信贷合约行为理论认为，商业性金融机构为了能够有效区分具有不同风险特征的借款者，在信贷方案中设计了信贷利率、抵押品价值和贷给概率三个要件，希望借助此三个要件的不同组合来达到借款者自行选择金融机构所期望的信贷合约的目的。但是，在我国贷款利率由中国人民银行统一划定的现实情况下，运用西方的商业银行信贷合约理论需要对其进行中国化的改进。孔刘柳（2000）在结合西方信贷合约行为理论和我国经济发展实际的基础上，构建了适合于我国现实情况的商业银行信贷合约行为理论模型，尤其是其中的垄断型、利率限制条件下的金融机构信贷合约行为模型很符合当前农村金融市场的实际，为本文的研究提供了重要参考。

在垄断型的信贷市场中，商业性金融机构保持风险中性。我们假定，金融机构的资金成本（即存款利率）为 c_0，且拥有能够充分满足信贷需求的存款资金，即金融机构的信贷供给能力不影响其信贷决策的制定。r 表示金融机构的资金收益（即贷款利率）；在这里，r 是外生变量，可以被看作常量，原因在于我国的信贷利率由央行统一制定，不属于金融机构信贷合约的设计变量。此外，金融机构的存款资金也可以被用于投资其他无风险的项目，例如国债，因此，将 r_0 作为无风险投资收益率。

同时，为方便起见，我们假定借款者呈风险中性，且具有相同的期初

抵押价值 W，W 无法用于投资无风险项目（这实际上比较接近于我国农村的现实情况）。假设借款者用从金融机构获得的信贷资金 S 与自有资产 W 一起投资一个具有风险的项目。项目成功则产生回报 R，R 为项目收益率；项目失败则产生零回报。这样，即使借款者投资于有风险的项目也可以被认为是没有机会成本的。W 和 R 是借贷双方共同拥有的信息。

金融机构面对的是相对固定的借款者群体，其中包括高风险者和低风险者两种类型。我们用 φ_1 和 φ_2 分别表示高风险者和低风险者的项目成功概率，则 $0<\varphi_1<\varphi_2<1$；尽管借款者自身非常清楚自己的风险类型，可是在信息不对称的情况下，金融机构并不能有效区分他们，而是仅知道高风险者的比例为 λ，那么，低风险者的比例则为 $(1-\lambda)$。在信贷利率既定的条件下，金融机构信贷合约的设计变量只能包括贷给概率 θ_i 和抵押要求 ω_i，$i\in\{1,2\}$。其中，抵押要求 ω_i 亦可以表示为 S/k_i，k_i 为随机变量，$i\in\{1,2\}$，表示金融机构所要求的抵押率（即通常所说的"垫头"）。同时，若借款者无法归还贷款，金融机构在变现抵押品时还要承担一定的交易费用，故对抵押价值有一个折扣 β，$\beta\in[0,1]$。因此，金融机构实际能够变现的抵押价值为 $\beta S/k_i$。此外，由于借贷双方存在信息不对称，金融机构为了控制和防范风险，要进行贷前信息搜集、贷中审核评估和贷后追踪催还等活动，均须承担相应的费用；因此，假设金融机构每笔贷款的信贷供给成本为 C_i。

故，商业性金融机构对 i 类借款者的期望收益目标函数为：

$$\theta_i[\varphi_i(r-r_0)S+(1-\varphi_i)\beta S/k_i - C_i]+(1-\theta_i)(r_0-c_0)S \tag{1}$$

去掉常数项，不影响结果，从而得到金融机构对所有借款者的期望收益目标函数为：

$$\lambda\theta_1[\varphi_1 rS+(1-\varphi_1)\beta S/k_1]+(1-\lambda)\theta_2[\varphi_2 r+(1-\varphi_2)\beta S/k_2] \tag{2}$$

在利率限制与完全信息条件下，金融机构能够掌握所有借款者的类型。这时，垄断型信贷市场的均衡形式为：

$$\max \theta_i[\varphi_i rS+(1-\varphi_i)\beta S/k_i] \tag{3}$$

$$s.t.\ \varphi_i rS+(1-\varphi_i)\beta S/k_i \geq r_0 S \tag{4}$$

$$\theta_i[\varphi_i(R-r)S-(1-\varphi_i)S/k_i]\geq 0 \tag{5}$$

其中，$0\leq\theta_i\leq 1$，$0\leq S/k_i\leq W$，$i\in\{1,2\}$。

（4）式表示金融机构的信贷预期收益必须大于其放贷的机会成本，（5）式表示不同类型的借款者都能够实现有利可图，即不同类型的信贷合约必须是各自合理的。

但在利率限制和不对称信息条件下，垄断型信贷市场中的金融机构信贷合约设计则由一组向量 $\{S/k_i, \theta_i\}$ 组成，$i \in \{1,2\}$。然而，若类型为 i 的借款者获取了金融机构为 j 型借款者设计的信贷合约，其中 $i \neq j$，且 $i,j \in \{1,2\}$，那么，i 型借款者的预期收益就将变为：

$$\theta_j [\varphi_i(R-r)S(1-\varphi_i)S/k_i] \tag{6}$$

所以，为了确保借款者自行按照本身所属的风险类型申请信贷合约，金融机构的信贷合约方案必须同时满足下列两项激励相容的约束条件：

$$\theta_i [\varphi_i(R-r)S - (1-\varphi_i)S/k_i] > \theta_j [\varphi_i(R-r)S - (1-\varphi_i)S/k_i] \tag{7}$$

$$\theta_j [\varphi_j(R-r)S - (1-\varphi_j)S/k_j] > \theta_i [\varphi_j(R-r)S - (1-\varphi_j)S/k_j] \tag{8}$$

此外，不同类型的借款者均须有利可图，即不同风险类型的信贷合约还必须是各自合理的，即：

$$\theta_i [\varphi_i(R-r)S - (1-\varphi_i)S/k_i] \geq 0 \tag{9}$$

因此，在利率限制和不对称信息条件下，垄断型信贷市场的均衡形式可以表示为：

$$\max \lambda \theta_i [\varphi_1 rS + (1-\varphi_1)\beta S/k_i] + (1-\lambda) \theta_2 [\varphi_2 rS + (1-\varphi_2)\beta S/k_i] \tag{10}$$

$$s.t.\ \varphi_i rS + (1-\varphi_i)\beta S/k_i \geq r_0 S \tag{11}$$

$$\theta_i [\varphi_i(R-r)S - (1-\varphi_i)S/k_i] > \theta_j [\varphi_i(R-r)S - (1-\varphi_i)S/k_i] \tag{12}$$

$$\theta_j [\varphi_j(R-r)S - (1-\varphi_j)S/k_j] > \theta_i [\varphi_j(R-r)S - (1-\varphi_j)S/k_j] \tag{13}$$

$$\theta_i [\varphi_i(R-r)S - (1-\varphi_i)S/k_i] \geq 0 \tag{14}$$

其中，$0 \leq \theta_i \leq 1$，$0 \leq S/k_i \leq W$，$i \in \{1,2\}$。

（二）模型改进

通过以上对垄断型信贷市场、利率限制条件下的商业性金融机构信贷合约行为模型的描述，我们可以得知，金融机构在进行信贷决策的制定实施时所要考虑的主要因素体现在两个方面：一是金融机构的预期收益要大于其信贷资金的机会成本；二是借款者的风险和收益水平，包括借款者的项目成功概率及抵押担保能力等。

商业性金融机构进行信贷供给决策时所考虑的这些因素同样也适用于包括农村信用社和合作社在内的农村金融市场，同时我们也必须要想到农村金融市场的信贷活动所具有的一些特点，即农业的弱质性使得农业生产领域投资项目的风险较大，预期收益率较低，同时农村信用社和合作社以及农户之间的信息不对称程度也较非农领域更加严重。这种高风险、低回报的投资状况使得农村信用社更倾向于将合作社及其社员农户划入高风险借款者的范围之内，对其项目成功的概率做出较低的估计。现实中，农村信用社对合作社及其社员农户在通常情况下仅限于发放抵押（质押）和担保贷款便是明证。通过借鉴前面已分析过的商业性金融机构的信贷合约行为理论，我们可以建立起农村信用社对合作社的信贷合约行为模型。

设定如下假设条件：（1）农村信用社和合作社是该信贷合约的参与人，且二者均为理性经济人，即寻求一定条件下的自身利益最大化；（2）借贷双方的信贷合约达成过程不受任何其他方的干预或影响；（3）每个合作社在一定时期内有并且只有一个投资经营项目；（4）合作社无初始资金，完全依靠银行贷款，项目成功后即可全额偿还贷款本息。

假设合作社与农村信用社双方顺利达成信贷合约的数量为 n（n 为大于 1 的整数），贷款利率为 r，每个合作社的贷款规模为 S_i，农村信用社要求的贷款抵押品价值为 ω_i，也可以表示为 S_i/k_i，其中 k_i 为随机变量，表示农村信用社要求的抵押率（即通常所说的"垫头"）。当贷款无法归还，农村信用社在清算抵押时还须承担一定的交易费用，故对抵押价值有一个折扣 β，$\beta \in [0,1]$；农村信用社实际能够变现的抵押价值为 $\beta S_i/k_i$。因此，合作社与农村信用社双方的效用都是关于借贷规模 S_i 和贷款利率 r 的函数。

先来考虑借款者合作社的收益情况。合作社将贷得的资金投入生产，假设其经营收入为 $R_i S_i$，其中 R_i 为随机变量，经营产出有一定的上限，所以 $R_i \in [1, K_i]$，$i = 0, 1, \cdots, n$。合作社需要用经营收入来偿还农村信用社的贷款本金和利息，因此最后可能出现的情况有两种：一是合作社的投资项目运营较为成功，经营收入可以足额偿还农村信用社的本金和利息，假设此种情况出现的概率为 P；二是合作社投资项目的运营出现失误，经营收入不足偿还农村信用社的全部本金和利息，因此农村信用社就需要将合作社的抵押品变现来弥补贷款损失，假设此种情况出现的概率为 $(1-P)$。综合以上两种情况，得出合作社的预期收益为：

$$E_1 = P(R_i - 1 - r)S_i - (1 - P)S_i/k_i \tag{15}$$

再来考虑贷款者农村信用社的收益情况。假设农村信用社在这一时期内共放款 n 笔，在借贷双方存在信息不对称的情况下，农村信用社为了控制风险，在贷款前需要进行调查和评估，贷款中审核和拨付，贷款后监管和催还，假设每笔贷款发生的相关交易费用为 C_i。农村信用社每发放一笔贷款的预期收益为：

$$E_2 = P(rS_i - C_i) + (1 - P)(\beta S_i/k_i - S_i - C_i) \tag{16}$$

因此，农村信用社向合作社发放 n 笔贷款的预期利润目标函数为：

$$V = \sum_{i=1}^{n} [P(rS_i - C_i) + (1 - P)(\beta S_i/k_i - S_i - C_i)] \tag{17}$$

最后考虑模型的约束条件。对农村信用社来说：第一，预期收益 E_2 应该不小于其他所能得到的机会成本，即农村信用社将资金投放于其他高收益或低风险行业所能获得的收益，并假设此种收益率为 μ；第二，农村信用社的预期利润 V 应该大于零，从而保证农村信用社经营的可持续性；第三，考虑到信贷风险以及合作社的实际偿还能力，农村信用社会在贷款规模上进行一定的限制，参考指标即为本时期内农村信用社可用于借贷的资金总额 Q 和合作社能提供的抵押品价值或担保额度 W_i；第四，合作社的预期收益也应该大于零。综上，模型的约束条件为：

$$P(rS_i - C_i) + (1 - P)(\beta S_i/k_i - S_i - C_i) > \mu \cdot S_i \tag{18}$$

$$\sum_{i=1}^{n} [P(rS_i - C_i) + (1 - P)(\beta S_i/k_i - S_i - C_i)] > 0 \tag{19}$$

$$s_i \leq \min(Q, W_i) \tag{20}$$

$$P(R_i - 1 - r)S_i - (1 - P)S_i/k_i > 0 \tag{21}$$

基于以上分析，可以得到农村信用社信贷合约行为的规划模型为：

$$\max V(S_i, r) = \sum_{i=1}^{n} [P(rS_i - C_i) + (1 - P)(\beta S_i/k_i - S_i - C_i)] \tag{22}$$

$$s.t. \ P(rS_i - C_i) + (1-P)(\beta S_i/k_i - S_i - C_i) > \mu \cdot S_i \quad (23)$$

$$\sum_{i=1}^{n}[P(rS_i - C_i) + (1-P)(\beta S_i/k_i - S_i - C_i)] > 0 \quad (24)$$

$$S_i \leq \min(Q, W_i) \quad (25)$$

$$P(R_i - 1 - r)S_i - (1-P)S_i/k_i > 0 \quad (26)$$

其中，$i = 0, 1, \cdots, n$。

只有当上述规划模型的四个约束条件式（23）、式（24）、式（25）、式（26）所形成的解集空间非空时，规划方程才可能存在最优解。

通过以上建立的模型可以看到，影响农村信用社向合作社贷款合约达成的因素主要有：（1）农村信用社放贷的机会成本 μS_i；（2）合作社抵押担保价值 W_i；（3）农村信用社信贷支持合作社的交易费用 C_i；（4）合作社投资项目运营成功的概率 P。最近几年，随着邮储银行在农村地区大量铺设经营网点，力图开拓并抢占农村金融市场，农村信用社的传统优势地位日益受到了挑战。在强烈的竞争压力下，农村信用社放贷的机会成本不断降低，迫使其不得不调整经营策略，寻找农村金融市场中新的潜在客户。合作社作为新兴的农村经营主体，有着日益扩大的资金需求，自然成了农村信用社奋力争取的客户资源。但由于存在交易费用过高、抵押担保不足、农业生产风险较大等问题，农村信用社依然采取了"惜贷""慎贷"的行为，而合作社的发展也面临着日益紧张的信贷约束。因此，本文着重从降低农村信用社交易费用、增强合作社抵押担保能力以及提高合作社经营成功概率三个方面，探讨农村信用社派驻合作社独立理事制度对缓解合作社信贷约束的影响。

四 案例分析

（一）独立理事制度的创立背景与发展现状

山东省菏泽市农村信用社共有9家县区联社，372个营业网点，从业人员近6000人，是全市机构网点最多、服务范围最广、业务品种齐全、资金实力雄厚的农村金融机构。近年来，菏泽市农村信用社把信贷扶持农民专业合作社作为支持当地经济发展的重点，通过创新金融产品和改进服务方式，突破了金融机构支农的成本约束，并有效地控制了风险，促进了当地农民专业合作社的发展。总体来说，农村信用社派驻合作社独立理事制度就是在双方互有需求、资源互补的前提下应运而生的。一方面，这是农村信用社从信贷支农工作的实际需要出发进行的一项创造性尝试。支持农民专业合作社发展是建设新农村的重要任务，也是农村信用社创新贷款模式、开拓农村金融市场的重要平台，派驻合作社独立理事制度就是农村信用社在新形势下对支持合作社发展进行的有益尝试。另一方面，这也是农民专业合作社自身规范化发展的客观要求。农民专业合作社是农村经济发展中的组织和制度创新，是国家支农政策扶持的重要载体，也是实现农村经济增长方式转变的有效形式。农民专业合作社是新生事物，许多土生土长的农民想组建、想参与，但受自身的局限性，在信息渠道、管理技能、专业知识等方面有所欠缺，不能很好地驾驭合作社的发展。另外，部分运作规范、制度完善的合作社在生产经营过程中也会或多或少地受到资金限制，延缓了合作社发展的步伐，这些都是农民专业合作社在未来发展中亟须解决的问题。

正是在双方互有需求、资源互补的情况下，菏泽市农村信用社创造性地推行了派驻合作社独立理事制度，委派信贷人员入驻优质合作社并担任其独立理事，以此建立起农村信用社与合作社的沟通联结机制，实现对合作社生产经营的指导和贷款使用的监督，避免由于存在信息不对称而导致的不利影响，进一步密切合作社与农村信用社的信贷关系，探索新的信贷服务模式。

独立理事主要由三种类型的人员组成，包括乡镇分社客户经理、乡镇分社主任以及县级联社部门经理，在合作社自愿的基础上，合作社理事会表决通过后正式聘任。独立理事不从合作社获取报酬。一方面，信贷人员受农村信用社委托，通过独立理事的身份参与合作社的经营决策和日常管理，从而监督合作社信贷资金的使用情况，确保资金用于合作社发展或社员自身扩大生产规模，准确掌握其经营运作和发展状况信息，有效防范农村信用社信贷风险，保障合作社在风险可控的范围内进行生产经营活动。独立理事按照相关法律法规和合作社章程的要求，维护合作社的整体利益，关注中小股东的合法权益不受损害。另一方面，信贷人员通过充分发挥自身社会资源的优势，为合作社发展注入所需的多种要素，包括资金、信息、技术、人才等，主要在协助合作社规范化运作、建立健全财务制度、监督信贷资金流向、指导制定发展规划等方面发挥作用，帮助合作社解决诸如融资能力较弱、市场信息滞后、运作不规范、监督管理不到位等问题。

（二）案例一：由乡镇分社客户经理担任独立理事的 HFY 种植专业合作社

HFY 种植专业合作社位于菏泽市曹县古营集镇。早在 2006 年 10 月，为了降低农业经营成本，解决生产服务问题，在该乡农技推广站技术人员 L 的牵头组织下，当地 108 户种植农户联合起来，自发成立了该种植专业合作社。待《中华人民共和国农民专业合作社法》颁布实施后，合作社又于 2008 年 3 月在当地工商部门进行了注册登记，初始注册资金为 20 万元。合作社制定了自己的章程，并将其业务范围进行规定：农业生产资料的采购与供应、生产技术的服务与指导、农产品的收购与销售等。该合作社社员以种植粮食作物为主，包括小麦和玉米，同时兼种部分瓜果农产品，如特色香瓜等。2008 年，该合作社注册了"红三村"商标，并于 2010 年 6 月通过了中国绿色食品发展中心绿色食品 A 级认证，准许使用绿色食品标志。

该合作社社员主要由当地农户组成。截至 2010 年 11 月调研时，合作社资产总额达 200 余万元，其中固定资产 80 万元，流动资产 120 万元；全社共有社员 1568 户，其中农民成员占 99%，覆盖周边 1 个县、3 个乡镇和 73 个行政村。社员入社须由合作社社员代表大会批准。入社时，每户社员最少需要缴纳 1 股股金，每股金额为 100 元。目前，该合作社拥有优质小麦良种繁育基地 1000 亩，优质专用小麦生产基地 5000 亩，20000 吨标准粮库 1 座。2009 年，合作社经营的纯收入达 140 余万元，其中对社员农户二次返利 85 万元，占总盈余的 60% 以上；平均每户社员全年农业纯收入约 8000 元，比当地非社员农户高出近 20%。近年来，该合作社连续获得"市级优秀农民专业合作社""省级农民专业合作社示范社"等荣誉称号。

菏泽市农村信用社启动派驻独立理事计划后，决定将该合作社列入首批派驻的合作社名单中。2009 年底，经过双方协调沟通，合作社正式聘请 S 作为合作社独立理事。S 原为曹县某乡镇农村信用社的一名信贷人员，负责联系合作社所在片区的信贷业务。自合作社成立起，S 就与该合作社的管理人员进行过多次接触，对合作社的生产经营情况比较了解。

S 被聘请为合作社独立理事后，主要在以下五方面发挥了重要作用：（1）帮助合作社办理农业保险。在独立理事的协调和财政资金的强力扶持下，当地某保险公司与该合作社签订了合作协议。社员农户、合作社和当地政府共同出资，为合作社全体社员购买了农业灾害保险，这为合作社及其社员的生产经营活动提供了有效的保障。（2）建立健全合作社财务管理制度。独立理事 S 依托自身的专业优势，指导合作社建立健全内部财务管理制度，包括聘请专业财务人员，专职负责合作社内部财务管理事务；实施合作社年度财务审计制度，委托具有资质的会计师事务所对合作社的年度财务管理状况进行审计。（3）对社员集中开展信用评级。独立理事直接参与组建评级授信小组，根据资产负债、经营能力和个人品行等方面的情况，对提出贷款申请的社员以记名投票的方式，确定社员的信用等级和授信额度。单户社员贷款的授信额度一般为 10 万~30 万元。在信用期（一般为 1 年）内，获得授信的社员农户可以随时到农村信用社柜台办理贷款手续，即时得到贷款。（4）设计适应合作社生产周期的贷款条件。独立理事经常参与合作社的经营管理，对合作社的生产运营状况十分了解，可以根据合作社的实际情况，设计适应合作社生产经营周期的贷款条件，如根据生产进度分阶段放款、贷款期限与生产周期同步等，帮助合作社及其社员农户最大限度地享受金融服务的便利。（5）帮助合作社拓宽产品销售渠道。在独立理事的直接策划下，合作社于 2010 年 8 月成功注册了"红三村"的产品商标，接着该品牌又通过了中国绿色食品发展中心的绿色食品 A 级认证，获准使用绿色食品标志。此外，独立理事积极与当地多家大型超市取得联系，为推动"农超对接"创造条件。截至调研时，在独立理事的直接协调与帮助下，该合作社先后与当地大型的 HR 食品公司、YZ 超市、SX 超市和 SG 超市等建立了合作关系，形成"超市 + 合作社 + 农户"的一体化生产营销模式。

（三）案例二：由乡镇分社主任担任独立理事的 GX 蔬菜种植专业合作社

GX 蔬菜种植专业合作社位于菏泽市郓城县。2009 年 3 月，为了统一购买农资和解决"卖难"问题，当地村委会牵头，联合10户农户作为设立人，成立了这个合作社。合作社即时在当地工商部门登记注册，注册资金为200万元。目前，合作社共有成员300余户，全部为当地种植农户，社员分布横跨5个乡镇、20个行政村。截至2010年11月调研时，合作社实有资产近3000万元，其中，固定资产约2200万，流动资产约800万。虽然成员入社不强制缴纳股金或会费，但需要具备一定的条件，如生产达到一定规模、产品达到质量要求以及在当地有较好的声誉等。

GX蔬菜种植专业合作社是菏泽市农村信用社实施派驻独立理事制度的首批试点合作社之一。2009年底，经过双方充分沟通，合作社决定聘请郓城县某乡镇农村信用社副主任F为合作社独立理事。之后，凡遇合作社召开成员代表大会或理事会商讨重大事宜，均提前向独立理事F发出邀请，而F一般也尽量排出时间来参加合作社的相关活动。

F被聘请为合作社独立理事后，主要在以下五方面发挥了重要作用：（1）指导合作社制定中长期发展规划。独立理事F到任后，带领合作社管理人员和部分社员到山东寿光实地参观学习，并参照借鉴其先进做法，指导合作社制定了《GX蔬菜种植专业合作社中长期发展规划》，内容包括：逐步实施蔬菜有机生产标准，申请创建自己的品牌商标，兴建农产品初级加工厂，发展"农社对接""农校对接""农餐对接"等直销模式。（2）帮助合作社争取政策性农业保险补贴。在国家决定针对蔬菜产业实施农业保险保费补贴政策之后，合作社理事长Y便找到独立理事F，希望通过F的社会关系，帮助合作社争取到国家政策性农业保险的保费补贴。在F的联络和协调下，合作社为全体成员办理了农业保险，并成功争取到了上级财政的保费补贴。（3）帮助合作社取得贷款利率优惠。F担任该合作社的独立理事后，一边与合作社管理人员及其成员农户保持频繁的互动与交流，一边通过当地乡镇部门和村委会等渠道获取情况反馈，逐渐对该合作社的发展背景和运营情况有了比较全面而准确地把握。F认为该合作社具有很好的发展前景，即决定加大对该合作社的信贷支持力度，不仅为合作社评定了高达2000万元的授信额度，而且还对其实施下浮1‰的利率优惠。自2010年以来，合作社先后十几次获得农村信用社信用贷款，总贷款额度超过1200万元，主要用于统一采购、配送社员需要的种苗等农用物资和发展合作社内部资金借贷服务。（4）联系县专业协会为合作社提供技术支持。为了帮助合作社成员农户选择产量更高、品质更好的蔬菜新品种，并进行科学、规范地种植，独立理事 F 与县蔬菜种植协会联系，并极力促成该专业协会与合作社结成技术帮扶对子。县蔬菜协会向合作社推介优质品种，并定期派专家或技术人员到合作社进行现场教学和技术指导，帮助合作社提高技术服务能力和科学种菜水平，最大限度地满足成员农户的技术服务需求。（5）为合作社获取企业订单牵线搭桥。独立理事 F 运用自身的社会关系，介绍当地一家农产品加工流通企业与合作社以产品订单的方式建立了稳固的供销合作关系，使合作社通过企业订单方式销售的蔬菜产量达到了 50% 以上，大大降低了合作社生产经营所面临的市场风险。

（四）案例三：由县级联社部门经理担任独立理事的 XX 养兔专业合作社

XX 养兔专业合作社位于郓城县程屯镇西钱楼村，成立于 2009 年 1 月，共占地 35 亩，其中草地占地 5 亩、鱼塘占地 10 亩、兔场占地 20 亩，植树 1200 棵。合作社共投资 30 万元建设了占地约 20 亩的生产区及相关配套设施，包括獭兔区 5 栋、育成区 6 栋、长毛兔区 2 栋，每栋前后都种有白杨树，是具有特色的林下养殖合作社。合作社购进了颗粒饲料机 2 台、粉碎机 1 台，并在养殖区室内安装电热扇 15 台，保证了产房和保育舍的温度平衡。同时，合作社投资 20 余万元建设了管理区，包括办公室 4 间、消毒室 1 间、化验室和治疗室 2 间、仓库 10 间、活动室 10 间、食堂 2 间以及门卫室 1 间。此外，合作社还投资 18 万元，建成了国内先进的生态循环养殖系统，把兔尿和兔粪全部注入沼气池，为合作社及周边农户提供生产生活用气，每年可节约能源费用 4 万余元。沼气渣还能用来种植杨树和生产绿色有机无公害蔬菜，产生了丰厚的经济效益。

XX 养兔专业合作社由于经营规模较大、内部运作规范、发展前景良好而被菏泽市农村信用社确定为首批试点派驻独立理事的合作社之一。2009 年底，在双方几乎是一拍即合的情况下，合作社决定聘请郓城县农村信用社信贷业务部经理 W 为合作社独立理事。受聘为合作社独立理事后，尽管 W 在县城工作，平时的本职工作任务也十分繁忙，但他还是争取一切机会与该合作社保持积极良性的互动；合作社凡遇召开成员代表大会或理事会需要商讨重大事宜时，也都提前与独立理事 W 取得联系，让他尽量排出时间来参加合作社的会议或活动。

W 受聘为合作社独立理事后，主要在以下四方面发挥了重要作用：（1）推广农业保险，有效防范养殖风险。为了减少养殖业承担的疫病风险，鼓励农户从事养殖生产，国家实行了专门针对养殖行业的农业保险保费补贴政策。鉴于这一有利的政策条件，独立理事 W 主动找到合作社负责人商量，并将相关政策文件在成员代表大会上进行了宣读。知道这一政策信息后，合作社社员的反响十分强烈，都表示愿意加入农业保险。最终，在国家财政直接补助下，该合作社的全体社员都办理了农业保险，其为日后的养殖生产吃下了定心丸。（2）给予授信额度，方便合作社灵活贷款。受聘为独立理事后，W 亲自带队，组织信贷人员对该合作社进行了信用评级。经过严格的调查和审核后，农村信用社最终给予了合作社 200 万元的授信额度，即在一年的周期内，合作社可以随时到农村信用社获得贷款，贷款总额不得超过 200 万元，但一年内必须还清，否则下一年度农村信用社将取消或减少对合作社的授信额度。（3）传递市场信息，提出合理发展建议。独立理事 W 所在的农村信用社部门——信贷业务部为了全面掌握各个行业的市场动态，及时防控信贷风险，让专人负责信息收集与分析，定期出版了一份内部信息交流简报，以供农村信用社信贷人员参考。W 遂将每期简报中涉及养殖业尤其是养兔业的市场信息和经营动态发送给合作社负责人，让其及时了解市场供求、养殖技术等相关信息，为合作社经营决策提供参考；同时，W 还根据自身掌握的信息和经验，针对合作社经营中面临的现实问题，向其提出合理的发展规划或建议，帮助合作社集思广益。（4）联系技术专家，及时防治突发疫情。由于是集中养殖，合作社最怕的就是疫情风险；一旦遭遇突发疫病，合作社承受的后果和损失将不堪设想。合作社负责人向独立理事 W 反映这一担忧后，W 与县畜牧局及其技术专家取得了联系。县畜牧局同意派技术专家每月到村进行一次现场技术指导和疾病义诊，并建立了合作社与畜牧局的联系热线。合作社一旦遭遇到突发疫情的影响，就可以通过热线及时向县畜牧局通报；畜牧局接到疫情报告后，将会组织技术人员和专家到合作社现场进行有效的指导和防治，帮助合作社将疫情损失减少到最低。

（五）案例总结

综上所述，本文运用案例间逐项复制的方法，对三个覆盖了不同农业生产领域和独立理事类型的农民专业合作社案例进行了详细的观察与分析，有效地验证了本文前面所提出的三项假说。即农村信用社派驻合作社独立理事制度能够充分利用其特殊机制下的制度优势：(1) 降低农村信用社对合作社信贷支持的交易费用，包括信息搜集费用、运营费用以及贷后催还费用等；(2) 改善合作社自身的抵押担保能力；(3) 减少合作社在生产经营中遭受的自然风险、市场风险和管理风险损失，提高合作社投资项目的成功概率，从而提高农村信用社的信贷供给意愿，缓解合作社的信贷约束状况。表1总结了三个案例合作社中独立理事所发挥的主要职能及相应的缓解效果。

表1 独立理事发挥职能及其缓解效果总结

案例名称	独立理事类型	主要职能	缓解效果
HFY种植专业合作社	乡镇分社客户经理	经常参加合作社会议及相关活动	降低农村信用社信息搜集费用
		对社员集中开展信用评级	降低农村信用社运营费用
		设计适应合作社生产周期的贷款条件	降低农村信用社贷后催还费用
		帮助建立健全合作社财务管理制度；利用声誉机制和动态威胁实现抵押替代	增强合作社抵押担保能力
		帮助合作社办理农业保险	减轻自然风险损失
		帮助合作社拓宽产品销售渠道	减轻市场风险损失
		联系农业技术专家予以生产指导	减轻管理风险损失
GX蔬菜种植专业合作社	乡镇分社主任	通过乡政府及村委会获取合作社信息	降低农村信用社信息搜集费用
		农村信用社授信贷款，合作社开展"转贷"	降低农村信用社运营费用
		设计适应合作社生产周期的贷款条件	降低农村信用社贷后催还费用
		利用声誉机制和动态威胁实现抵押替代	增强合作社抵押担保能力
		帮助合作社争取政策性农业保险补贴	减轻自然风险损失
		为合作社获取企业订单牵线搭桥	减轻市场风险损失
		联系县专业协会为合作社提供技术支持	减轻管理风险损失

续表

案例名称	独立理事类型	主要职能	缓解效果
XX养兔专业合作社	县级联社部门经理	通过乡政府及村委会获取合作社信息	降低农村信用社信息搜集费用
		农村信用社授信贷款，合作社提供内部资金服务	降低农村信用社运营费用
		授信机制激励合作社按时还款	降低农村信用社贷后催还费用
		利用声誉机制和动态威胁实现抵押替代	增强合作社抵押担保能力
		帮助合作社申请国家财政保费补贴	减轻自然风险损失
		提供市场信息和行业动态	减轻市场风险损失
		联系技术专家实施帮扶指导	减轻管理风险损失

为了能够更清晰地展示案例分析对三项假说的检验情况，下文用表2进行了说明。其中，画"★"表示该行所示的合作社案例材料中有相应的内容来支撑该列所示的假说或假说细分指标，而每列假说或假说细分指标下的"★"越多，说明案例材料以越强的支持力度对该项假说或假说细分指标进行了正向验证。

表2 独立理事制度对合作社信贷约束缓解作用的案例统计

案例名称	独立理事类型	降低农村信用社对合作社信贷支持的交易费用			增强合作社自身的抵押担保能力	提高合作社投资项目的成功概率		
		信息搜集费用	运营费用	贷后催还费用		减轻自然风险损失	减轻市场风险损失	减轻管理风险损失
HFY种植专业合作社	乡镇分社客户经理	★	★	★	★	★	★	★
GX蔬菜种植专业合作社	乡镇分社主任	★	★	★		★	★	★
XX养兔专业合作社	县级联社部门经理	★	★	★	★	★	★	★

五 研究结论

在我国垄断型、利率限制的农村金融市场中，在农村信用社信贷供给能力和合作社信贷需求一定的条件下,合作社在向农村信用社借款过程中是否受到信贷约束以及受到约束的程度取决于农村信用社的信贷供给意愿,农村信用社的信贷供给意愿又取决于制约农村信用社与合作社信贷合约达成的因素是否得到缓解。主要包括以下三个方面:一是农村信用社向合作社发放贷款的交易费用,包括信息搜集费用、运营费用和贷后催还费用;二是合作社自身的抵押担保能力;三是合作社投资项目的成功概率,包括自然风险影响、市场风险影响和管理风险影响。农村信用社派驻合作社独立理事制度能够充分利用其特殊机制下的制度优势,有效应对以上三方面的问题,从而提高农村信用社信贷供给意愿,缓解合作社的信贷约束。

第一,农村信用社派驻合作社独立理事制度能够降低对合作社信贷支持的交易费用,从而增强农村信用社信贷供给意愿,缓解合作社的信贷约束。首先,独立理事可以利用所捕获到的信息,对借款合作社及其成员农户进行有效的甄别,从而最大程度上克服了因双方信息不对称而可能导致的逆向选择问题,并极大地降低农村信用社贷前信息搜集与筛选的相关费用;同时,独立理事还能够及时准确地掌握合作社的生产经营情况,获取关于贷款使用的真实信息,从而降低贷后的监督检查费用,并有效防范道德风险的发生。其次,独立理事可以依托合作社这一新兴的农民经济组织载体,大力开展针对合作社成员农户的"批发贷款"(如合作社担保下的联户联保)或"转贷"(即先贷款给合作社,再经合作社向农户贷款)等业务模式,从而降低运营费用,实现规模经济效益,提高农村信用社的盈利水平和市场竞争能力。最后,农村信用社通过独立理事这一沟通联结机制,可以全程掌控合作社的生产经营动态,根据实际情况适时调整贷款偿还方案,并利用合作社对经营决策的一定控制权,督促合作社及时足额的偿还贷款本息,从而建立起一套行之有效的合约执行机制,大大降低贷款回收的成本费用。

第二,农村信用社派驻合作社独立理事制度能够改善合作社的抵押担保能力,从而增强农村信用社信贷供给意愿,缓解合作社的信贷约束。农村信用社可以通过独立理事制度,及时准确地了解合作社的生产经营情况和贷款使用去向,因而降低了对合作社的担保抵押要求,甚至可以接受其他金融机构所不愿接受的特殊类型抵押物，如合作社的生产管理用房、机械设备，成员农户的农机具、畜舍以及活牲畜等。这就有效地增强了合作社的担保抵押能力，促进合作社及其成员农户信贷需求的满足。

第三，农村信用社派驻合作社独立理事制度能够提高合作社投资项目的成功概率，从而增强农村信用社信贷供给意愿，缓解合作社的信贷约束。首先，独立理事可以通过向广大农户介绍农业保险的重要性和积极作用，提高农户对农业保险的认知水平，促进农业保险的推广与普及，增强合作社及其成员农户抗拒自然灾害的能力，降低自然风险对合作社生产经营的影响，提高合作社投资项目的成功概率。其次，独立理事往往能够为合作社及其成员传递大量及时有效的市场信息，帮助合作社开拓市场销售渠道，从而指导合作社根据市场需求组织生产，最大限度地规避市场波动的不确定性，减少市场风险对合作社生产经营的影响，提高合作社及其成员的履约能力。最后，独立理事可以依托自己的公职身份和社会网络，帮助合作社积极争取相关部门的有关技术培训、良种推广、标准化种养、科学管理以及基础设施建设等方面的项目扶持，帮助合作社降低管理风险，增强合作社及其成员农户的还款能力，从而减少农村信用社向合作社发放信贷所面临的信用风险。

参考文献

曹鸣风，2007，《试析对浙江省农民专业合作社的金融支持》，《浙江金融》第3期。

韩俊，2008，《加快构建普惠农村金融体系研究》，《中国农村信用合作》第12期。

何广文，2001，《中国农村金融供求特征及均衡供求的路径选择》，《中国农村经济》第10期。

黄祖辉、徐旭初、冯冠胜，2002，《农民专业合作组织发展的影响因素分析——对浙江省农民专业合作组织发展现状的探讨》，《中国农村经济》第3期。

贾楠，2009，《中国农民专业合作社发展中的金融支持》，《经济与管理》第4期。

孔刘柳，2000，《商业银行的信贷合约设计与中小企业信贷问题》，《上海理工大学学报》第3期。

孔祥智、张小林、庞晓鹏，2005，《陕、宁、川农民合作经济组织的作用及制约因素调查》，《经济理论与经济管理》第6期。

李晓谕，2006，《我国农村新型合作经济组织融资问题研究》，《农村经济》第6期。

吕献荣，2006，《制约农民合作经济组织发展的瓶颈及对策分析》，《生产力研究》第12期。

田祥宁，2008，《我国农民专业合作社资金短缺的原因及对策研究》，《会计之友》第8期。

谢宁，2008，《山东省农民专业合作社融资问题研究》，硕士学位论文，山东大学。

谢平，2001，《中国农村信用合作社体制改革的争论》，《金融研究》第1期。

于华江、魏玮、于志娜，2006，《试论农民合作经济组织资金短缺的解决途径》，《中国农村经济》第6期。

Braverman, A., Guasch, J. L. 1986. *Rural Credit Markets and Institutons in Developing Countries*: Lessons for Policy Analysis from Practice and Modern Theory, World Development.

Watson, A. 2003. *Financing Farmers*: the Reform of the Rural Credit Cooperative and Provision of Financial Services to Farmers. Asia Pacific Press.

Study on the Independent Director System's Alleviate Mechanism to the Cooperatives' Credit Limitation: Based on the Case of Heze, Shandong Province

Zheng Liwen　Kong Xiangzhi

Abstract: The main barrier for the development of the farmers' cooporatives is the shortage of the fund. This paper analysis the function which the rural credit cooperatives in Heze, Shandong Province relieve the cooperatives' credit limitation by sending independent director to the cooperative via using the theory of financial credit contract behavior based on three farmers' cooperatives' cases. The research shows that the independent director system between the rural credit cooperatives and cooperatives will make full use of the advantages of their special system function, distinctly decrease the transaction costs for the credit cooperatives providing a loan to the cooperatives, improve the cooperatives' guarantee ability and raise the success probability for the cooperatives' projects. Therefore, it will upgrade the willing of rural credit cooperatives providing loans and relieve the limitation of cooperatives' credit.

Key words: independent director system; farmers' cooperatives; credit limitation; alleviate mechanism

渔业合作组织与渔民利益联结机制问题研究*

郑思宁**

摘　要　关于农业合作组织的国内外研究已相当普遍，但对渔业合作组织的研究还很少。相比农业合作组织，渔业合作组织的形式更为多样化。为此，本文梳理我国渔业组织的演化历程和现状，并在此基础上考察不同渔业组织模式的渔民利益联结机制有着重要的理论和现实意义。本研究的主要成果如下：首先，总结了现行的渔业组织模式，认为我国现行的渔业组织模式包括："单一养殖户""养殖户+公司""养殖户+合作社""养殖户+合作社+公司""生产、加工一体化"以及"五合一"六种。其次，对利益联结机制的研究结果表明，各组织模式渔民获得的利益越多，其所面临的风险也就越大，但"五合一"的组织模式下，由于得到了金融机构、科研单位和政府的支持，渔民所面临的风险大大减小。最后，在得出结论的基础上，本文提出各省根据自身渔业发展特点制定不同的养殖业发展战略，包括：充分尊重渔业合作组织的历史发展规律、不拘泥于教条，充分尊重产品特性和市场特性并根据实际情况培育不同类型的渔业合作组织以及充分比照渔业合作组织的理想类型并视其为努力发展方向等。

关键词　养殖业　合作组织　渔民　利益联结机制

---

* 本研究获国家自然基金农林经济管理学科群重点项目（批准号71333011）和国家自然科学基金国际（地区）合作与交流项目（批准号71361140369）资助。

** 郑思宁，福建农林大学公共管理学院副教授，主要从事农村社会组织、渔业政策分析研究。

虽然关于农业合作组织的研究在国内已十分普遍,但对渔业合作组织的研究还寥寥无几。另外,早在20世纪80年代,我国就确立"以养为主"的渔业发展模式,经过30多年的发展演变,水产养殖业逐渐成为我国渔业的主体,占到渔业生产总值的70%以上。为此,本文以水产养殖业为例,梳理我国渔业组织模式演变的过程具有重要的理论和现实意义。本研究基于渔民利益的视角考察我国不同渔业组织模式的差异以及不同渔业合作组织与渔民利益联结机制,为新型渔业经营主体培育提供经验借鉴和政策参考。

一 文献综述

国内外对渔业合作组织的研究较为少见。为此,本研究在梳理国内外合作组织研究概况的基础上,对渔业合作组织的研究进行进一步概括。

(一) 国内外关于农民合作组织的研究概况

1. 农民合作组织的国外研究概况

在世界范围内农民合作组织已有了几百年的发展历史,国际上关于农民合作组织的英文文献可谓汗牛充栋。在研究内容上,自20世纪80年代以来,农民合作组织的本质,农民合作组织的优点及缺陷(Staatz, 1987; Cook et al., 2004),外部援助在农民合作组织产生和发展中的作用(Fulton, 2005)等都得到了大量学者的关注。在研究工具上,自20世纪60年代以来,制度变迁理论、集体行动理论、产权理论、规模经济理论、交易成本理论以及新制度经济学理论(North & Thomas, 1981, 1990; Cook, 1995; Bijman & Hendriks, 2003)、计量经济学理论(Hansen et al., 2002; Deng et al., 2010)等都被广泛地应用在对农民合作组织的理论分析和实证分析中。

2. 农民合作组织的国内研究概况

国内也已有大量研究农民合作组织的文献。早期的文献主要着重介绍合作组织发展的国际经验(国鲁来,1995;徐翔临,1995;陈德军,1997;杰克·尼尔森,2000;汪冬梅,2001;王震江,2003)及发展农民合作组织的必要性(牛若峰,1998;黄祖辉,2000),近期除了以案例为主的研究农民合作组织作用的文献（杜吟棠、潘劲，2000；郭红东，2001；苑鹏，2001；张晓山，2004；黄祖辉、梁巧，2007；黄季焜等，2010），大量文献开始关注农民合作组织的制度安排及其变迁（唐敏，1997；国鲁来，2001；应瑞瑶，2002；徐旭初，2005；马彦丽，2006；黄祖辉、邵科，2009）。

（二）国内外关于渔业合作组织的研究概况

1. 渔业合作组织的国外研究概况

相比农业合作组织，学者对渔业合作组织的研究则非常少。发达国家的渔业主要以海洋捕捞为主，为此，国外对渔业合作组织的研究集中于对海洋捕捞合作组织的探讨。特别是近些年，随着海洋渔业资源的日益枯竭，国外大多数研究围绕着渔业资源的配额视角来研究渔业合作组织的发展与演化，如 Andrew 等（2003）、Michael 等（2014）对美国海洋捕捞渔业合作组织的演化进行了研究，Batstone 和 Sharp（1999）、Tracy（2003）对新西兰渔业配额管理展开了研究，而 Mohhamad（2010）基于社会可持续发展的角度对伊朗 Guilan 渔业合作组织进行了研究。另一些研究则通过构建经济模型，认为渔业合作组织可以克服公共池资源问题（Robert，2010）。

以水产养殖为主导的地区大多为发展中国家，为此，国际上关于水产养殖合作组织的研究则较少，多以描述性研究为主（Krishna et al.，2000）。近些年，一些学者开始关注亚非拉等发展中国家水产养殖组织的发展问题，认为养殖业合作组织有利于养殖户应对市场风险，提高发展中国家水产养殖户的收入（Jesper et al.，2004；Sena & Davy，2010）。

2. 渔业合作组织的国内研究概况

相比对农业经营体制的研究，对渔业经营主体的研究可谓寥寥无几（杨子江、阎彩萍，2008；杨正勇等，2008）。杨子江和阎彩萍（2008）阐述了我国渔业基本经营主体状况，并分别对构成渔业基本经营主体的个人（传统渔民、外来务渔人员）和单位（股份合作组织、专业合作组织、个人独资经营单位、公司制企业）进行了分析。

国内关于海洋捕捞业经营主体的研究很少，对我国海洋捕捞渔业经营体制有比较深入研究的是杨正勇等（2008），该研究认为，改革开放以来政府是海洋捕捞渔业经营体制演变的推手，渔业合作社是海洋捕捞渔业经营体制改革的发展方向。

在养殖渔业合作组织研究领域,国内的研究主要以报告性的文献为主,对现象进行描述,并根据现实中存在的问题,提出对策建议(董小焕,2006;马玉波等,2011)。大部分研究认为,我国养殖渔业合作组织存在规模小、功能有待完善、融资困难等问题,渔业社区的管理模式适合中国养殖渔业发展的需求(唐建业、黄硕琳,2006;于会娟,2013)。

3. 文献评述

国内外关于农业合作组织的研究已相当丰富,为我们的研究提供了很好的借鉴。相比农业合作组织,对渔业合作组织的研究还较少。国外关于渔业合作组织的量化研究主要集中在捕捞渔业上,而对水产养殖业的研究较少,并缺乏相应的量化研究。国内的相关研究还处于起步阶段,以报道形式为主,缺乏更为深入的研究。

二 我国渔业组织模式

20世纪末以来,随着养殖技术、物流技术的发展,我国渔业组织模式发生了多样化的转变,原有的水产站彻底消失,取而代之的中间商、水产企业发展壮大。根据目前中国养殖渔业的发展状况,我国渔业产业组织可大体分为"单一养殖户"的养殖渔业组织模式,"养殖户+公司"的养殖渔业组织模式,"养殖户+合作社"的养殖渔业组织模式,"养殖户+合作社+公司"的养殖渔业组织模式,"生产、加工一体化"的养殖渔业组织模式以及"五合一"的养殖渔业组织模式。

(一)模式一:"单一养殖户"的养殖渔业组织模式

这种养殖渔业组织模式在市场机制的作用下,组织分工逐步明确,上游出现了水产种苗供应商、鱼药供应商和饲料供应商,下游出现了鱼货中间商。这使得渔业组织模式变得更为复杂,分工更加明确(见图1)。这种渔业组织模式与改革开放初期渔业组织模式相比主要区别在于上游的生产资料供应商(种苗供应商、鱼药供应商和饲料供应商)以及水产站的彻底消失。中间商收购生鲜产品,其将产品卖到水产企业(特别是水产品加工企业），后由企业运送到目标市场；或中间商将生鲜产品送往产地批发市场，再流到目的地市场；或中间商直接运往目的地市场。另外，水产企业也可通过直接向养殖户购买的形式，对产品进行加工后，销往目的地市场。

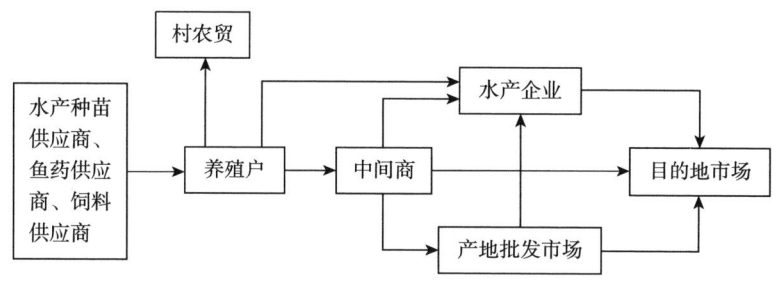

图1 "单一养殖户"的养殖渔业组织模式

这种渔业组织模式也是目前较为普遍的养殖业组织模式，但这种组织模式存在养殖户"小生产"对"大市场"的矛盾，导致渔业存在的生产效率不高、竞争力不强、交易成本高、风险大等问题，另外，散户的谈判能力不强，导致大量的经济利益被中间商盘剥。

（二）模式二："养殖户+公司"的养殖渔业组织模式

为了降低交易成本、降低市场风险、提高渔业生产率，"养殖户+公司"的养殖渔业组织模式产生（见图2）。这种渔业组织模式的特点是，水产企业通过和养殖户签订短期的合作协议，给养殖户提供水产种苗、鱼药、饲料等生产原料，并为养殖户制定生产标准、提供技术指导，时时对养殖户进行生产监督，养殖户生产的产品由水产企业按合同价格统一收购，再销往目标市场，或加工后销往目标市场。这种组织模式大大降低了养殖户的市场风险、提高了生产效率，而水产企业也提高了市场议价能力。但这种组织模式存在着很大的不稳定性，一方面，当水产品市场价格高于合同价

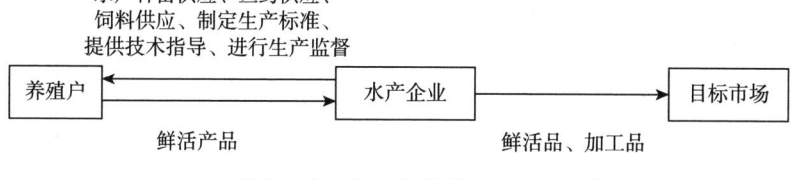

图2 "养殖户+公司"的养殖渔业组织模式

格时，时常有养殖户违约现象发生，也就是水产企业要面临巨大的违约风险，另一方面，养殖户也受到水产公司的控制，获得不高的市场利润。为此，这种组织模式往往存在于出口导向型产品或特色水产品上。

（三）模式三："养殖户+合作社"的养殖渔业组织模式

为了解决"小生产"对"大市场"的矛盾，另一种渔业组织模式也逐步产生，即"养殖户+合作社"的养殖渔业组织模式（见图3）。合作社作为养殖户联合行动的产物，代表养殖户的利益与中间商、水产企业进行谈判，养殖户通过集体行动有了话语权和自我选择权。

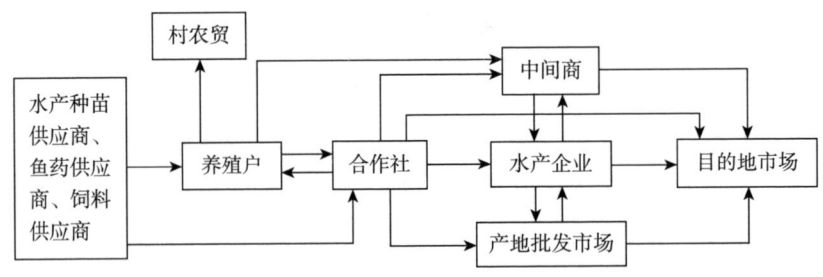

图3　"养殖户+合作社"的养殖渔业组织模式

在此模式下，合作社与水产企业和中间商的关系是各自平等、独立的市场主体之间的交易关系，双方自愿达成商品契约并建立起利益联结纽带，这种情况下，商品契约通常是短期契约，一般是一年签订一次。它意味着双方除了满足合同签订方的要求外，都有权选择其他交易伙伴，与多个市场主体同时交易。例如，由于规模效应，合作社还可以统一将养殖户的产品销售到产地批发市场，从而摆脱了水产公司和中间商的控制。

这种模式下，合作社社员全部由养殖户组成，养殖户按照"一人一票"的平等原则分享合作社的控制权，并按照与合作社的交易额比例获得合作社的收益权。这类合作社的特点是，他们由渔业精英（例如养殖大户、村干部等）发起，在他们身上既具有合作理念又具备企业家精神，也就是具备"好人+能人"的特质。一方面，助人为乐的人格品质让他们凭借自己的信誉将养殖户团结在一起，实现"抱团过冬"，降低了组织成本（"好人"）；另一方面渔业精英们通过个人能力将养殖户团结在一起，带领他们在纷繁复杂的市场竞争中渡过难关，提升合作社的市场竞争力，给社员带来实实在在的利益（"能人"）。然而，需要指出的是，在资本占据主导地位、具有合作精神的企业家人才匮乏的现实条件下，这类模式并没有能够成为渔业组织的主流模式。

（四）模式四："养殖户＋合作社＋公司"的养殖渔业组织模式

模式三的养殖渔业合作组织模式虽然提高了养殖户的议价能力和其在产业链中的地位，但仍然存在交易费用过高、具有合作精神的企业家人才匮乏等问题，为此，在市场规律的作用下"养殖户＋合作社＋公司"的养殖渔业组织模式就孕育而生（见图4）。这种组织模式可以说是模式二和模式三的结合体。其与模式二不同在于在养殖户和水产企业之间多了个合作社的作用，可以很好地提高养殖户的议价能力，而与模式三的区别在于合作社与水产企业的联系更加紧密，水产企业与合作社之间建立了长效的合作机制。水产公司为合作社提供水产种苗、鱼药、饲料等生产原料，并为其制定生产标准、提供技术指导等服务，同时还解决了违约的问题。另外，合作社除了为水产公司提供产品，还可以将合同外的产品通过其他途径进行销售，如通过中间商销往目的地市场、通过产地批发市场销往目的地市场或直接销往目的地市场等。

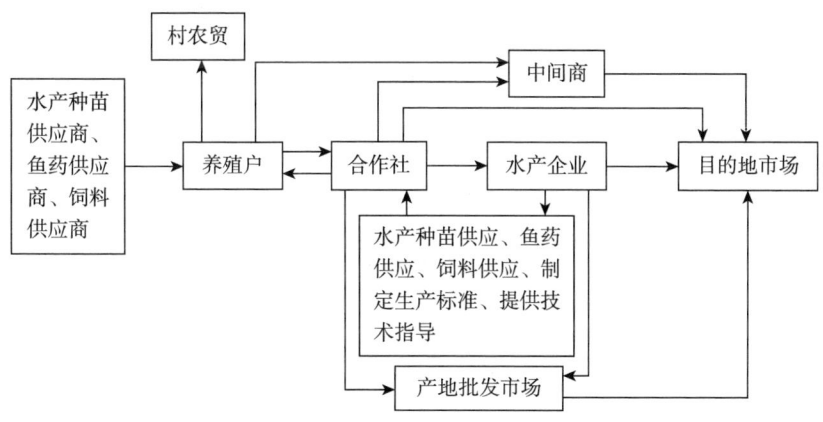

图4　"养殖户＋合作社＋公司"的养殖渔业组织模式

（五）模式五："生产、加工一体化"的养殖渔业组织模式

随着产业一体化进程的推动，形成了联动的雏形，创新出以养殖户为

合作社所有者主体的纵向一体化渔业产业化经营模式（见图5）。

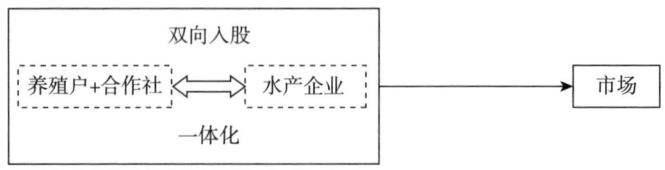

图5　"生产、加工一体化"的养殖渔业组织模式

形成这种模式的路径有三种：一种是水产加工企业组织农民建立专业合作组织，即在模式二的基础上，企业为了降低养殖户的违约风险，组织养殖户建立渔业合作社，并采取双向入股的方式与养殖户形成利益共同体。一种是在模式三的基础上，这类合作社经营规模扩大和经营实力增强，出现了向着产业链下游延伸的趋势，形成合作社内部自办加工厂的模式。一种是在模式四的基础上，为了使渔业企业和合作社的联系更加紧密，把外部长期的契约关系变为内部契约，经双方协商，养殖户入股渔业企业、渔业企业也入股合作社，养殖户和渔业企业的界线消失，形成一种新的渔业合作组织。

（六）模式六："五合一"的养殖渔业组织模式

在模式五的基础上，金融机构发挥资金优势可向养殖户提供发展资金，科研机构则为企业和渔户提供管理和技术上的智力支持，政府通过法律手段创造一个公平、公开、合理、有序的竞争环境。形成了一个"公司+养殖户+科研机构+金融机构+政府"的"五合一"的持续创新有机整体，即渔业产业集群（见图6）。

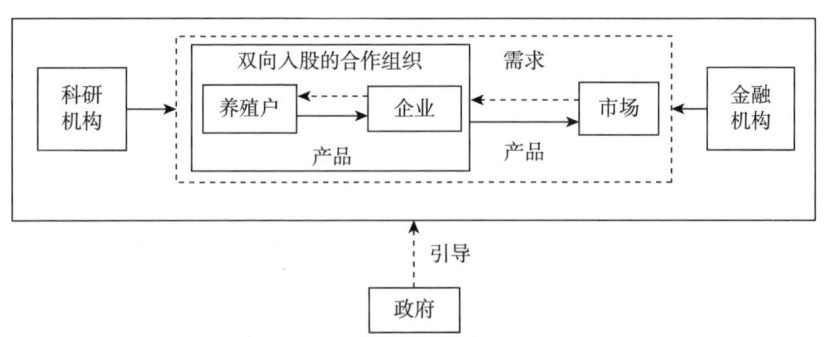

图6　"五合一"的养殖渔业组织模式

形成这样一个渔业产业组织模式需要一定的产业发展条件（如自然环境、历史背景和渔业精英的带领），为此，这种模式在中国少之又少。

三、不同渔业组织模式下的渔民利益联结机制问题

庇古（1932）在福利方面做了开创性研究，使福利经济学成为一门单独的学科，并将福利区分为经济福利和非经济福利，虽然学界对其内涵与边界一直存在不同的认识，但个人福利包括经济状况、决策参与、社会联系等基本方面已达成共识。

本文从渔民经济利益改善的视角来探讨渔民的利益联结机制问题。

（一）利益联结机制的分析框架

考察各种渔业组织模式的渔民利益联结问题，可以从交易视角的利益创造、利益地位、利益分配和利益风险四个维度进行分析。

1. 利益创造

利益创造是指各种渔业组织模式实现渔业产业产值的增加。各渔业组织通过水产品销售总量扩大、销售价格的提升实现水产品销售总额的扩大和经营利润的提升。即不同的组织模式在提高养殖业生产效率方面的作用不同。某一渔业产业组织生产效率越高，创造的经济价值越大，渔民的收入自然就越高。

2. 利益地位

利益地位是指渔民在整个水产品生产环节的地位。渔民在各渔业组织的地位如何？是否对渔业生产活动掌握控制权？渔民是否掌握着渔业生产活动的游戏规则？渔民在某一渔业组织中的地位越高，拥有的话语权越大，渔民的收入就越高，获得的经济利益就越大。

3. 利益分配

利益分配是指渔民在整个渔业生产中所获得的利润分配状况。在整个渔业产业组织体系所产生的利润中，渔民到底能获得多少利润？不同的渔业组织模式对渔民的收入分配起到了什么作用？渔民在某一渔业组织中分配的利润越多，渔民所获得的经济利益就越大。利益的分配是渔民利益联

结机制的落脚点。

4. 利益风险

利益风险是指渔民在整个渔业生产中所面临的风险。水产养殖业是个风险较大的行业，养殖户不仅面临着市场风险还面临着鱼病灾害、自然灾害等风险。风险将带来渔民经济利益的损失。不同的渔业组织模式对渔民规避风险的作用有大有小，在某一渔业组织中，渔民所面临的市场风险、灾害风险越小，渔民所获得的经济利益就越大。

（二）不同渔业组织模式渔民利益联结问题的解读

中国现有的养殖渔业组织模式包括："单一养殖户"的养殖渔业组织模式，"养殖户+公司"的养殖渔业组织模式，"养殖户+合作社"的养殖渔业组织模式，"养殖户+合作社+公司"的养殖渔业组织模式，"生产、加工一体化"的养殖渔业组织模式以及"五合一"的养殖渔业组织模式六种。从养殖户的视角看，六种类型有着差异较大的利益创造、利益地位、利益分配和利益风险。

1. 模式一："单一养殖户"的养殖渔业组织模式

在这种渔业组织模式条件下，渔业的利益联结问题解读如下：第一，利益创造视角。渔业生产方式为养殖户个体经营，没有形成规模效应，生产率相对低下；另外，养殖户没有与中间商和水产企业形成有效的合作机制，属于"独门独户"的生产模式，生产性支出较高，利润较低。第二，利益地位视角。由于没有形成规模效应，散户在"大市场"中的谈判能力低下，时常受到上游经销商的"抬价"和下游经销商的"压价"，养殖户的利益地位最低。第三，利益分配视角。正是因为该模式下养殖户的利益地位低下，在利益分配时，其受到中间商的利益盘剥，在产业链中的获利最少，仅获得少量经营性收入。第四，利益风险视角。在这种模式下，养殖户要直面市场风险、应对市场波动，而经销商也会将市场风险转嫁给养殖户，同时，由于缺少必要的技术指导，养殖户还要单独承担鱼病的灾害风险。

2. 模式二："养殖户+公司"的养殖渔业组织模式

这种渔业组织模式条件下，渔业的利益联结问题解读如下：第一，利益创造视角。养殖户和水产企业签订了合作协议,按照生产标准进行生产活动,提高了渔业劳动生产率,规模效率高于模式一;另外,原材料由水产企业提供,也在一定程度上降低了生产成本。可见这种模式的利益创造要高于模式一。第二,利益地位视角。这种模式是水产公司直接和养殖户签订合作协议,养殖户在谈判的过程中并没有形成合力,水产公司掌握着谈判的主动权。为此,养殖户的利益地位并没有比模式一有大的提高。第三,利益分配视角。这种模式下养殖户可以将产品直接出售给水产公司,并从水产公司获得技术和生产资料,减少了上下游中间商的盘剥,在产业链中的获利有所提升,但养殖户仍然在渔业产业链中处于获利最少的位置。第四,利益风险视角。在这种模式下,养殖户有水产公司与其签订的协议为保障,这保证了水产品的销路问题,且有水产企业提供的技术支撑,养殖户有效控制了水产品的生产风险。虽然该模式也面临着水产公司的违约风险,但总体上看,这种模式养殖户所承担的利益风险要远低于模式一。

3. 模式三:"养殖户+合作社"的养殖渔业组织模式

这种渔业组织模式条件下,渔业的利益联结问题解读如下:第一,利益创造视角。养殖户在领办者的带领下,实现了"规模经济",提高了生产效率,实现了整体生产利润的增加。第二,利益地位视角。在合作社的带领下,养殖户解决了"小农户"与"大市场"的矛盾,在市场上拥有足够的谈判能力,且与其他市场主体的竞争与合作能力也在不断提升。这种模式下,养殖户在产业链中的地位有所上升。第三,利益分配视角。随着养殖户市场地位的提升,合作社有了足够的资本与上下游的经销商、企业进行谈判,有足够的能力与市场其他主体进行竞争或合作,这意味着渔民经营收入的提升空间扩大,渔民经济福利有了更大的增入空间,在渔业产业链中分配到更多的利益。第四,利益风险视角。一方面,合作社实现了规模经营,实现了渔民在渔业生产资料、渔业生产技术上的合作,提升了渔民抗击生产风险的能力;另一方面,合作社的规模经营提升了渔民的市场地位和市场竞争力,同时也提升了其应对市场风险的能力。

4. 模式四:"养殖户+合作社+公司"的养殖渔业组织模式

这种渔业组织模式条件下,渔业的利益联结问题解读如下:第一,利益创造视角。养殖户不仅通过建立合作社、实现规模经营来提高生产效率，还获得渔业公司长期的生产资料供给和技术指导，这进一步提高了生产效率，创造出更多的利润。第二，利益地位视角。合作社通过与公司签订长期协议，有了稳定的原材料供给和稳定的销售渠道；不仅如此，合作社还可拓展业务、直接参与市场竞争。为此，相比模式二和模式三，模式四下，渔民在渔业产业链中的利益地位进一步得到提升，能够更好地进行利益控制。第三，利益分配视角。渔民不但可以通过与合作社签订协议，获取市场利润，而且可通过直接参与市场竞争和合作的形式获取额外利润，并且还能在渔业产业链中获得更多的利益返还。第四，利益风险视角。一方面，合作社与公司签订了长期合同，这保障了生产资料供给和产品的销路问题，降低了经营风险；另一方面，公司为合作社提供技术指导，提升了养殖户的生产效率，使得养殖户进一步提高了抵御生产风险和市场分析的能力。因此，该模式相比于前三种模式，养殖户抵御风险的能力进一步增强。

5. 模式五："生产、加工一体化"的养殖渔业组织模式

这种渔业组织模式条件下，渔业的利益联结问题解读如下：第一，利益创造视角。养殖户同样可以从自己入股的公司得到技术支持和原材料的供给，提高了生产效率，创造出更多的利润。第二，利益地位视角。这种模式打破了长期以来由投资者所有的公司垄断水产品加工业的局面，增加了以渔业生产者为所有者主体的供应商类型，促进了市场竞争，使渔民可以形成"生产者——加工者"的渔业产业短链，并参与市场竞争，大大提高了渔民在产业链中的利益地位，是以上四种产业组织模式所不能比拟的。第三，利益分配视角。渔民不仅可以分配到生鲜水产品的市场利润，还可以分享到水产品加工品的市场利润，大大提升了渔民在渔业产业链中的利益分配份额。第四，利益风险视角。该模式下，渔民所要承担的利益风险较前四种模式增大了，包括产品的生产风险、产品的市场风险、加工品的市场风险。

6. 模式六："五合一"的养殖渔业组织模式

这种渔业组织模式条件下，渔业的利益联结问题解读如下：第一，利益创造视角。养殖户不仅可以从公司得到技术支持和原材料的供给，还可以从金融机构、政府和科研机构得到技术和资金上的支持，进一步提高生

产效率，创造出更多的利润。为此，从利益的创造视角看，该模式利益创造的价值是最大的。第二，利益地位视角。这种模式和模式五一样，打破了水产加工企业垄断水产品加工业的局面，另外，渔民还可以从金融机构、政府和科研机构得到技术、资金和项目上的支持，渔民在整个渔业产业集群中处于核心的地位，其利益地位进一步得到提升。第三，利益分配视角。渔民不仅可以分配到生鲜水产品的市场利润还可以分享到水产品加工品的市场利润，而且可以通过金融机构、科研机构以及政府获得渔业补贴项目、科研项目等，大大增加了收入。第四，利益风险视角。该模式下，虽然渔民同样要承担模式五的产品的生产风险、产品的市场风险以及加工品的市场风险，但是有科研机构解决产品的生产风险，有金融机构和政府解决产品市场风险和加工品市场风险，使其抗风险的能力大大提升，为此，这种渔业组织模式是较为稳定、风险系数最小的渔业产业组织体系。

(三) 实证研究：案例分析

1. 案例一：鳗鱼生产组织模式分析

国际市场上，我国烤鳗占据绝对垄断地位，2009年我国烤鳗国际市场占有率高达92.77%，占有卖方垄断地位。为此，我国出口的烤鳗价格很高，达60元/只。同时，鳗鱼出池价格也水涨船高，2014年5P（每公斤5条）出池价格高达275元/公斤。

受到高额利润的影响，鳗鱼养殖户只能选择将活鳗出售给烤鳗加工企业，而不能将产品直接销售到本土市场。同时，鳗苗主要来源于捕捞，烤鳗企业有能力获得鳗苗。另外，由于日本是烤鳗的主要出口目标市场，其对烤鳗的质量安全要求很高，为此，烤鳗企业也希望与有经验、有技术的养殖户合作，签订长期合约。这种特殊的市场需求和供应链模式，导致养殖户与烤鳗企业间不存在违约的问题。为此，模式二（"养殖户+公司"）的渔业组织模式就较为稳定，养殖户和烤鳗企业的利益就被紧密得捆绑在一起。

本案例表明：由于存在违约问题，模式二（"养殖户+公司"）的渔业组织模式需要在特殊的市场背景下才能稳定。这种模式主要出现在有特殊市场导向的特色水产品上。一方面，单一的市场需求或高额的市场利润，导致养殖户只能将产品卖给加工企业。另一方面,加工企业可以通过稳定的契约关系获取稳定的供货来源与有质量保证的产品。这样就形成了以烤鳗加工企业为核心的产业组织体系,提高了养殖户的利益创造(提供技术服务、形成规模经营)和利益分配(减少了中间商的盘剥),但养殖户的利益地位没有提高(烤鳗企业的打工者),同时养殖户还要承担公司的违约风险以及国际市场风险。

2. 案例二:某渔业合作组织

该合作组织由本村一个养殖公司(2006年成立)于2008年3月发起成立,当时7个养殖户入股,养殖规模为100亩。此后公司负责人联合其他15个养殖户和经纪人(其中3户是公司的股东)发起成立,所有本村养殖户以及打捞户、小商贩等全部加入合作社,约300户,其中,养殖户165户,管理人员5人,全部由16个发起人内部推举产生。

合作社为成员提供技术、牵线购买农资以及牵线销售服务。合作社不久前由养殖户按养殖面积集资建了一栋办公大楼(社员集资只占小部分,大部分来自政府),内设疫情诊断中心,其每个月送一次水样和鱼样至省淡水研究所进行疫情诊断。牵线购买生产资料的具体做法是同时请几个厂家前来竞价,确定购买的厂家后,再由社员集资委托合作社前去购买。合作社提供牵线销售的做法是先由社员商量出保底价,再由合作社出面与外部商贩进行价格谈判,价格必须在保底价之上。此外,合作社还为社员担保每年从银行贷款四五百万元,根据社员需要进行分配。合作社无经营收入,因而不存在盈余分配问题。2011年该社被评为省级示范社。

本案例表明:这是个典型的"养殖户+合作社"的组织模式,这种渔业组织模式首先是在有企业家精神的养殖大户带领下成立的渔业合作组织。这种合作组织往往是在大户的带领下,成立一个公司,再在公司的基础上形成合作社,公司负责合作社的日常购买、销售并提供一些社会服务,这使得养殖户在市场上增加了利益创造(技术服务)、提高了利益地位(提高了议价能力)和利益分配(增加了收入)。但养殖户同样要面临市场和生产上的风险。

3. 案例三:獐子岛渔业集团股份有限公司

大连獐子岛渔业集团股份有限公司是典型的"五合一"养殖渔业组织

模式。该公司以龙头企业为核心,将分散的养殖户紧密联系在一起,并借助各种产销协议、合同契约、保护价和按股分红等办法,为养殖户提供产前、产中、产后服务,企业与养殖户之间形成了利益共享、风险共担的经济利益共同体,通过企业行为和市场引导,改变养殖业生产的微观组织结构。同时,龙头企业通过自身的实力得到了当地政府、金融部门以及科研机构的支持,极大地规避了水产品的生产风险和市场风险。

这种渔业产业模式有着强大的生命力和强有力的竞争力。2006 年 9 月 28 日,大连市獐子岛渔业集团股份有限公司正式上市,当日以每股 62.11 元的价格收盘,比发行价上涨了 148.4%。獐子岛渔业集团股份有限公司的市值由账面的净产值 3 亿元增长到 50 亿元,该公司依托的大连长海县獐子岛镇(镇民均为股东)户均财富达 100 万元。

本案例表明:"五合一"的渔业产业组织模式具有强大的生命力,很好地提高了养殖户在产业链中的利益创造和利益地位,增加了养殖户的利益分配,并很好地规避了市场风险。但这种模式需要有企业家精神的领导者,以及非常优越的自然资源环境。在我国,这种模式还不占主流。

4. 案例四:跨区域性渔业合作组织

近年来,由于厦漳泉同城化发展,资本生产要素同城化流动加快,渔业生产要素也出现了同城化的趋势。本次调查中,厦门某水产产销专业合作社就是一个典型。该合作社登记成立于 2012 年 4 月,主要由厦门某区退养退捕渔民组织成立,在厦门海鲜市场建立"产销一条龙",收购漳州外海捕捞水产品和养殖水产品,供给厦门市场。合作社在厦门市某区工商局登记,社员 11 人,注册资金 300 万,2013 年 2 月登记扩大为 32 人,资金 1000 万。法定代表人×××,女,原是厦门某村退养渔民的家属,水产品销售专业户。2012 年,合作社盈余利润分配 30 万元,按交易量额比例返还盈余 20 万元,当年出资分红 10 万元。2012 年合作社社员人均收入 2 万元,比当地渔民人均收入的 1 万 2000 元高出 67%。

该合作社是利用厦门兴旺的海鲜消费市场和滨海旅游城市追求生猛海鲜的特殊需求,与漳州龙海、泉州晋江丰富的捕捞天然海鲜和东山岛养殖海鲜的地域优势相结合,成立了跨区域的从海鲜捕捞(或养殖)、运输到销售的一条龙的专业合作社。这种合作社超越了《中华人民共和国农民专业合作社法》所规范的专业合作性质，是一种促进市场经济发展的探索。该合作社较好地利用了不同地域之间的资源禀赋，形成了自身的特色。

同样，调研中，厦门市鲜之源水产产销专业合作社也有跨区域性渔业合作的性质。该合作社把分散在厦门、漳州、广东等地从事海洋水产品捕捞（或养殖）、收购、运输、销售的渔民和经营企业组织起来，形成跨区域合力。

本案例表明：跨区域合作组织模式是渔业合作组织较为高级的形式，属于另一种"五合一"模式，与獐子岛渔业集团股份有限公司不同的是，这种渔业合作组织不是由企业和政府引导的渔民组织，而是渔民自发组成的渔业组织模式。这种组织模式是依托厦门这样的巨大水产品消费市场孕育而生的，市场导向性和合作组织领导者的企业家精神更强。这样的合作组织如果加上政府的政策支持和金融机构的支撑将更加完善，拥有更强的内在适应性。

（四）本章小结

以上分析表明，模式一（"单一养殖户"模式），渔民的利益创造属于个体生产，利益地位为个体经营者，利益分配为劳动报酬和小部分的利润，并要承担生产风险和市场风险。模式二（"养殖户＋公司"模式），利益创造为标准化生产，利益地位为公司的"打工仔"，利益分配为劳动报酬和小部分生产利润，要承担的风险为公司的违约风险。模式三（"养殖户＋合作社"模式），利益创造为规模生产，利益地位为规模化生产经营者，利益分配为劳动报酬和部分生产利润，要承担水产品生产风险和水产品市场风险。模式四（"养殖户＋合作社＋公司"模式），利益创造为规模生产且标准化生产，利益地位为规模化生产经营者，利益分配为劳动报酬和部分生产利润，要承担的风险为水产品生产风险和部分水产品市场风险。模式五（"生产、加工一体化"模式），利益创造为规模生产且标准化生产，利益地位为规模化生产经营者和加工商，利益分配为劳动报酬、全部生产利润以及部分加工利润，要承担水产品生产风险、部分水产品市场风险和水产加工品市场风险。模式六（"五合一"模式），利益创造为规模生产、标准化生产且有技术支撑，利益地位为规模化生产经营者和加工商，利益分配为劳动报酬、全部生产利润以及部分加工利润。因为有科研机构、金融机构和政府的支持，该模式几乎不存在风险（见表1）。

表1 不同养殖渔业组织模式下的渔民利益联结机制

模式	利益创造	利益地位	利益分配	利益风险
模式一："单一养殖户"模式	个体生产	个体经营者	劳动报酬＋小部分生产利润	水产品生产风险＋水产品市场风险
模式二："养殖户＋公司"模式	标准化生产	公司的"打工仔"	劳动报酬＋小部分生产利润	公司违约风险
模式三："养殖户＋合作社"模式	规模生产	规模化生产经营者	劳动报酬＋部分生产利润	水产品生产风险＋水产品市场风险
模式四："养殖户＋合作社＋公司"模式	规模生产＋标准化生产	规模化生产经营者	劳动报酬＋部分生产利润	水产品生产风险＋部分水产品市场风险
模式五："生产、加工一体化"模式	规模生产＋标准化生产	规模化生产经营者＋加工商	劳动报酬＋全部生产利润＋部分加工利润	水产品生产风险＋部分水产品市场风险＋水产加工品市场风险
模式六："五合一"模式	规模生产＋标准化生产＋技术支撑	规模化生产经营者＋加工商	劳动报酬＋全部生产利润＋部分加工利润	几乎无风险

可见，从模式一到模式五，渔民获得的利益越多，其所面临的利益风险也就越大。模式六的组织模式下，由于得到了金融机构、科研单位和政府的支持，渔民所面临的风险则大大减小了。

四　结论与政策启示

（一）本研究主要结论

1. 梳理我国渔业组织模式类型

本研究总结了现行的渔业组织模式，认为我国现行的渔业组织模式包括："单一养殖户"的养殖渔业组织模式，"养殖户＋公司"的养殖渔业组织模式，"养殖户＋合作社"的养殖渔业组织模式，"养殖户＋合作社＋公司"的养殖渔业组织模式，"生产、加工一体化"的养殖渔业组织模式以及"五合一"的养殖渔业组织模式。

2. 各组织模式渔民获得的利益越多，其所面临的利益风险也就越大

利益联结机制的研究结果表明，各组织模式渔民获得的利益越多，其所面临的利益风险也就越大。但"五合一"的组织模式下，由于得到了金融机构、科研单位和政府的支持，渔民所面临的风险则大大减小了。虽然渔民在"五合一"的组织模式下获利最多，但其所需要的前提条件也越多，这种模式在我国少之又少。

（二）政策启示

基于主要结论，本研究对于渔业合作组织的发展提出以下对策。

1. 各省根据自身渔业发展特点制定不同的养殖业发展战略

山东省和福建省由于其海岸线弯曲、海水养殖条件优越，海水养殖业发达，其海水养殖在渔业中的比重占到50%以上。因此，两省要着力发展海水养殖业，生产有地方特色的海参、鲍鱼、黄花鱼、锯缘青蟹等产品。江苏、天津和其他省份得益于其丰富的淡水资源，淡水养殖也发达（淡水养殖产量分别占到渔业总产量的63.14%、85.98%和91.37%），应大力发展淡水养殖业，各省可根据自身特点生产独具特色的水产品，如，江苏水资源丰富，可大力生产大闸蟹、鳙鱼、青鱼等淡水产品；新疆则可充分利用其火山冷水鱼资源丰富的特点，生产风味独特的淡水鱼产品，并着力发展休闲渔业。辽宁、天津、河北和山东等环渤海各省份可充分利用渤海湾渔业资源，大力发展"海洋牧场"的渔业发展战略，保护和开发渤海湾水产资源。

2. 充分尊重渔业合作组织的历史发展规律，不拘泥于教条

我国渔业合作组织的演化伴随着制度环境、经济环境和技术水平的变化而不断演化，自始至终朝着有利于生产力的方向发展，不适应与生产力发展的渔业组织模式必然被历史所淘汰。如"大跃进"时期的渔业合作组织由于不适应客观规律自然导致渔业生产力水平的低下。我们不是要刻板地执着于合作社的基本，不敢越雷池半步，而是要尊重渔业组织演化的客观规律并以适应日益变化的经济环境、技术环境和社会环境作为合作组织发展的现实依归，鼓励新型渔业合作组织的发展。总之，要进一步解放思想，不固守法律条文和理论教条，只要有利于渔民的利益，都应允许渔业合作组织形式的多样化。

3. 充分尊重产品特性和市场特性，根据实际情况培育不同类型的渔业合作组织

从渔业合作组织的类型可知，不同的产品类型和市场特性将导致渔业合作组织类型的多样化。如烤鳗这种以出口为导向，高附加值的产品，不存在违约的问题，且质量有保障，不需要建立渔业合作组织，"养殖户＋公司"的组织模式已经能适应市场的需求，应该鼓励这种组织模式的稳定发展。

4. 充分比照渔业合作组织的理想类型，并视其为努力方向

从渔业组织模式的分析可知，"五合一"的渔业组织模式下，渔民的利益创造、利益地位和利益分配均为最优，而所承担的利益风险则最小，可以视为理想的渔业组织模式。虽然该模式需要建立在特定的地理环境、经济环境和社会环境下，这种组织模式在我国的许多地方是难以实现的，但其毕竟是我们对最优组织模式的一种构想，我们应该以此为标杆，努力完善合作组织模式，形成具有地方特色的有利于生产力发展、有利于渔民利益的理想渔业组织模式。

参考文献

陈德军，1997，《美国的农业合作社：特征、类型与功能》，《南方经济》第 4 期。

董小焕，2006，《农村专业合作经济组织的管理创新——对宁夏灵汉渔业联合社"四统一分"管理模式的探析》，《农村经济》第 12 期。

杜吟棠、潘劲，2000，《我国新型农民合作社的雏形——京郊专业合作组织案例调查及理论探讨》，《管理世界》第 1 期。

郭红东，2001，《以兔业合作社为龙头促进农业产业化经营——新昌兔业合作社的实践与启示》，《中国农村经济》第 4 期。

国鲁来，1995，《德国合作社制度的主要特点》，《中国农村经济》第 6 期。

国鲁来，2001，《合作社制度及专业协会实践的制度经济学分析》，《中国农村观察》第 4 期。

黄季焜、邓衡山、徐志刚，2010，《中国农民专业合作经济组织的服务功能及其影响因素》，《管理世界》第 5 期。

黄祖辉，2000，《农民合作：必然性、变革态势与启示》，《中国农村经济》第 8 期。

黄祖辉、梁巧，2007，《小农户参与大市场的集体行动——以浙江省箬横西瓜合作社为例的分析》，《农业经济问题》第 9 期。

黄祖辉、邵科，2009，《合作社的本质规定性及其漂移》，《浙江大学学报》（人文社会科学版）第 4 期。

杰克·尼尔森，2000，《农民的新一代合作社》，《中国农村经济》第 2 期。

马彦丽，2006，《我国农民专业合作社的制度解析》，博士学位论文，浙江大学。

马玉波、邢莹、刘佳、张锐，2011，《养殖型渔业专业合作社发展问题研究》，《中国渔业经济》第 3 期。

牛若峰，1998，《论市场经济与农民自由联合》，《中国农村经济》第 7 期。

唐建业、黄硕琳，2006，《渔业社区管理在中国的实施探讨》，《海洋通报》第 25 卷第 4 期。

唐敏，1997，《论合作社产生和发展的根源及其质的规定性》，《农业经济问题》第 2 期。

汪冬梅，2001，《日、美、德农业合作社之比较》，《世界经济研究》第 2 期。

王震江，2003，《美国新一代合作社透视》，《中国农村经济》第 11 期。

徐翔临，1995，《日本农协的主要经验对我国建立农业社会化服务体系的启示》，《经济研究》第 11 期。

徐旭初，2005，《中国农民专业合作经济组织的制度分析》，经济科学出版社。

杨正勇、郭文璐、沈雪达，2008，《近海捕捞渔船经营制度改革之探析——基于东海区海洋捕捞实证研究》，中国海洋论坛文集。

杨子江、阎彩萍，2008，《我国沿海地区渔业基本经营主体调查分析报告》，《中国渔业经济》第 2 卷第 6 期。

应瑞瑶，2002，《合作社的异化与异化的合作社——兼论中国农业合作社的定位》，《江海学刊》第 6 期。

于会娟，2013，《中国水产养殖社区管理模式探讨》，《中国海洋大学学报》（社会科学版）第 1 期。

苑鹏，2001，《中国农村市场化进程中的农民合作组织研究》，《中国社会科学》第 6 期。

张晓山，2004，《促进以农产品生产专业户为主体的合作社的发展——以浙江省农民专业合作社的发展为例》，《中国农村经济》第 11 期。

Andrew, W., Kitts, Steven, F., Edwards. 2003. "Cooperatives in US Fisheries: Realizing the Potential of the Fishermen's Collective Marketing act." *Marine Policy*, 27: 357 – 366.

Batstone, C. J., Sharp, B. M. H. 1999. "New Zealand's Quota Management System: the First Ten Years." *Marine Policy*, 23 (2): 177 – 190.

Bijman, J., Hendriks, G. 2003. "Cooperatives in Chains: Institutional Restructuring in the Dutch Fruit and Vegetable Industry." *Chain and Net work Science*, 3 (2): 95 – 107.

Cook, M., Chaddad, F., Iliopoulos, C. 2004. Advances in cooperative Theory since 1900: A Review of Agricultural Economics Literature. In: Hendrikse G., *Restructuring Agricultural*

Cooperative, Amsterdam, 65 – 90.

Cook, M. 1995. "The Future of U. S Agricultural Cooperatives: A Neo-institutional Pproach." *American Journal of Agricultural Economics*, (77): 1153 – 1159

Deng, H. , Huang, J. , Xu, Z. , Rozelle, S. 2010. "Policy Support and Emerging Farmers' Cooperatives in Rural China." *China Economic Review*, (21): 495 – 507.

Fulton, M. 2005. *Producer Associations: International Experience.* In: Sontag, B. H. , Huang, J. , Rozelle, S. , and Skerritt, J. H. (Eds), China's Agricultural and Rural Development in the Early 21st Century, Australian Government, Australian Centre for International Agricultural Research, 174 – 196.

Hansen, M. , Morrow, J. , Batista. J. 2002. "The Impact of Trust on Cooperative Membership Retention, Performance, and Satisfaction: an Exploratory Study." *The International Food and Agribusiness Management Review*, 5 (1): 41 – 59.

Jesper, Raakjar, Nielsen, Poul, Degnbol, K. , Kuperan, Viswanathan, et al. 2004. "Fisheries Co-management—an Institutional Innovation? Lessons from South East Asia and Southern Africa." *Marine Policy*, (28): 151 – 160.

Krishna, Srinath, Manpal, Sridhar, P. N. R. , Kartha, Mohanan, A. N. 2000. "Group Farming for Sustainable Aquaculture." *Ocean & Coastal Management*, (43): 557 – 571.

Michael, De Alessi, Joseph, M. Sullivan, Ray, Hilborn. 2014. "The Legal, Regulatory and Institutional Evolution of Fishing Cooperatives in Alaska and the West Coast of the United State." *Marine Policy*, 43: 217 – 225.

Mohhamad Sadegh Allahyary. 2010. "Social Sustainability Assessment of Fishery Cooperatives in Guilan Province, Iran." *Journal of Aquatic and Fishery Science*, 5 (3): 216 – 222.

North, Douglass, Thomas, Robert, 1981. *Structure and Change in Economic History.* W. W. Norton & Company Inc.

North, Douglass, Thomas, Robert. 1990. *Institutions, Institutional Change and Economic Performance.* Cambridge University Press, 1990.

Richard Le Heron, Eugene Rees, Edwin Massey, et al. 2008. "Improving Wsheries Management in New Zealand: Developing Dialogue Between Wsheries Science and Management (FSM) and Ecosystemscience and Management (ESM)." *Geoforum*, 39 (1): 48 – 61.

Robert, T. , Deacon, Dominic, P. Parker and Christopher Costello. *Overcoming the Common Pool Problem through Voluntary Cooperation: The Rise and Fall of a Fishery Cooperative.* NBER Working Paper 16339, 2010.

Sena, S. De Silva, F. Brian Davy. 2010. *Success stories in Asian aquaculture. Springer Dordrecht*

Heidelberg. London New York.

Staatz, J. M. 1987. "Recent Developments in the Theory of Agricultural Cooperation." *Journal of Agricultural Cooperatives*, (2): 74 – 95.

Tracy Yandle. 2003. "The Challenge of Building Successful Stakeholder Organizations: New Zealand's Experience in Developing a Fisheries Co-management Regime." *Marine Policy*, (27): 179 – 192.

The Research on the Problems of the Fishery Cooperation and the Fisherman's Connected Benefit Mechanism

Zheng Sining

Abstract: Nowadays the research on agricultural cooperation have been very common, while it's short of the study on fishery cooperation. The forms of the fishery cooperation are more diversified compared from the agricultural cooperation. Thus, it has vital theory and reality significance to investigate the connected benefit mechanism of fisherman in different model of fishery cooperation based on reorganizing the evolution process and current situation of them. The six main achievements of this study are as follows: First, this paper summarizes the current model of fishery cooperation which includes 'single fisherman', 'fisherman and company', 'fisherman and cooperation', 'fisherman, cooperation and company', 'producing and handling uniformly' and the 'combining five in one'. Second, the result of the connected benefit mechanism shows that the more benefits the fisherman owned in every models, the more risks they have to face. But in the 'five in one' type, the risks decrease rapidly because of the support of the financial institution, scientific research organization and government. Third, on the basis of conclusion, this paper proposes that the provinces should formulate different development strategies of fishery according to distinct local condition features and fully respect the historical growth laws of fishery cooperation. Don't be blocked by dogma but follow the production and market characterizes in addition. Besides, we have to cultivate varied types of cooperation in accordance with the reality and try to find out the ideal type as the direction of fishery cooperation's development.

Key words: aquaculture; cooperation organization; fisherman; connected benefit mechanism

# 合作社调查

黑龙江克山县仁发现代农机合作社的创新发展[*]

刘同山　钟　真　周　振　孔祥智[**]

摘　要　近年来,受国家支持政策和实践发展需要的推动,各类农民合作社大量涌现。黑龙江基于自身资源禀赋,选择了一条以农机合作社提高组织化、规模化、专业化程度的现代大农业之路。仁发合作社是当地农机合作社的一个典型。本文在考察仁发合作社现状和成长历程的基础上,总结其创新做法,归纳其实践成效,剖析其存在问题,进而对其中一些共性的问题进行思考讨论。研究发现,农民合作社可以通过组织制度和分配方式创新,达到适度规模,从而实现规模经营效益,减少农业生产成本。但是农民合作社要想长期具有市场竞争优势,还必须稳固农产品的销售渠道,适当延长产业链条,努力打造品牌农业。

关键词　农机合作社　仁发合作社　创新发展

十七届三中全会指出,我国已"进入改造传统农业、走中国特色农业现代化道路的关键时刻"。走中国特色的农业现代化之路,离不开组织有

---

[*] 本文得到国家自然科学基金面上项目"成员异质性、合作社理论创新与农民专业合作社发展政策体系构建"(批准号 71273267)和教育部人文社会科学重点研究基地重大项目"我国新型农业经营体系构建与实践案例研究"(批准号 14JJD790030)资助。

[**] 刘同山,中国社会科学院农村发展研究所助理研究员,主要从事农业政策分析、农村组织与制度研究;钟真,中国人民大学农业与农村发展学院副教授,研究方向为农业政策和农村产业发展;周振,国家发改委产业经济与技术经济研究所助理研究员,主要从事农业政策分析、合作经济研究与农业机械化;孔祥智,中国人民大学中国合作社研究院院长、农业与农村发展学院二级教授。

效、功能完善的农业经营主体。近几年来，中央开始着力培育专业大户、家庭农场、农民合作社等新型农业经营主体。尤其是农民合作社，其在中央多项政策和有关法律法规的推动下，实现了跨越式发展。但是伴随着农民合作社数量的井喷式增长，社会各界对农民合作社发展的质疑也逐渐增多。一些学者认为，我国的农民合作社并不能称其为合作社，绝大部分农民合作社，只是一个徒有虚名的、没有实质经营活动的组织。即使是比较乐观的估计，当前运行良好的合作社也只有总量的1/3左右，其对于农民增收和农业现代化的作用有限。但从理论上讲，农民合作社能够解决小农户分散经营的弊端，提升农业经营的规模化、组织化程度，是农业经营体制机制创新和农业现代化的基础支撑。在此背景下，本文探究农民合作社尤其是农机合作社在农业转型发展中的积极作用，厘清制约其发展壮大的关键因素，具有重要理论意义和实践意义。基于此，本文以黑龙江克山县仁发现代农机合作社（简称"仁发合作社"）为例，讨论农民合作社能否以及如何在农业现代化中发挥作用，以图为引导农民合作社规范发展、推进农业经营体制机制创新提供决策参考与经验借鉴。

一　仁发合作社出现的背景

（一）新时期的合作社浪潮

20世纪末以来，随着工业化、城镇化的加快，农村人口持续大量向城市迁移，农业劳动力数量减少、素质结构性下降等问题日益突出。留乡务农以年轻妇女或中老年农民为主，形成了所谓农业经营的"386199"部队，小学及以下文化程度比重过半。我国农业微观经营主体发生着深刻变化，原有的家庭承包经营模式受到冲击，"谁来种地、如何种地"以及"小生产"与"大市场"如何对接等重大现实问题日益紧迫。作为家庭经营的有力补充，新型农业经营主体受到广泛关注，国家开始大力支持专业大户、农民合作社等新型农业经营主体发展。

2005年中央一号文件首次提出支持农民专业合作组织发展，对专业合作组织及其所办加工、流通实体适当减免有关税费。2006年中央一号文件开始从法律和制度着手，提出要加快立法进程，加大扶持力度，积极引导和支持农民发展各类专业合作经济组织。同年10月31日，全国人大常委会通过了《中华人民共和国农民专业合作社法》。2007年中央一号文件明确要求培育现代农业经营主体，积极发展种养专业大户、农民专业合作组织等适应现代农业发展要求的各类经营主体。为了加快推进农业机械化，2008年中央一号文件提出扶持发展农机大户、农机合作社和农机专业服务公司。十七届三中全会审议通过的《中共中央关于推进农村改革发展若干重大问题的决定》提出，要培养新型农民合作组织，扶持农民专业合作社加快发展，有条件的地方可以发展专业大户、家庭农场、农民专业合作社等规模经营主体。此后，农民合作社的地位和作用越来越受到重视。2009~2016年的中央一号文件，多次强调要从财政（补贴）、金融等多方面扶持农民合作社发展，支持农业机械的应用和新型农业服务主体开展代耕代种、联耕联种、土地托管等专业化规模化服务。十八届三中全会通过的《中共中央关于全面深化改革若干重大问题的决定》也提出，鼓励承包经营权向专业大户、家庭农场、农民合作社等流转，发展多种形式规模经营；鼓励农村发展合作经济，扶持发展规模化、专业化、现代化经营。

受农业农村发展的需要和国家各级政府的大力推动，近年来，农民合作社大量涌现。据国家工商行政管理总局的数据，截至2015年底，全国农民合作社数量已达153.1万家，是2007年的58倍多。同时，作为农民合作社的重要组成部分和当前农业体制机制创新的关键推进力量，农机合作社也实现了快速成长，从2007年的0.44万家增长到2015年底的5.4万家。不过，受农业生产中需要的农业机械数量相对饱和、其他类型农民合作社增长速度更快等因素的影响，我国农机合作社占农民合作社的比重持续下降，已经从2007年的16.92%降至2015年的3.53%。

表1　农民合作社以及农机合作社的数量变化

项目	2007	2008	2009	2010	2011	2012	2013	2014	2015
农民合作社（万家）	2.60	7.96	24.64	37.91	52.17	68.90	97.14	128.88	153.10
其中：农机合作社（万家）	0.44	0.79	1.49	2.18	2.80	3.44	4.23	4.74	5.40
农机合作社占比（%）	16.92	9.92	6.05	5.75	5.37	4.99	4.35	3.68	3.53

数据来源：根据国家工商行政管理总局和农业部公布数据整理。

(二) 黑龙江的现代化大农业

作为农业大省,黑龙江有很多优势,最突出的优势就是土地资源。不到全国3%的人口,拥有全国1/10的耕地(粮食种植面积一直保持在2亿亩以上),人均耕地面积远高于我国其他地区。这一得天独厚的优势,决定了黑龙江在发展现代农业、保障国家粮食安全战略上的特殊使命。2009年7月,胡锦涛总书记在黑龙江考察时,曾提出"积极发展现代化大农业,建设国家可靠大粮仓"。2015年7月,习近平总书记在东北调研时指出"要加快发展现代化大农业,积极构建现代农业产业体系、生产体系、经营体系,使现代农业成为重要的产业支撑"。

早在1959年,毛泽东主席提出了"农业的根本出路在于机械化"的著名论断。发达国家的经验表明,实现农业现代化,要以实现农业机械化为前提。农业机械是发展现代农业的重要物质基础,农业机械化是农业现代化的重要标志。正是认识到农业机械化的重要性,2004年6月25日,全国人大常委会通过了《中华人民共和国农业机械化促进法》。

但是,新时期以来,受工业化、城镇化的影响,黑龙江的农业也面临与其他农业地区一样的挑战——农村劳动力大量外流,农业经营兼业化、副业化情况严重,小农户利用小型农机具分散耕作十分普遍。为了发展现代化大农业,黑龙江选择了一条以大型农机合作社带动农业生产的集约化、专业化、规模化之路。除争取国家大型农机具购置补贴外,黑龙江省还在2008年制定了扶持大型农机合作社成立和发展的具体措施,规定凡注册资金达到400万元以上的农机合作社,购置农机具时政府将以1.5倍的财政资金进行配套。截至2015年底,黑龙江省累计投资财政资金7.98亿元,支持组建千万元资产规模的现代农机合作社1224个。农机合作社的涌现和大型现代农机具的普遍采用,极大地推进了黑龙江现代化大农业的发展,其农业经营的机械化水平和规模化、组织化程度不断提高。截至2015年,全省农业综合机械化水平达到93.75%,秸秆还田面积达4660多万亩,累计深耕深松土地面积2.24亿亩次。此外,规模化经营和耕作方式的转变还提高了亩均单产和粮食总产量。2015年,黑龙江粮食总产量为684.79亿公斤,占全国粮食总产量(6214.35亿公斤)的比例高达11%,是名副其实的"大粮仓"。

二 仁发合作社的现状及成长历程

正是受到新时期农民合作社浪潮和各级政府对农机合作社大力扶持的影响，2009年10月底，黑龙江省克山县仁发村的党支部书记李凤玉联合本村的6户农民，注册成立了克山县仁发现代农机合作社。其中，担任合作社理事长的李凤玉出资550万元，其他6户农户每户出资50万元，共850万元。注册之后，仁发合作社成功获得了1234万元的大型农机具购置国家财政补贴资金（简称"国投资金"），购置了30多台（套）大型农机具。经过几年的快速发展，截至2015年底，仁发合作社已经成为拥有成员1014户、大型农机具130多台（套）、玉米烘干塔2座、经营土地面积达5.6万亩、年净盈余达4196万元的全国知名农机合作社的典型。依据不同的运营模式，其发展历程可以划分为以下四个阶段。

（一）"提供代耕服务+租地经营"阶段：2009~2010年

黑龙江的纬度较高，冬季非常寒冷，农作物是一年一熟：每年10月中下旬收获，然后熬过漫长的冬季，第二年4月中下旬天气转暖之后开始耕种，如此往复。这就导致成立于2009年10月底的仁发合作社，直到2010年4月才正式运营。在经营策略上，仁发合作社一方面采取与大部分农机合作社相同的经营策略——为周边农户提供代耕服务，每亩服务费约为50元；另一方面考虑到土地条件和市场销量，利用自有大型农机具农机的优势，仁发合作社以每亩240元的价格流转周边农户土地种植大豆，形成了"代耕服务+租地自营"的双轮发展模式。但是，当地每家农户都有拖拉机等小型农机具，有些农户还购置了大型农机具，当地农户的代耕需求并不旺盛，而且代耕市场竞争激烈，每亩代耕服务费只有50元左右。再加上代耕的地块非常分散，无法实现连片耕作，大型农机具的优势难以发挥。2010年全年仁发合作社仅代耕约6万亩土地，服务收入不足100万元。同时，流转农户土地需要支付租金，很多农户甚至要求预收租金。购置农机后的仁发合作社已无力支付达到一定经营规模的租金，当年只流转了1100亩土地开展统一经营。由于代耕和合作社统一经营的土地达不到最小的最优规模

(MES),且受国际大豆市场的冲击,国内大豆价格持续下滑。2010年底会计核算发现,经营的第一年,仁发合作社净亏损172万元。

(二)"分享国家补贴+支付超额地租"阶段:2011~2012年

仁发合作社与政府联合投资2000余万,却遭受了亏损,7位出资股东认识到,要想实现规模效益和技术效益,必须尽快提高合作社的土地经营面积。于是,如何让更多的农户相信合作社并愿意把土地交由合作社统一经营,成为摆在理事长李凤玉及其他6个股东面前的第一难题。经黑龙江省农委及有关专家的倡议和指导,2011年4月,仁发合作社的7个股东召开了会议,最后大家商议决定改变先前"代耕服务为主+租地自营为辅"的经营模式,租入土地不再预先向农户支付土地流转费用,而是尝试以承诺"分享国投资金+支付超额地租(收获后)"的方式,吸引农户把土地交由合作社经营。

具体来看,为了让更多农户"带地入社",仁发合作社主要采取了以下三个措施:一是保证把政府配套的1234万元农机购置补贴平均量化到户,每个加入仁发合作社的农户都可以获得一份政府财政配套资金份额。二是承诺"凡是把土地交给合作社统一经营的农户,每年每亩土地可以获得350元的保底租金"。这一租金比当地土地流转市场上亩均地租高出约100元。三是允许"带地入社"成员以分得的国家财政补贴份额和上述350元/亩的保底租金参与合作社的年终分红。上述措施有效地提升了仁发合作社对普通农户的吸引力,合作社成员数量迅速增加到314户,统一经营的土地面积超过1.5万亩。有了一定的经营规模,仁发合作社当年实现总收入2763.7万元,净盈利达到1342.2万元,成员每户平均可以分得25873元。

良好的经营效益进一步提高了仁发合作社对周边农户的吸引力,更多的农户带地入社。截至2012年,仁发合作社的成员数量增加到1222户,统一经营土地面积增加到了3万亩,年净盈利2758万元,成员的平均每亩收益增加到730元。以典型成员入社土地20亩计算,不考虑国家配套补贴资金每户5634元的分红,仅土地入股合作社一项,成员2012年收入可达14600元。由于提高粮食产量、带动农户增收的成绩突出,2012年,仁发合作社被评为"全国农民专业合作社示范社",57岁的理事长李凤玉被评为黑龙江省劳动模范。

（三）"土地入股+按股分配"阶段：2013~2014 年

随着合作社的经济效益和社会声誉越来越好，成员和周边非成员农户对合作社的信任也显著增强。但是，成员入社土地保底收益的存在，使得成员之间的利益链接不够紧密，经营风险在理事长李凤玉及其他出资成员一方过度积累，《中华人民共和国农民专业合作社法》所倡导的"收益共享、风险共担"的合作机制没能建立起来。

为了进一步强化合作社的凝聚力，提升合作社的规范性，经合作社理事会提议和成员代表大会通过，2013 年 1 月仁发合作社取消了成员入社土地每亩 350 元的"保底收益"，引导成员以土地入股，并直接将入社土地数量作为成员的交易量。合作社可分配盈余按照《中华人民共和国农民专业合作社法》规定的 40∶60 原则，在股东入股资金和成员入社土地（将面积视作交易量）之间分配。新分配方式下，农户把土地交由合作社统一经营的预期收益明显提高。大量的农户踊跃加入。2013 年，仁发合作社的成员迅速增加至 2436 户，统一经营土地面积达到 50100 亩。当年，仁发合作社实现总盈余 5328.8 万元，成员入股的土地每亩收益达 922 元，远高于当地土地流转的价格，合作社统一经营的规模效益进一步显现。周边一些农户要求加入仁发合作社的愿望强烈。2014 年，仁发合作社的成员数量达到 2638 户，统一经营土地面积增加至 54000 亩。但是，受农产品价格尤其是马铃薯价格的影响，当年合作社实现总盈余 4890.3 万元，成员入股的土地每亩收益为 750 元，较上年明显下滑。

（四）"多元经营+延长产业链"阶段：2015 年至今

2015 年初，受多方面因素的影响，仁发合作社与最重要的合作社伙伴麦肯食品（哈尔滨）公司的长期合作被迫终止。自 2011 年以来，仁发合作社一直是麦肯食品（哈尔滨）公司的马铃薯生产基地，按照合同协议为后者种植一定面积的马铃薯。与麦肯食品（哈尔滨）公司合作关系的终止，不仅让仁发合作社失去了将大批量马铃薯推向市场的渠道，还失去了多年以来最重要的利润增长点。原本迅猛发展的仁发合作社第一次感受到规模化农业经营的市场风险。

考虑经营前景和出资股东的经济利益，经理事会提议和成员代表大会通过，仁发合作社对经营模式做出了三个重大调整：一是根据市场销路情况，调整合作社的种植结构。除继续种植玉米、马铃薯、大豆外，合作社开始种植市场销路较好、附加值较高的有机大豆、甜玉米和白甜瓜。2015年，仁发合作社种植玉米40500亩、马铃薯5500亩、普通大豆6000亩、有机大豆1000亩、甜玉米2500亩、白甜瓜500亩。二是劝退部分带地入社的成员，以避免利润（尤其是国家财政投资部分）被过分摊薄以及提高资金股东的投资回报率。2015年，合作社的成员锐减为1014户，规模经营土地面积为56000亩。三是积极寻求延长产业链条路径。为了向产业链上下游进军，除了在2015年建造第二座烘干塔外，当年11月，在黑龙江省政府的帮助下，仁发合作社带领其他7家合作社注册成立的哈克仁发有限公司，与荷兰阿里曼特公司签订了《中荷马铃薯制品加工合作合同》，双方将投资5.665亿元，在克山县建设马铃薯种薯繁育、薯产品加工等项目。受国内玉米价格大幅下降和马铃薯种植面积、销售价格大幅下降的影响，2015年，仁发合作社统一经营56000亩耕地，仅实现总盈余4196.3万元，入社土地亩均分红584元，其经营绩效较前几年显著下滑。

表2　仁发合作社的成长历程

年份	成员（股东）数量（户）	统一经营土地面积（亩）	农户/成员亩收益（元）	总收入（万元）	净盈余（万元）
2010	7	1100	240	100.0	-172.0
2011	314	15000	710	2763.7	1342.2
2012	1222	30000	730	5594.0	2758.6
2013	2436	50100	922	10367.9	5328.8
2014	2638	54000	750	10748.0	4890.3
2015	1014	56000	584	9055.2	4196.3

三　仁发合作社的创新实践

为什么仁发合作社从提供代耕服务起步，经历短短几年时间，就迅速成长为经济社会效益十分突出的全国知名的农民合作社？分析发现，仁发合作社之所以取得如此成功，除发挥大型农机具的优势、采用现代种植技术外，主要是通过组织模式、分配方式、管理机制等方面的创新，大力提高合作社经营管理的规范化程度。在政府有关部门的支持引导下，仁发合作社将资金、土地、技术和企业家才能等要素的作用发挥到最大，是合作社持续发展的基本动力。

（一）组织模式创新

组织要想获得生存发展所需的资源，必须与控制资源的其他组织或个人交往。"大多数组织行动的焦点在于通过交换的协商来确保所需资源的供给"（菲佛、萨兰基克，2006）。同样，农民合作社这种合作经济组织的生存发展，不仅需要乡村精英小集团的经营能力、社会资本等，还需要普通农户占有的其他互补性资源。资源互补性的存在，为各主体联合起来通过协同效应提高组织的竞争优势和长期合作效益提供了可能（Harrison & Hitt，2001）。环境越简单稳定，高度互补性资源的所有者联合起来产生的合作效益就越多（Lin et al.，2009）。不过，只有有效地整合和管理互补性资源，才能把这种可能性变为现实。否则，拥有互补性资源的农户将会被锁定在一个"不太合意"的均衡之中，即陷入"低水平均衡陷阱"。

为了解决协作失灵困境，更好地发挥资金、土地等生产要素的积极性，仁发合作社先后进行了三次比较重要的资源组织模式创新。

第一次是吸引拥有土地（承包经营权或经营权）的农户将土地交由合作社统一经营，即所谓的"带地入社"。经历 2010 年的亏损之后，理事长李凤玉及其他投入资金的 6 个成员逐渐认识到，仅仅拥有几十台（套）大型农机具，并不会必然产生效益，甚至会亏损。只有把其他互补性资源比如土地与大型农机具结合起来，才有可能"扭亏为盈"。但是，对于刚花费巨资购置了大型农机具的合作社而言，其显然再无资金以流转的方式获得所需土地。因此，合作社必须尽快创新组织方式，以获得可以"不浪费农机具生产能力"的一定规模的土地。为了达到上述目标，2011 年和 2013 年，仁发合作社进行了两次组织改革。第一，2011 年春季，合作社承诺无论秋季收成如何，收获后即向带地入社成员每亩地支付 350 元的保底地租，并在政府相关部门的支持下，承诺把 1234 万元国家配套资金按户平均量化给合作社成员。第二，2013 年冬季，合作社按照"保底不分红、分红不保底"的思路，提出将土地与资本一样，入股到合作社，打造真正"收益共享、风险共担"的合作经济组织。此前两年的租金保底、国家财政补贴资金量化到户等做法明显提高了成员收益，周边农户对合作社的信任感增加，这次组织模式变革得到了更多农户的支持，资金、土地等要素的合作更加紧密。在其他农机合作社还在通过传统的"代耕服务"挣扎生存时，仁发合作社已经顺利完成了从"代耕服务"向"股份合作经营"的转变。

第二次是为了应对市场变化，仁发合作社开始采用成员"租地入社"代替先前的"自有土地入社"的方式，在保证土地面积的同时，减少"分蛋糕"的普通成员数量。在经营中逐渐发现，农业机械全面替代人工劳动后，土地才是组织成长所依赖的关键性资源，成员数量对合作社经营绩效的影响并不显著。更多的成员作为股东，只不过增加了"分蛋糕"的人数。因此，在 2015 年初合作社遭受麦肯食品（哈尔滨）公司终止合同带来的市场冲击之后，仁发合作社再一次创新了组织土地资源的模式，主要做法包括：理事会提议和成员代表大会同意，一方面合作社劝退部分带地入社的成员，减少参与分配国家财政补贴资金及其投资分红的股东"户数"，以避免国家财政投资被过分摊薄，进而提高资金股东的投资回报率。成员的减少确实大幅提高了合作社的资本回报率。2015 年，合作社每 1 元出资额的回报率为 0.357 元，远高于 2014 年的 0.226 元。另一方面为了在成员减少的同时保证一定的经营规模，合作社鼓励成员把从市场上流转的连片土地交由合作社统一经营，即"租地入社"。一些农户已经有稳定的非农收入，即使退出合作社，他们一般也会将土地流转出去而不会亲自经营，这就为成员"租地入社"提供了条件。2015 年，仁发合作社有 12 个成员将承租的 1000 多亩土地加入合作社。其中成员杨振刚、马金龙、张玉宝三人"租地入社"的耕地面积分别多达 5600 亩、4400 亩和 4000 亩。

第三次是实行土地分层管理，创新土地资源使用架构。2014 年经营效益的大幅下滑，促使仁发合作社的决策层寻求发展模式转变，减少分配国投资金及其分红的成员户数，这显然是最简洁有效的办法之一。理事长李凤玉直言："成员数量不能太多，仁发合作社下一步必须采取再次分包的方式"。2015年初，经过多轮说服动员，仁发合作社劝退了1600多户带地入社的成员，并引导这些成员将土地出租给合作社的成员。后者向退社成员支付市场价格地租后，带着租入的土地入股仁发合作社，即"租地入股"。这次分配方式的改变彰显了浓厚的追求盈利最大化的"资本逻辑"。一方面合作社仍然有适度规模的土地供其统一经营，另一方面提高了剩余成员的收益——代价是减少了分割国投资金这个"蛋糕"的成员数量。最终，参与"分蛋糕"的普通成员的数量大幅减少，大户"租地入社""合作社+租地大户+普通农户"的双层土地流转经营模式逐渐形成。

(二) 分配方式创新

利益分配永远是组织的核心问题。在市场经济条件下，分配方式一般与资源的组织模式相伴而生。要调动各种要素的积极性，必须对组织发展所依赖的各种资源要素给予相应的回报，并尽力达到利益分配的平衡。根据成员与合作社的交易量进行盈余分配是传统农民合作社的典型特征。按照《中华人民共和国农民专业合作社法》的规定，规范的农民专业合作社的盈余分配必须以交易量为依据，且按交易量（额）返还的比例不低于可分配盈余的60%。但是对兼具农机服务合作社、土地股份合作社特点的仁发合作社而言，其并不存在典型意义上的交易量。不过，资金（大型农机具）和土地是仁发合作社发展中最关键的两种资源，因此可以考察其在组织模式变革时，以何种方式、何种比例确定资金和土地两种不同要素的贡献，来关注它的分配方式创新。分配方式上，仁发合作社共经历了两次重要变革。

第一次是改变传统的"按照市场价格预付当年土地租金"[①]的模式，承诺"支付保底租金+量化国投资金+租金和国投资金参与分红"，且管理人员不领取工资。以2011年为例，仁发合作社经营总收入2763.7万元，扣除农机具折旧费、人员工资、管理费等支出1421.5万元，当年净盈利1342.2万元。这些盈余在年终怎么分配呢？首先，按照承诺的每亩350元保底收益，兑现带地入社成员的保底租金，1.5万亩土地共计525万元；其次，在

---

① 受气候影响，黑龙江农作物每年一季，4月中旬耕种，10月中旬收获，土地租金一般在当年1~3月预付。

剩余的817.2万元可分配盈余中,按章程提取50%的公积金后,把剩余的408.6万元在国投资金(1234万元)、成员资金(850万元)、土地保底租金(525万元)之间按比例分配,每亩土地(折股350元)可分红54.8元;最后,再将国投资金分得的193.3万元平均量化到314户成员,户均6156元。考虑到合作社处于转型的关键期,为了减少摩擦、提高组织的凝聚力,所有成员都按照资金或土地入股的份额获得收益,兼任合作社管理岗位的出资股东不从合作社领取工资。

第二次是"取消保底租金",把土地与资金一样对待,合作社盈余按约定比例在土地和资金之间分配,兼任合作社管理人员的投资人领取工资。2013年1月仁发合作社取消土地入社的"保底收益",直接将入社土地数量作为成员的交易量。可分配盈余按照60:40的原则,在土地交易量和股东入股资金之间分配。2014年,土地和资金的分配比例提高至75%。公积金提取来源和提取比例视年终总盈余情况而定。2013年和2014年,合作社从土地和资金收益中提取了40%的公积金。仁发合作社2013年之后的收益分配方式如图1所示。

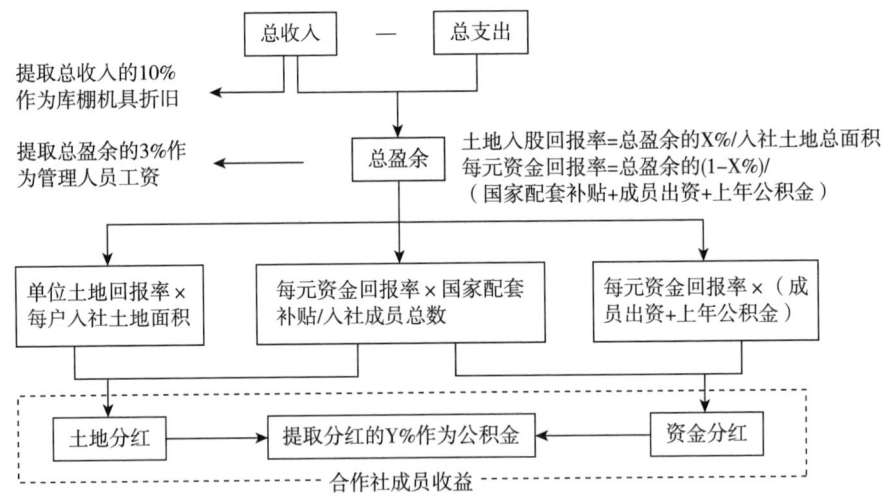

图1 仁发合作社的分配机制

按照上述分配方式,2014年合作社4890.3万元的总盈余分配结果如下:土地分红占总盈余的75%,共3667.7万元,54000亩入社土地,平均每亩土地分红679.2元;投资者出资、国投资金和上年提取公积金分配其余的25%,

共1222.6万元,其中国投资金分得392.8万元,平均量化到2638户,户均1489元,上年提取的公积金分红637.3万元,每亩地可分得70.8元。

需要说明的是,由于马铃薯销路不畅和玉米价格大幅下跌,2015年仁发合作社没有提取公积金,而是把合作社所有盈余都按照78∶22在土地股和资金股之间进行了分红。

(三)管理机制创新

为了提高规范化程度和组织竞争力,自2010年以来,仁发合作社从多个方面强化了内部管理,重点在成员管理、生产管理等方面尝试了管理模式创新。

一方面,强化制度建设,对各类成员实行差别化管理。一是编制成员账户和年终盈余分配明细表,明确入社土地面积或资金,将国家配套补贴资金量化到每户成员,并把总盈余按要素贡献分配。资金入股、土地入股、国家配套补贴资金量化情况一目了然,各种投入的分配清晰。二是择时为合作社管理层提供绩效工资。2011~2012年理事长、监事长等合作社管理者不领取工资,所有成员都按照资金或土地入股的份额获得相应收益。为了激发从事管理工作投资人的企业家才能,从2013年起,合作社每年提取总盈余的3%作为理事长、监事长等管理人员的工资,其中理事长工资占这笔资金的20%,其他管理人员工资之和占80%。三是成立党支部,形成"党支部+理事会+监事会+成员代表大会"的"一部三会"组织架构。2011年以来成员数量迅速增加,由于成员地域分布比较分散,很多成员与合作社的联系较少,有些成员甚至常年在外地务工,无法参与合作社的运营管理,对组织的认可度也不强。为了提高组织的凝聚力,保障无法直接参与合作社经营管理的部分成员权益,合作社党支部借助党员的人脉关系,强化其所在村屯的普通成员与合作社的社会联系,同时借助党员的积极性,协助片区负责人搞好村屯内的粮食生产。

另一方面,将农机具和场区(耕作地块)外包,与机车驾驶员、场区生产工人等签订效率工资合同。在大型农机具使用过程中,合作社充分调动机车驾驶员的积极性,划分了农机作业区,把每台机具承包到驾驶员,统一供油、维修和调度,为驾驶员提供2万元保底工资,并对每台车设置了各项工作指标进行考核。成员郭占在2011年把自家的26亩土地交给合作社统一经营后,与合作社签署了《农机具作业单车核算承包使用协议》,承包了两套农机具,成为一名专业的机车驾驶员。以2013年为例,根据协议,郭占完成单车1.4万亩的年作业指标,即可获得2万元的年基本工资。超出作业指标部分每亩提取1.4元,未完成作业指标部分每亩扣发1元。按照这一办法,农机驾驶人员每年都能有近3万元的工资收入,专业化作业队伍非常稳定。

在生产管理过程中,合作社注重发挥种田能手的作用,依托他们改善对片区农田的管理。村民刘友是附近知名的种田能手,2012年之前,他一边经营自家的土地,一边在周边帮人做些零工。2012年,在他把自家的18亩土地交由合作社统一经营后,合作社聘请他管理一个片区的987亩土地,并签订与产出相联系的工资协议:如果该片区亩产达到650公斤,年工资2万元,亩产高出部分可得5%的提成。按照这一协议,若片区亩产提高至700公斤,他的年工资可达4万元。因此,他打算做好这份工作,做一个职业的农场管理人员。借助专业化分工和绩效工资,仁发合作社实现了农业生产经营的专业化。

四 仁发合作社的发展成效

在政府有关部门的扶持引导下,仁发合作社依托现代化大型农机具,不断扩大种植规模、调整种植结构、提高种植效益,形成了由8个管理人员、21个机车驾驶人员、5个机务经理、12个片区负责人和200多个临时工作人员组成的专业化农业经营团队,打造了颇具特色的新型农业经营体系,在区域农业现代化建设中发挥着重要作用。具体来讲,仁发合作社在区域农业现代化中的作用主要有以下三个方面。

(一)提高了农地经营的组织化、规模化程度

农产品产后流通一直是我国农业经济的短板。农产品流通领域,组织化程度低、流通环节多,不仅增加了产后损耗,还导致"谷贱伤农"问题反复出现。为了解决农产品销售问题,避免农民增产不增收,提高农户的

组织化程度是必由之路。较大的土地经营规模为仁发合作社发展订单农业，实现"以销定产"奠定了基础。在统一经营土地面积达到 15000 亩之后，仁发合作社的规模经营优势开始体现。2011 年春，仁发合作社以 1.7 元/公斤的价格，与麦肯食品（哈尔滨）公司签署了合作协议，成为该公司的优质马铃薯生产基地，按照订单价格为后者生产 2000 亩优质马铃薯。与麦肯食品（哈尔滨）公司的合作，当年为合作社带来 700 多万元的收益。此后几年，仁发合作社按合作协议为该公司种植的马铃薯面积进一步增加。2012 年、2013 年和 2014 年，根据"以销定产"的思路，仁发合作社的马铃薯种植面积分别达到 5000 亩、10000 亩和 12000 亩，其中绝大部分按照订单协议，销往麦肯食品（哈尔滨）公司。由于销路稳定，而且销售价格比农户分散种植的高出不少（虽然后来由于竞争的加剧，合作社马铃薯的销售价格逐渐走低，但销售价格仍然高于农户分散种植），仁发合作社实现了区域农业的增产增效。

（二）改善了区域农业机械化、现代化水平

仁发合作社对区域农业机械化、现代化水平的改善，主要表现在三个方面。

首先，提高了当地农业机械化水平。现代化大型农机具能够提高土地产出率、资源利用率和劳动生产率，是粮食主产区提升农业现代化水平的重要手段。农村实行家庭承包制以来，"小四轮"的大量使用以及化肥施用方法的不当，造成土壤板结、犁底层上移，土壤的蓄水、透气等理化性状变劣。采用大型农机具深耕，种植活土层接近 0.4 米，保温、保墒、透气性好，能够改善土地抗旱防涝能力，提高粮食产量。仁发合作社拥有从播种、中耕到收获各环节的大型农机具 132 台套，田间综合机械化率达到 90% 以上，真正实现了"用现代物质条件装备农业"。以马铃薯种植为例，仁发合作社利用多台大功率马铃薯播种机联合作业，同时完成开垄、施肥、下种、合垄、镇压等五个流程，极大地提高了农业现代化水平。

其次，改善了农田水利基础实施。水利化是农业现代化的基础工程，是粮食高产稳产的重要保障。只有做好水资源利用这篇大文章，才能提高农业抗旱除涝能力，确保粮食高产稳产。目前黑龙江地区的可灌溉农田比

例不足30%，严重束缚了粮食生产能力和市场竞争力。近几年来，仁发合作社在统一经营的几万亩耕地上，先后规划设计了48个灌溉网格，最小的网格350亩，最大的网格600亩，并在其中24个网格安装了大型指针式喷灌21台、卷帘式喷灌15台、新打机电井35眼。这些措施有效地改善了本地区的水利基础设施情况，加快了农业水利化建设，为保障粮食稳产增产和提高农业竞争力做出了贡献。

最后，为现代农技农艺推广提供了科技服务对接平台。土地实现规模经营之后，无论是政府公益部门的农技农艺服务推广人员还是科研院所的创新试验研究，都可以不必再面对分散的、经营小块地块的小农户，技术指导和农业试验有了立足点，推行新种植技术和耕作模式等农业科技更加便捷，选择优质品种、改善种植技术等也就顺理成章。从2011年开始，克山县农业科技人员开始以"科技包保"的形式（所谓"科技包保"是指农技农艺人员与合作社签署科技服务、种苗采用等协议；如果该技术或品种能够将产量提高一定百分比，农技农艺人员则从合作社获得一定的资金奖励；如果不能达到议定的增产效果，农技农艺人员则要支付一定费用，补偿合作社的损失），有针对性地为仁发合作社提供农作物耕种方面的指导。2014年，县农机局为仁发合作社提供了156人次的技术培训。在农技农艺人员的指导下，仁发合作社改变了当地传统的种植方式，玉米、马铃薯分别采取了110厘米"大垄双行栽培技术"和90厘米"大垄单行密植技术"，亩产分别增加约120公斤和1500公斤，种植收益得到大幅改善。

（三）推动区域新型农业社会化服务体系完善

社会化服务是实现农业现代化的重要支撑。十七届三中全会强调，"建设覆盖全程、综合配套、便捷高效的社会化服务体系，是发展现代农业的必然要求"，并且明确指出，构建新型农业社会化服务体系要以公共服务机构为依托、合作经济组织为基础。自成立以来，仁发合作社在区域新型农业社会化服务体系建设中的作用明显。具体表现在以下两个方面。

一是仁发合作社充当了新型农业服务主体，推动了当地农业社会化服务体系的完善。除了统一经营合作社的几万亩土地外，仁发合作社还为周边40余万亩土地提供代耕服务。从农户分散的"小四轮"耕作，到播种、中耕、收获的"一条龙"服务。仁发合作社作为新型农业服务主体,直接促进了区域农业社会化服务体系的完善。此外,为了支持成员的生产生活,仁发合作社向成员提供了资金互助服务,凡带土地加入社的成员,合作社以10%的年息提供资金借贷服务,以最大金额为入社土地的市场价格折价。

二是仁发合作社日益为金融机构服务"三农"提供了支点,优化了农村金融服务。相对于分散的农户,农民合作社的经营规模更大、市场化程度更高,这些特征让它成为农村金融改革的重要着力点。在2012年克山县被确定为国家农村改革试验区后,2013年3月,克山县成立了全省第一家人民银行主管的信用信息中心,258家农民专业合作社信息悉收入库。有了人民银行的信用评级,一些金融机构开始借助仁发合作社,向其提供金融服务或者希望以仁发合作社为平台,为周边农户尤其是成员农户提供金融服务。中国银行克山县支行等金融机构主动找到仁发合作社商谈贷款事宜,中国建设银行克山支行则把仁发合作社打造为"龙口助农服务点"。仁发合作社成为农民与金融机构之间的桥梁,当地的涉农金融服务体系进一步完善。

三是仁发合作社不断建造烘干塔、存储仓库等设施,改善了当地农业产后服务能力。自2014年以来,仁发合作社先后建造了2座500吨和1000吨的玉米烘干塔。2014年,仁发合作社烘干玉米3万吨,仅此一项就为合作社带来453万余元的利润。2015年底以来,随着仁发合作社主导的哈克仁发有限公司成立,马铃薯存储仓库、初加工等设施设备建设加快。这些设施设备,除储存和加工仁发合作社的产品外,还可以为周边其他合作社或农户提供服务。

总之,仁发合作社通过集约化、专业化、组织化、社会化的农业经营,推动了区域现代农业的发展,实现了农业增效、农民增收,为当地的农业转型和"四化同步"发展做出了贡献。

五 仁发合作社存在的问题

当前,我国的农民合作社仍处于探索发展阶段,不可避免存在一些问题,如发展资金短缺、人才缺乏以及规范化建设滞后等。虽然仁发合作社以组织模式和分配方式创新获得了其急需的一定规模的土地,并通过整合各种资源实现了快速成长,但其发展仍存在一些问题。具体而言,为了实现组织的可持续发展,仁发合作社需要破解两个难题,并重点厘清三对关系。

(一) 需要破解的两个难题

一是仁发合作社下一步的经营绩效如何保证,或者说利润增长点在哪里?在 2015 年以前,仁发合作社的经营绩效或利润增长点主要来自麦肯食品(哈尔滨)有限公司的马铃薯种植订单,并且呈每年递增之势。2014 年,仁发合作社的经营收入,有 42.82% 来自马铃薯种植。但双方终止合作之后,马铃薯种植不再是仁发合作社的利润增长点,2015 年马铃薯种植产生的收入仅占当年合作社总收入的 19.05%。此外,还需要注意,仁发合作社马铃薯的销售价格,也呈现不断下降的态势。2010 年以来,仁发合作社的马铃薯种植及收入情况见如表 3 所示。

表 3 仁发合作社马铃薯种植及其效益

年份	马铃薯种植面积(亩)	马铃薯销售单价(元/公斤)	马铃薯销售收入(万元)	合作社总收入(万元)	马铃薯收入占比(%)
2010	0	—	0	100.0	0
2011	2000	1.7	800.1	2763.7	28.95
2012	5000	1.28	2009.4	5594.0	35.92
2013	10000	1.38	4374.3	10367.9	42.19
2014	12000	1.18	4602.0	10748.0	42.82
2015	5500	1.18	1724.7	9055.2	19.05

减少马铃薯种植的土地,仁发合作社基本用于种植玉米。2015 年,仁发合作社的玉米种植面积达到历史最高的 40500 亩,比 2014 年的 32000 亩增加了 8500 亩。但是,2015 年 9 月,国家下调了玉米收储价格,每公斤下调 0.22~0.26 元。这一政策变化,直接减少了合作社种植玉米的利润。因此,在国家粮食过剩、玉米等粮食价格持续下行,政府控制东北低温带玉米产量、马铃薯销路不稳定的情况下,仁发合作社如何寻求新的利润增长点,是面临的第一个难题。

二是仁发合作社农产品品牌化之路该如何走？农民联合起来，通过规模经营解决"小生产"与"大市场"对接的矛盾后，只有加强品牌建设，才能实现农产品销售的"柠檬市场"问题，让优质农产品获得更高销售价格。仁发合作社拥有 50000 余亩土地，而且所在的克山县是国家级生态示范县、首批国家级食品安全示范县，合作社打造安全绿色的农产品品牌有多种优势。目前仁发合作社的品牌化建设刚刚起步，受制于经营人才、资金和发展理念等因素制约，仁发合作社主要是将农产品经过简单包装后销往市场。比如，仁发合作社生产的有机大豆，是磨制豆浆或生产大豆粉的重要原料，仁发合作社仅对其抽真空包装后，既销往市场。由于其加工不方便，农产品的市场认可度不高。再如仁发合作社生产的白甜瓜，虽然口感较好，但是也只是批量销往水果市场，没有形成自己的品牌和销售渠道。因此，如何充分发挥组织优势、区位优势和政策优势，加快品牌化建设，走出一条农产品品牌化之路，是仁发合作社当前发展面临的另一个难题。

（二）亟待处理的三对关系

首先，合作社经营土地面积和经营绩效的关系。农民合作社作为一种需要参与市场竞争的合作社法人，要想更好地生存发展，必须关注组织的盈利情况，平衡好公益性和营利性这对矛盾。经历过创业初期的合作社统一经营的土地面积过小导致亏损和统一经营土地面积提高后合作社盈利状况急剧改善的"冰火两重天"，仁发合作社过分重视统一经营的土地规模。一个重要佐证：2015 年，仁发合作社的成员数量大幅减少，但统一经营的土地面积不仅没有减少，反而比 2014 年增加了 2000 亩。经济学理论表明，任何追求盈利最大化的企业，都必须遵循边际收益等于边际成本的利润最大化原则。如果边际收益不等于边际成本，企业总可以通过增加或减少产量（或提供的服务量）来改善经营状况。就仁发合作社而言，在达到最小化最优规模（MES）之后，其利润增长点不是来自普通农产品（玉米、大豆）种植，而是先后来自订单马铃薯、有机玉米和白甜瓜等附加值较高的品种，因此在市场销路既定的情况下，合作社只要保障了这些高附加值农产品的生产，也就保证了绝大部分的利润。而生产这部分农产品的面积，最大不过 12000 亩（2014 年）。但是，仁发合作社每年将这部分土地产生的收益在合作社全部50000余亩中进行分配,显然很大程度上牺牲了组织的经营效率。在2014年以前合作社经营绩效节节走高时,还可以勉强维持。随着2015年玉米价格大幅度下调,合作社的经营效益面临严重挑战,再将利润拉平可能会影响合作社生存。因此,正确认识经营土地面积和经营绩效的关系,是合作社首先需要处理的问题。

其次,合作规则的稳定性和经营的灵活性的关系。没有规矩不成方圆,立足于传统农村社区的农民合作社也必定要形成尊重规则的契约精神。博弈论早已证明,基于个人理性的行为,往往会让参与双方陷入无法合作的"囚徒困境",最终不仅损害了集体(或组织)的整体利益,还会对个人利益造成严重损失。从仁发合作社的发展历程可以看出,精英团队主导下的合作社组织规则经常发生变化,缺乏必要的延续性和稳定性。一方面,这当然可以理解为合作社为了迎合不断变化的内外部环境而采取的应对策略,另一方面,这也可能是精英团队控制下的合作社为了出资人的利益而频繁地调整组织规则。2010~2015年6年间,7个出资人分红占合作社盈余的比例,先后经历了100%、10.06%、16.00%、13.16%、3.94%和7.23%。合作社的分配方式和分配比例都是由7个投资人提议并主导实行的,不断变化的分配规则,体现了合作社中"资本"的任性。另外,2015年,仁发合作社成员从2014年的2638户锐减为1014户,减少了61.56%。如果仁发合作社真正按照《中华人民共和国农民专业合作社法》的要求实行民主管理,那么即使投资人享有法律允许的20%的附加表决权,一次性减少超过60%的合作社成员,显然也难以达成。可见,虽然仁发合作社在带动农民增收、推动当地合作社规范化建设等方面发挥了积极作用,但它本身仍然具有较强的"精英控制"特征。对此,如何在发挥投资人积极性的同时,避免造成合作社的"精英俘获",实现各种资源要素的长期稳定合作社,是仁发合作社当前急需解决的重要问题。

最后,后李凤玉时代仁发合作社与哈克仁发有限公司的关系。自2015年仁发合作社牵头,联合其他7家当地较有实力的合作社成立联合社并共同出资注册成立哈克仁发有限公司之后,理事长李凤玉的精力主要用来处理哈克仁发有限公司的事宜,仁发合作社的事情则交由副理事长卢玉文负责。考虑到企业家精神对农民合作社和农业企业发展的重要性,李凤玉不再实际管理合作社而主要负责与仁发合作社关系密切的哈克仁发有限公司的管理，对仁发合作社有利有弊。不过，就目前而言，无论是组织架构、出资关系还是业务联系，仁发合作社与哈克仁发有限公司的关系都没有厘清。在哈克仁发有限公司投资建设期，虽然两者间模糊不清的关系并不会对仁发合作社造成过多影响，但随着哈克仁发有限公司的投产运营，如何界定二者的关系将变得越来越重要。

六 进一步讨论与思考

（一）对仁发合作社创新发展的进一步讨论

第一，规范化能够促进农民合作社持续发展。对农机合作社而言，大规模的连片耕地、先进的农业科技、优惠的农资价格、畅通的农产品销售渠道等是影响其发展的主要因素。一定规模的土地，又是其他因素发挥作用的前提。为了解决土地规模这个核心问题，从"土地代耕"到"土地保底价入社"再到"土地入股"，有效的组织和制度创新，让仁发合作社越来越规范。"土地代耕"模式下，土地分散束缚了大型农机具的优势，而且合作社的代耕收入与土地增产增收无关，合作社与农户之间是一种零和博弈关系。"土地保底价入社"模式下，虽然土地规模问题得到解决，但是惠顾者与投资者的收益风险不匹配，经营风险在投资者身上过度积累。"土地入股"模式下，土地不仅作为"交易量"分享总盈余的60%，同时还均分一份国家财政补贴，投资者、管理者和惠顾者之间找到了新的收益风险平衡点，成员之间的利益联结明显加强。这样，合作社才算真正走上了"利益共享、风险共担"的共同发展之路。

第二，合作社领头人需要有一定的奉献精神，处理好"做蛋糕"和"分蛋糕"的矛盾。仁发合作社成立的初衷是为了获得国家配套补贴资金，它更像是投资者所有的合伙公司而非惠顾者收益的合作社，李凤玉等7个投资者几乎拥有全部的资产使用权和剩余控制权。但是2010年遭受挫折后，经省农委领导点拨，在改革收益尚不确定的情况下，李凤玉团队愿意放弃既得利益，将争取到的国家配套补贴按户平均量化给新成员，充分体现了他们的奉献精神。而且在2011~2012年合作社实现盈利后，李凤玉团队作为管理者，并没有从合作社领取工资，仅仅以股金获得分红。这也体现了在创业初期，为增加组织凝聚力、做强做大合作社、获取更多"组织租"，他们愿意牺牲一部分个人利益。正是有了李凤玉团队，仁发合作社才在2010~2012年短短几年时间内，从一个只有7个人的合伙公司，增加到拥有1222个成员土地入股的综合型农民合作社，并从最初的亏损经营迅速转变为目前每年可获得2000多万元盈利，合作社也成了黑龙江乃至整个东北地区合作社的标杆。

第三，政府部门要加强对农民合作社发展的支持和引导。农村的企业特质性资源缺乏，不仅缺乏资金、人才、技术等，还缺乏经营管理理念甚至合作意识。政府的帮助扶持可以有效改变这种情况。仁发合作社的出现及后来的发展壮大，无疑是在扶持政策尤其是巨额配套补贴的刺激下乡村精英集体行动的结果。没有政府的政策引导，这类千万元规模的大型农机合作社就很难出现，更谈不上成为区域农业现代化发展的动力。就此而言，农民合作经济组织需要政府的支持。但仅仅从资金和优惠政策上支持农民成立合作社，并不能解决农业现代化建设和农村经济社会发展的问题。即便拿到了国家配套补贴的1234万元资金，仁发合作社在2010年仍然有巨额亏损也说明了这个问题。因此，农民需要政府有关部门强化引导，通过专家指导、参观交流等多种方式，把现代经营理念和管理方法带进农村，打破原有的低效率经营状态，重塑本地区的农业现代化发展模式。合作社2011年以来的成功表明，通过创新组织制度和分配制度，做大经营规模、强化利益联结，能够产生巨大的经营效益，能够有力地推动农业现代化建设。

（二）对农民合作社持续发展问题的思考

一是关于新形势下农民合作社创新发展的问题。当前，我国农民合作社的组织有效性仍需提高，持续成长的内源动力亟待加强。乡村精英作为"有创造力的少数人"，其行为选择对合作社成长有重要影响。在乡村精英的带领下，合作社通过创新制度安排，能够把异质性成员的互补性资源整合在一起，实现资源的有效配置，从而获得合作效益、规模效益等。当然，乡村精英既有获得社会荣誉的需要，更有为自己谋取经济利益的动机。为了促进合作社健康发展，有关部门要加强宣传教育尤其是对合作社理事长的培训，注重发挥其积极性和首创精神。

二是关于农民合作社发展的财政扶持资金有效利用问题。近年来，随着对农民合作社发展的重视，国家对合作社扶持资金也不断增加，2013年农业部、财政部等有关部门安排的专项扶持资金额度高达50亿元。由于农民合作社发展不够规范，只有很少的合作社会像仁发合作社那样，把获得的财政补贴资金量化到每个成员，为走出集体行动困境提供激励。在我国合作社精英依赖十分突出的情况下，如何避免巨额补贴资金被"精英截获"，如何强化扶持资金在合作社规范化建设中的引导作用，值得有关部门认真考虑。

三是关于农民合作社的规范化建设问题。农民合作社既是新型农业经营体系的组成部分，也是农业现代化建设的微观基础。其发展情况直接决定着我国农业现代化建设速度和质量。为加快构建新型经营体系、推进农业现代化进程，政府有关部门要进一步加大对合作社的扶持培育力度，多方面加强农民合作社的规范化建设和经营能力建设。首先，要完善合作社的分配机制。合作社分配要坚持《中华人民共和国农民专业合作社法》确定的基本原则，保证投资者、惠顾者、管理者都能得到相应的收益。其次，要完善合作社的内部治理机制。健全理事会、监事会、成员（代表）大会等机构，真正发挥其在合作社日常经营中的作用；引导合作社实行民主管理，保障普通成员参与合作社经营决策的权利，逐步减少组织对精英成员的依赖；规范成员账户、财务报表，把合作社的所有资产和收益都量化到每个成员。再次，要强化合作社成员之间的利益联结。要坚持收益风险匹配原则，建立"收益共享、风险共担"的紧密利益联结机制，以提高成员的合作意识，避免经营风险过度集中。最后，要大力支持有条件的农民合作社打造区域乃至全国知名农产品品牌，促进成员收益持续增加和合作社永续发展。

参考文献

菲佛、萨兰基克，2006，《组织的外部控制：对组织资源依赖的分析》，东方出版社。

刘同山，2014，《以制度创新带动合作社快速发展——黑龙江省克山县仁发现代农业农机合作社的成功经验》，《中国合作经济》第4期。

刘同山、孔祥智，2015，《协作失灵、精英行为与农民合作秩序的演进》，《商业经济与管理》第 10 期。

吴天龙、刘同山、孔祥智,2015,《农民合作社与农业现代化——基于黑龙江仁发合作社个案研究》,《农业现代化研究》第 3 期。

Harrison, J. S., Hitt, M. A., Hoskisson, R. E., et al. 2001. "Resource Complementarity in Business Combinations: Extending the Logic to Organizational Alliances." *Journal of Management: Official Journal of the Southern Management Association*, 27 (6): 679 – 690.

Lin, Z., Yang, H., Arya, B. 2009. "Alliance Partners and Firm Performance: Resource Complementarity and Status Association." *Strategic Management Journal*, 30 (9): 921 – 940.

The Innovation and Development of the Renfa Cooperative in Heilongjiang Province

Liu Tongshan　Zhong Zhen　Zhou Zhen　Kong Xiangzhi

Abstract: In recent years, the varied farmers' cooperatives emerged promoted by the government support policy and the needs of practice and development. The Heilongjiang province select extraordinary agricultural ways which apply the agricultural machine cooperative to improve their organized, scaled and specialized level. The Renfa cooperative is typical of local agricultural machine cooperative. Based on reviewing Renfa's current situation and growing process, this paper summarizes its innovative ways, concludes its practice utilities and analysis the potential problems, and thus we can better think of and debate some common issues from them. The research show that the farmers'cooperatives can come up to the modest scale by creating new organized systems and distribution means, therefore they will realize the scale operation benefits and decrease the agricultural production costs. But if the cooperative would like to own the long-term marketing competition advantage position, they also must maintain the production's sale network, extend the industrial chain properly and try best to build up the brand agriculture.

Key words: agricultural machine cooperative; Renfa cooperative; innovation and development

农民专业合作社联合社发展情况调查报告

中国人民大学中国合作社研究院课题组

摘　要　通过"再合作"的方法组建联合社是农民专业合作社提高经营规模水平和市场竞争力的重要方式。目前我国的联合社可分为同业型、异业型、产业链型、综合型四种，并形成了紧密的产销一体化同盟和松散的代买—代卖合作两种运行机制。针对当前农民专业合作社联合社运行过程中出现的问题，我国未来需从提高思想认识、建立培训机制、营造学习环境、出台鼓励政策、加强指导服务、提供资金支持、强化人才培养等方面加强政策扶持与指导。

关键词　农民专业合作社联合社　再合作　产销一体化同盟　代买—代卖合作

2013年中央一号文件明确提出，引导农民专业合作社以产品和产业为纽带开展合作与联合，积极探索合作社联合社登记管理办法。农业部按照中央要求，把农民专业合作组织作为2013年"农业标准化实施示范项目"的一项重点工作，大力推动联合社发展。我们在深入调查的基础上，阐述了联合社发展的背景与动因，概括了联合社的主要类型，分析了不同类型联合社的运作机制，总结了联合社发展中面临的问题，提出了进一步推动联合社建设的总体思路和政策建议。

联合社是一种新生事物。为了保证研究的广度和深度，我们采取了理论研究与实证分析、实地调研与书面调查相结合的方式，主要运用个案解剖考察、各地实践调查和座谈研讨等形式，进行了系统研究。一是确定研究思路和调研方案。查阅理论专著、工作报告、地方文件等资料，提出了联合社发展专题的研究框架和具体方案。二是深入实际进行调查研究。2013年1~11月，课题组先后到湖北省、山西省、江苏省、山东省、北京市、河北省、黑龙江省、辽宁省、四川省、安徽省等10个省份19个县（市、区）开展专题调研，召开了25次由联合社成员、联合社负责人和基层干部参加的座谈会，走访了32个联合社、131家专业合作社，听取了部分专业合作社的意见和建议。三是确定提纲，撰写课题报告。在全面调研和深入分析的基础上，提出研究报告提纲，组织专家进行论证并修改完善。报告初稿完成后，进行了充分的讨论，数易其稿，形成了目前的联合社专题研究报告。

一 联合社发展的背景与动因

近年来，我国农民专业合作社取得了长足发展。但是，日益激烈的市场环境要求农民专业合作组织必须进一步提高经营规模水平和市场竞争力。通过"再合作"组建联合社，这无疑是专业合作社做大做强的最佳方式。在专业合作社、牵头人和各级政府的热情参与下，全国各地不断涌现出联合社。

（一）联合社发展的背景

实践表明，我国农民专业合作社的发展已经从"数量增加"进入"质量提高"的新阶段。自2007年我国《中华人民共和国农民专业合作社法》实施以来，专业合作社大量涌现。据国家工商总局统计，截至2013年6月底，全国农民专业合作社已达82.8万家。虽然实现了数量上的快速突破，但农民专业合作社在发展中仍然面临经营规模较小、发展资金短缺、市场竞争力不足等问题，难以与市场对接，无法获得规模经营优势。越来越多的专业合作社选择以合作与联合的方式，降低交易成本、提高议价能力，实现规模经济、范围经济。总之，农民专业合作社正在从传统合作向新型合作演化；从横向联合向纵向联合转变；从单一功能向多种功能拓展；从农户间互助向合作社间协作迈进。

欧美合作社的发展路径表明，不断获得发展动力和提高组织竞争力，实现多种形式的联合是合作社的必由之路。自 20 世纪 60 年代起，欧美等发达国家和地区的农业合作社就开始了规模化转型。此后，经过 20 多年的发展，虽然合作社的数量大幅减少，但成员数量和营业额都明显提高。近年来，为了提高经营能力，超过 80% 的合作社采取了与传统合作社不同的组织模式和治理结构，以更好地与多种类型的合作社联合；为了解决财务约束，一些合作社还通过成立子公司、信托公司等方式，实现了与外部投资者或其他合作社的战略联盟。与我国农业资源情况相似的欧洲国家的农业合作社，通过合并、兼并、联合等多种渠道实现了规模经营，提高了市场竞争力。可见，合作社通过"再合作"组建行业间或地区间的联合社，是国际合作社发展的一个基本规律。

近两年，中央政府出台了一系列支持联合社发展的政策文件，一些地方政府也先后出台了支持联合社发展的意见条例和实施办法。例如，天津市为支持联合社发展，出台了《关于促进农民专业合作社联合社发展的试行意见》；湖北省从登记管理工作着手，出台了《关于农民专业合作社联合社登记管理工作的试行意见》，对联合社的设立依据、原则等进行规范；山东省从有效监管和规范化建设出发，制定了《农民专业合作联合社登记管理意见》。此外，其他一些省份也做了相关规定。这些政策法规，推动了我国联合社的发展。

（二）联合社发展的动因

随着合作社数量的增加和政府支持力度的加大，越来越多的农民专业合作社组织起来，通过合作与联合，成立了联合社或联合会。考察发现，联合社是专业合作社不断成长、牵头人资源整合和政府外部推动的产物。

1. 提高发展能力是专业合作社"再合作"的根本动机

很多专业合作社在经营中发现，制约农户生产经营的因素依然存在，合作社面临的问题实际上是农户面临问题的集合。合作社发展仍然面临规模较小、资金不足和销售渠道限制等问题。面对强大的竞争对手，单个合作社的生产和经营不可避免地受到挤压，成员增收无法保障。为解决这一难题，提高合作社对农户的吸引力，实现合作社自身的成长，一些合作社认识到，它们需要进一步组织起来，扩大生产经营规模，增强价格谈判能力,提高市场竞争地位。因此,成立联合社(会),实现合作社"再合作",成为很多专业合作社的内在需求和现实选择。以山东省临朐县志合奶牛专业合作社联合社为例,联合社成立之前,乳品企业经常以原料乳质量不达标为由被压低收购价格,并以大笔欠款来威胁合作社低价供货,给该地区的很多奶牛合作社造成了不小的经济损失。2010年10月,佳福奶牛养殖合作社联合其他6家奶牛合作社,注册成立了联合社。规模上去了,谈判能力也就增强了。联合社不仅帮成员社结清了欠款,让乳品企业把收购价格提高到正常水平,还以更低价格为成员社统一采购青储饲料、药品,并实施标准化小区养殖,这大大改善了养殖效益,节约了生产成本,提高了成员社的发展能力,吸引了更多奶牛合作社加入其中。截至2013年11月,联合社已经拥有31家成员社,养殖奶牛近500头。

2. 改善经营效益是联合社牵头人促进合作社"再合作"的直接动力

与专业合作社的情况相似,联合社的理事长一般充当了牵头人的角色,是联合社成立、经营和发展的核心角色。没有这些人积极运作,专业合作社的产品资源、经营资本等就无法整合,联合社也就不会出现。联合社理事长发挥企业家才能、充当资源整合者,推动合作社联合,旨在通过"再合作"提高联合社和成员合作社的经营效益。虽然有些理事长牵头成立联合社的初衷是追求个人利益或某个专业合作社的经营效益,但是联合社成立之后,其他成员社多了一条稳固的产品销售渠道,销售价格也有了保障,改善了成员合作社的经营状况。例如,北京绿菜园蔬菜合作社,在开展"农社对接"时发现,虽然能生产30多个蔬菜品种,但还是难以满足社区居民的多样化需求。为了增加农产品的种类,提高合作社的市场应变能力,2011年4月,理事长赵玉忠积极协调周边16家果品、中药材、畜禽等专业合作社,成立了北菜园农产品联合社。此后,联合社开办了网上商城,并广泛吸纳其他省份的专业合作社,获得了更多优质农产品资源。目前,联合社除了提供北京地区的优质农产品外,还提供黑龙江的有机土豆、广西的荔浦芋头、甘肃的金丝枣等多个省份的名特优农产品。联合社不仅给理事长赵玉忠个人带来了丰厚的经济回报,还提高了成员社尤其是核心成员社的经济效益。

3. 壮大农业产业是政府扶持专业合作社"再合作"的重要原因

相比专业合作社中本村、本镇农户的"小合作"而言,联合社是更大范围、更多成员的"大合作"。联合社的成员单位分布在不同的乡镇，甚至不同的县市，成员数量少则十余家，多则上百家。这些专业合作社在当地农业产业中发挥的作用有限。联合社具有规模大、覆盖广的特点，可以成为政府推动区域农业产业的重要抓手。因此，在中央有关文件精神的鼓舞下，一些地方政府不仅制定了支持联合社发展的具体办法，还组织农业、工商等部门负责指导联合社的建设，直接推动了各种类型联合社的发展。武汉市黄陂区作为全国养蜂基地，近几年蜂业合作社大量出现。但是单个蜂业合作社面临缺资金办事、缺专人管事、缺信誉做大事等突出问题，很难应对日趋激烈的市场竞争。为了进一步提高蜂农组织化程度，促进当地的蜂业发展，区政府决定成立养蜂联合社，并由区蜂业协会指导管理。2011年10月，武汉荆地养蜂联合社正式注册成立，区政协主席（兼任区蜂业协会会长）暂时担任监事长。联合社不仅以保护价收购成员的蜂产品，出资支持成员社开展蜂产品加工业务，还以政府扶持的10万元资金为基础，为联合社成员开展资金借贷服务，逐渐成为政府促进当地蜂产业发展壮大的管理服务平台。

二 联合社的主要类型

目前，联合社由点到面蓬勃发展，呈现出组建模式灵活、联合内容丰富等特征。由于资源条件、成立动因不同，联合社的发展类型也存在差异，既有单一品种联合的，也有多品种跨领域联合的；既有纵向一体化联合的，也有横向一体化联合的；既有紧密协作的，也有松散合作的。按照联合之后提供产品和服务的多样化程度，联合社可以分为以下四种类型。

（一）同业型联合社（规模型联合社）

同业型联合社是立足于某一种农产品，通过联合更多的专业合作社迅速扩大经营规模，进而提高市场谈判能力、减少交易成本的一种合作社间的利益联盟。在达到一定规模后，联合社可能会积极向产业链上下游延伸，比如开展农产品初加工业务。同业型联合社一般具有以下几个特点：（1）立足于本地区的某一种传统特色或优势农产品；（2）初期会积极吸纳专业合作社加入,以实现规模经济;(3)达到一定规模后,不再吸纳新成员,而是努力向产业链上下游延伸,控制原料、拓展销路、提高产品的附加值;(4)需要有实力突出的专业合作社主导和政府有关部门的支持。同业型联合社主要有两个优点:一是能够在短时间内达到较大的规模,影响当地某一种农产品的供给,形成一定的市场垄断势力,改善该种农产品的销售价格;二是为联合社以优惠价格购买原料、开办农产品加工厂、打造统一品牌等经营活动奠定了基础。北京密云县板栗合作联社成立前,合作社之间没有信息交流,收购商"看社给价"、压价收购问题严重,相同板栗价格差别高达 0.6~0.8 元/公斤。针对这种情况,2006 年密云县成立了板栗合作联社,先后吸收了全县近百家板栗合作社。在县政府的支持下,板栗联社负责为全县板栗开拓销路、议定价格,并为客户提供冷库和筛选服务,使当地板栗的销售价格比周边产区每公斤高出 0.5 元左右。河北灵寿县中药材联合社是在县政府、县供销社的推动下,于 2012 年 9 月由全县 20 家中药材种植合作社联合成立的。除了按市场价格收购成员合作社的中药材并在年终返利外,该联合社还以银行贷款和成员合作社入股等方式筹集资金建设加工厂,以提高中药材的附加值。

(二)异业型联合社(范围型联合社)

异业型联合社是目前种植蔬菜、水果等农产品并开展社区销售的专业合作社组建联合社的主要方式。专业合作社生产的蔬菜、水果等农产品一般只有有限的几个品种,且具有很强的季节性,消费者对农产品的需求却具有多样化、不稳定性,因此单个合作社在开展社区直销时,提供的蔬菜、水果等无法满足社区居民的消费需求。异业型联合社正是为了提高多样性、平滑季节性而出现的不同种类专业合作社之间的联合。异业型联合社的特点包括:(1)主要从事蔬菜、水果类农产品生产销售;(2)核心成员合作社毗邻社区消费市场,并借助"农社对接""农校对接"等打造了自己的终端销售渠道;(3)注重打造品牌,并将各个成员合作社的农产品细分,进行差异化销售;(4)经营收益主要靠核心成员合作社的蔬菜、水果等,外围成员合作社的收益相对较低。异业型联合社不仅能够满足消费者对农产品的"一站式"购物要求,还可以摊薄运营成本、创立联合品牌、提高组织效益。在湖北通山县九宫绿园种养殖联合社成立之前，虽然10家成员合作社的农产品覆盖通山县的13个乡镇，涉及猪、牛、兔、茶叶、蔬菜、药材等十多个种养殖品种，但是每个合作社都面临产品种类单一、谈判能力不强、市场销路打不开等难题。各合作社的负责人认识到，单个合作社势单力薄，没有品牌和渠道，在中高端市场毫无竞争力，要实现大发展就需要大联合。因此他们抱团成立了九宫绿园种养殖联合社，并在武汉市区开设了2家社区直销店，主要销售通山县各个专业合作社的农产品。山东省潍坊市然中然农产品专业合作社联合社成立于2010年4月，理事长程金厂为了把本地名特优农产品集中起来打造品牌、进行礼品式销售，依托他领办的绿龙蔬菜合作社，联合16家蔬菜、水果专业合作社发起。虽然目前然中然农产品专业合作社联合社的合作社成员已经达到40家，但是不像九宫绿园种养殖联合社，它没有稳固的销售渠道，只是采购成员合作社的小部分农产品统一包装销售，成员合作社之间的协作非常松散。

（三）产业链型联合社

产业链型联合社是以农业企业为核心，以产业链协作为手段，以提高组织整体的市场响应力和利润能力为目的，在农业企业与专业合作社之间实现的纵向一体化联合。它与同业型联合社、异业型联合社主要是以某个（些）成员社为核心，以扩大单一品种规模或增加产品多样性为目的的横向一体化联合不同。产业链型联合社具有以下特点：（1）当地有资金、有技术、有市场的农业企业牵头成立；（2）企业是农资生产商或农产品加工销售商，需要用产业链一体化来稳定企业的农资销售或者原料（农产品）收购；（3）企业会派出专人负责联合社的运营，为成员社提供技术、资金、信息等方面的服务；（4）当地政府为推动某一产业发展或提高规模化经营程度而支持联合社做大做强。产业链型联合社是"公司+农户"模式的进一步创新，有助于减少成本、保障货源、稳固销售渠道，并且可以克服"公司+农户"的一些缺点。成立于2012年5月的河北省邢台市肉鸡产业联合社，是依托农牧企业华森生物科技公司下设的聚农养殖合作社而成立的。以企业为支撑的联合社拥有技术、农资和销售渠道，不仅能够以优惠价格为成员社统一提供鸡苗、饲料、兽药等，还可以按照协议价格统一回收成员合作社的肉鸡。技术有依托，销路有保障，联合社很快获得了养殖户的认可。截至2013年8月，联合社已辐射邢台市8个县（市、区），拥有养殖户成员375人、合作社成员10家，养殖规模居河北省前列。湖北省武汉市天惠种养殖联合社是由从事生物农药研发、生产、销售的农业企业——天惠生物工程公司为了寻找合适的农资销售对象、建立稳固的产销联盟而牵头成立的。联合社成立后，通过产前农资购买服务、产中农技服务和农业培训、产后销售服务，不断提升"上游标准化生产能力，下游品牌化销售能力"，吸引专业合作社加入。从2012年1月成立至今，天惠种养殖联合社已经在全省范围内拥有种养殖合作社成员102家，整合了50余项绿色、有机产品认证，统一销售的农产品涵盖大米、蔬菜、食用菌、水果、水产、茶叶、蜂产品、畜禽产品等多个品种。

（四）综合型联合社（社区型联合社）

与前面三种类型的联合社主要在经济利益的驱动下进行联合不同，综合型联合社更多是为了提高村域经济活力、改善村庄治理，在政府有关部门的支持下，专业合作社之间的一种全方位联合。这种类型的联合社一般植根于农村社区，成员不仅涵盖专业合作社，还包括规模经营农户、土地股份合作社、资金互助合作社、社区消费合作社等，能够为成员合作社、成员农户提供综合性的服务。综合型联合社的特点包括：（1）立足于传统农村社区，以增加社区成员联系、提高社区经济活力为主要目标，广泛地参与乡村治理和村庄建设；（2）虽然成员合作社都从联合社获得服务，但是它们之间没有利益关系；（3）联合社提供的服务不具有稳定性，会依据市场变化、社区需求临时性地为成员提供灵活多变的生产、生活服务；（4）联合社的业务具有内生性，会根据自身发展需要不断拓展服务范围，而不是单纯地追求组织规模和经济效益。河北省灵寿县青同镇农民联合社是在当地政府支持和供销系统指导下建立的，现有农民专业合作社25个，龙头企业6个，村干部5人，农户社员446名。该联合社主要是借助供销社系统的优势，根据各成员合作社的特点，给予针对性的指导、协调和关键服务。比如，联合社不仅指导一个成员合作社开展成员土地入股和连片流转试点，协助流入土地的成员合作社统一规划，搞农业观光示范园，还推动 5 家养殖合作社和一个养殖企业联合实现"养殖废料再利用",在解决了农村沼气发电时的粪便原料不足问题的同时,还改善了社区的生态环境。与青同镇农民联合社相比,山西省永济市的"蒲韩社区"成立得更早,支持专业合作社发展和村庄治理的作用也更明显。它吸纳了蒲州、韩阳两镇 60% 的农民和大部分农民合作社,不仅重新打造了农资店、红娘手工艺合作社、有机农业联合社等生产经营组织,还置办了妇女读书中心、老年康乐中心、农民培训学校等服务机构,日益发展成为类似日本"综合农协"的地方性农民联合组织。

三 不同类型联合社的运行机制

当前,全国性的联合社示范章程尚未出台,各地在开展联合社建设时,主要参照《中华人民共和国农民专业合作社法》的要求,"摸着石头过河"。这就造成了各个联合社运行机制的差异。根据成员合作社之间"收益共享、风险共担"的程度,每一种类型联合社的运作机制都可以分为两种:紧密的产销一体化同盟和松散的代买—代卖关系。

(一)紧密的产销一体化

紧密的产销一体化运营,一方面要求联合社为各个成员合作社产前、产中、产后提供服务,并且有严格的民主决策程序和完善的"收益共享、风险共担"机制来保障成员合作社的利益;另一方面要求成员合作社接受联合社章程约束,参与联合社的经营管理,对联合社的发展负有一份责任。在紧密的产销一体化同盟中,专业合作社如同企业中的生产车间,主要负责为联合社生产安全优质的农产品,联合社则如同企业中的营销、技术部门,负责为各个成员社提供产前、产中、产后服务。各地联合社的情况表明,虽然同属紧密的产销一体化,但是不同类型的联合社运行模式仍有一些区别。根据联合社的类型,产销一体化可以分为同业型、异业型、产业链型和综合型四种。

同业产销一体化主要是联合社在产前以更低价格统一为成员社购买农资、设备等物品,在产中负责技术指导和疾病、疫病防治,并对收获后的达标农产品以统一价格收购和组织销售。联合社的经营收入主要来自以更低价格购买原料、农资以及从规模销售中获得的返利。在扣除经营成本和发展基金后，联合社的盈余按交易量和出资额分配给成员合作社。这样的运作机制常见于养殖联合社和规模化粮食生产联合社，如辽宁省西丰县的众合肉鸡联合社、山西省晋中市的犇牛奶牛联合社、黑龙江省讷河市的大豆联合社等。

异业产销一体化涉及多个农产品品种，其运营主要表现为在共用品牌和销售渠道方面，对不同成员合作社的产品经营收益分别核算。联合社的收入主要由两部分构成：一是销售成员合作社农产品获得的提成；二是借助联合社自有销售门店代销其他专业合作社的产品获得利润。在扣除经营成本后，联合社再根据每个成员合作社产品交易资金比例进行二次分红。江苏省扬州市的苏合润泽销售联合社、湖北省通山县的九宫绿园种养殖联合社就是这类联合社的典型。

产业链产销一体化也就是联合社内部的订单农业，运营机制为：领办企业或核心合作社与成员合作社签订种苗、农资和产品回收协议，以技术支持、质量管理、风险控制等手段保证成员合作社的产品达到要求，以高额的协作收益保证产业链行动的一致性。为了稳定联盟，领办企业一般会要求新加入的成员缴纳保证金。在这种模式下，联合社的经营收入主要来自链条各环节有效的协作带来的成本降低，如河北省邢台市聚农养殖联合社。

综合产销一体化的联合社一般不涉及成员社的具体生产，其主要职责是在农资购买、技术培训、产品销售、社区生活等多个方面为成员合作社提供社会化服务。联合社的收入主要来自其作为成员合作社和社区的统一代表与农资销售方、农产品收购方等谈判价格获得的中介服务收益。在扣除各项开支后，联合社的经营收入大部分用于农民培训、社区建设等方面，以巩固联合社的凝聚力。山西省永济市的"蒲韩社区"是这种运作模式的代表。

（二）松散的代买—代卖合作

松散的代买—代卖是指联合社通过不具有严格约束力的合作协议，或向成员合作社提供种苗、农药、肥料等农资，或收购成员社的农产品进行加工或转手销售。在这种运营模式中，联合社是成员合作社部分产品的销售服务代理或者中间经销商，主要以购销差价或者下游收购企业的返利获得收益，经营收入一般不会在成员合作社之间二次分配，很少或完全没有建立"收益共享、风险共担"的利益联结机制。因此，联合社更像是一个合作社联合会或合作社协会，合作双方随时都可能单方面毁约，且不会遭受相应惩罚。不过，代买—代卖式合作利益关系简单，组织成本和运营成本都较低，是目前联合社比较普遍的运行模式。根据联合社的类型，代买—代卖也可以分为同业型、异业型、产业链型和综合型四种。

在同业代买—代卖模式中，联合社把多个专业合作社联系起来，然后作为统一的原料采购和产品销售代表，与农资商或收购商进行谈判。联合社的规模大、谈判能力强，更容易获得地方政府的支持，因此可以有效降低成员合作社的生产经营成本、提高产品销售效益。虽然联合社主要通过农资商或收购商的利润返还或服务费来获得运营资金，如四川省宁南县的蚕业联合社、河北省灵寿县的中药材联合社等，但是联合社的经营收入并不会返还给成员合作社。在政府支持力度较大的地方，联合社的主要职责是搭建统一采购和销售平台，并不参与各个专业合作社的生产运营，具有很强的行业协会性质，如北京市密云县的板栗联社、湖北省武汉市黄陂区的蜂业联合社等，联合社的服务费收入与成员合作社没有关系。

在异业代买—代卖模式中，联合社本质上是经销商或专业合作社为了扩大农产品销售的种类、获得多样化经营效益，而与其他专业合作社达成某种形式的联合，以协议价格采购后者的农产品，进行打包销售的运行模式。经销商或牵头人扮演着各个成员社经销经纪人的角色，他们既难以完全包揽成员社的产品销售，也无法实现各成员社之间真正的抱团经营，实际运行中更像是一个松散的专业合作社联合会。山东省潍坊市然中然农产品专业合作社联合社、北京市延庆县北菜园农产品联合社都采取了这种运作模式。

在产业链代买—代卖模式中，联合社主要作用有两个：一是帮助农资生产企业稳固产品销售；二是帮助农产品加工企业保障原料来源。联合社的收益一方面来自企业的农资销售，另一方面来自企业对农产品的品牌化包装和专业化营销。由于联合社参与双方的市场地位、经营能力不同，企业会保留大部分的联合收益。虽然这种运行模式有助于形成稳定的原料供应和产品销售关系，改善成员合作社的生产经营效益，但它无法消除农业企业与成员合作社之间的利益冲突。这种情况在湖北省武汉市新洲区水产养殖联合社表现得比较明显。

在综合代买—代卖模式中，联合社立足于农村社区，依靠熟人社会网络减少交易成本，依托不同类型合作社开展全方位代买—代卖服务，可以看作在农村集体经济服务组织职能弱化的背景下，农业生产和村域经济发展中"统"的职能发挥的一个途径。与综合产销一体化不同，综合代买—代卖模式下的联合社主要为社区农户的农产品销售与粗加工、土地流转等提供服务，而并不过多干涉所在社区农户的生活，因此与社区农户的联系相对松散。

四　当前联合社面临的问题

目前，联合社在一些地区刚刚起步，发展中还存在诸多困难和问题，主要体现在"三不足，四缺乏"。

一是政策支持不足。虽然国内已有不少省份出台了联合社的登记管理办法，如湖北省、山东省、天津市、河南省等，但是还有许多地方尚无这样的政策法规，联合社面临着注册登记的难题。这样的问题来源于当地政府认识的不足，不少地方政府认为合作社做好自己的业务就行，没必要进行联合经营。此外，各地还缺少针对联合社发展的扶持政策。在对合作社支持上，许多地方政府出台了各种各样的鼓励办法，如示范社、优秀社的评比资助，政府担保贷款等。然而，在支持联合社的发展上，却未见到类似的鼓励政策。

二是联合认识不足。联合社成立的方式一般分为政府推动型与市场自发型两种。政府推动型的如河北省平乡县、河北省灵寿县的联合社，市场自发型的如武汉市的天惠种养殖联合社、山东省临朐县的志合奶牛专业合作社联合社。这两类联合社都存在对联合认识不足的问题，其中以政府推动型的联合社对联合的认识尤为模糊。联合之后做些什么是许多联合社困惑的地方。更有甚者，有些合作社还不知道为什么要成立联合社，认为这是政府推动的一个项目，加入联合社仅仅是为了获得政府的扶持；也有的合作社还担心加入联合社后会被"吞并"，丧失自主权。

三是发展能力不足。大多联合社仍停留在组织创建的初级阶段，日常工作仅仅是成员社之间的信息沟通与农资、产品转售，较少有联合社制定了清晰的发展战略规划，从成立起就表现出发展能力不足的特点。这种情况在松散的代买—代卖型联合社中尤其突出。以邢台市邢都养殖农民专业合作社联合社为例，联合社理事长坦言，"的确不知道联合社未来该如何走，对联合发展方向较为模糊"。再比如山东省潍坊市然中然农产品专业合作社联合社，截至2010年，在成立不到三年时间里，就已经在走下坡路了。

四是内部管理缺乏规范性。联合社是合作社的"联合"，理应按照民主决策的方式进行日常工作的管理。但是许多联合社还尚未建立"民主管理"机制。一方面，当前合作社的联合一般呈现出"中心社—外围社"的形态，联合社的管理时常出现由某一个合作社或中心社"说了算"的情况。这也导致许多合作社理事长认为联合社就是其中某一家合作社的，自己仅仅是"俱乐部"的一名参与者。例如在考察河北省邢台市肉鸡产业农民专业合作社联合社时，许多成员社认为联合社就是中心社——聚农养殖专业合作社办的。另一方面，大多联合社成立之初虽然设立了相应的章程，包括组织的财务、收益分配等制度。然而，在实际中却很少有联合社建立了相应的财务结算和收益分配机制。从组织模式上看，联合社更多像是一种合作社联合会或合作社协会。

五是利益联结缺乏机制。仅有组织形体，没有运行实质是许多联合社的通病。当然，也有不少联合社开展过一些实质性的工作，如农资购买和产品转售，但是这种联结却非常松散。当前联合社的联合形态比较松散，原因在于联合社内部缺乏紧密的利益联结机制。首先，很少有联合社采取合作社入股入社的联合方式，联合社内部没有建立成员社之间股权合作的机制。其次，许多联合社尚未建立独立的账户，更没有成员社之间的交易记录，也没有形成成员社之间收益的二次返还。很少或没有联合社建立"收益共享、风险共担"的利益联结机制。

六是壮大发展缺乏资金支持。一方面，联合社的日常管理，产品的统一加工与统一包装等需要大量的资金支持。以山东省潍坊市然中然农产品专业合作社联合社为例，联合社采用蔬菜精包装、统一品牌、联合销售的合作办法，但是在门面选择、产品包装上要花费不少的费用。为解决这个难题，理事长四处借钱，造成联合社大量的负债。再以山东省潍坊市临朐县志合奶牛专业合作社联合社为例，当前各合作社的厂房、机器大多破旧原始，联合社打算改造厂房、更新机器，却缺乏资金，为此事联合社自成立以来一直在发愁。另一方面，许多联合社仅仅是名义上的联合，既没有建立专属联合社的资产，也没有活动经费，造成了大多联合社无法正常开展日常管理活动。

七是经营管理缺乏人才。人才匮乏是专业合作社面临的普遍问题，更是联合社面临的重大问题。相比合作社而言，联合社更需要懂经营、懂管理、懂销售、懂市场的综合型人才。然而，绝大多数联合社的管理人员很难满足这一要求，再加上资金的约束，联合社较难从市场上聘请到高素质的管理人才。另外，不少联合社还缺乏专职的管理人员，这些联合社负责日常工作的人员多是中心社或某一个合作社的工作人员，而且大多属于临时工。既无高素质的管理人才，又缺专职的管理人员，是当前联合社发展中人力资源状况的真实写照，也是谋求发展的殷实期待。

五 联合社发展的对策建议

引导农民专业合作社以产品和产业为纽带开展合作与联合，是2017年中央一号文件提出的新要求，是提高专业合作社经营效益和发展能力的有效途径，是壮大农业产业的重要推手，是增加农民收入的重要举措。为了支持联合社发展，需要重点改善农民专业合作社联合社的登记注册政策环境，政府部门要出台专门针对联合社的奖励、补贴、融资、税收等方面的政策。针对联合社发展过程中存在的主要问题，现提出以下对策建议。

（一）提高思想认识，切实把"联合社"纳入"培育新型农民合作组织"工作中

联合社是农民专业合作社发展到一定阶段的产物，有利于解决单一且

"小专业合作社"难以面对"大市场"的矛盾,是推动农村发展、增加农民收入的有效组织载体。提高社会各界对"联合社"的思想认识非常必要。切实加强组织领导,把"联合社"纳入"培育新型农民合作组织"工作中,作为创新农业生产经营体制,稳步提高农民组织化程度的重要内容,尽快出台推进联合社发展的具体方案。加大宣传力度,利用网络和其他媒体加强联合社精神和政策的解释和宣传,扩大社会影响,争取更多理解和关心。重视调查研究,深入实际、深入基层、深入群众,及时总结推广各地联合社发展的好经验、好做法,重点研究影响联合社运行的突出困难和问题。

(二)建立培训机制,提升联合社合作发展意识

联合社是一个新事物,需要时间进行逐步的学习与了解。合作社对联合社的认识不足主要源于对新事物的陌生。因此,政府部门有必要建立相应的培训机制,如通过农业培训学校举办合作社培训班,印发联合社宣传册,向各合作社讲解联合社的由来以及联合的优势,让群众充分了解什么是联合社,如何联合以及未来如何发展。群众只有了解了联合社,形成了正确的认识,才能充分发挥群体智慧推动联合社的发展。

(三)营造学习环境,强化联合社发展能力

加强沟通交流,强化学习是拓宽联合社发展思路、增强发展能力的有效途径。政府部门要积极为联合社搭建学习平台,为联合社之间创造更多的交流与沟通的机会。比如通过典型宣传、实地考察学习、举办联合社展览会、产品推荐会等形式,加速联合社之间的交流,拓展联合社视野,为联合社形成发展思路、增强发展能力营造环境。

(四)出台鼓励政策,引导联合社规范管理

当前政府针对合作社,开展了国家、省、市、县各级示范社评比工作,在促进合作社规范化管理中收到了不错的效果。因此,在规范联合社发展过程中,政府可效仿合作社的办法,在全国范围内开展联合社"示范社"评比工作。地方政府可根据当地实际自行制定出联合社评比的考核办法,

着重将规范化管理纳入考核指标之列，并赋予较高的考核权重。通过政策的吸引、鼓励，逐步引导、推进联合社的规范化管理。

（五）加强指导服务，扶持联合社建立利益联结机制

利益联结机制是联合社有效运转的重要因素。相比合作社而言，联合社是更高层次的合作，联合社的利益联结机制也会比合作社更为复杂与重要。政府部门要对联合社加强指导服务，帮助联合社建立紧密的利益联结机制。以湖北省武汉市新洲区首佳水产养殖联合专业合作社为例，在湖北省农业委员会的指导下，该联合社构建了成员社股金合作的产权结构，同时也建立了联合社单独的财务核算单位，从而搭建了联合社紧密的利益联结机制。

（六）提供资金支持，增强联合社联合发展能力

提供信贷支持是推动联合社发展，增强其发展活力的重要保障。加大对联合社的财政扶持力度，设立联合社专项扶持资金，主要用于支持联合社厂房建设、机器购买以及产品加工等。为联合社提供信贷扶持政策：一是要强化金融扶持，在财政支持下建立担保公司，为专业合作社提供贷款担保；二是建立健全联合社与成员社的信用档案，在信用评定基础上对联合社开展授信；三是有条件的地方予以联合社贷款贴息。

（七）强化人才培养，培育联合社市场开拓能力

支持联合社培养引进经营管理、市场营销人才，提高联合社产品变商品、商品变名品的能力。依托现代农业人才支撑计划、"阳光工程"培训以及专业合作社人才培养计划，主要采取集中学习、考察观摩、专家指导等方式，重点培训专业合作社市场营销人员。采取优惠政策，支持联合社引进专业管理人才与专业营销人才。探索在联合社设立"职业经理""市场营销经理"等岗位，将其纳入"大学生村官"计划，吸引大学毕业生到联合社从事内部管理与市场营销工作。

The Survey Report of the Farmers' Cooperatives Unions

Research Group of Cooperative Research Institute of China in Renmin University

Abstract: Using the "re-cooperate" to set up cooperatives unions is an important way for farmer specialized cooperation to improve the operation scale and market competition level. Nowadays the China' cooperatives unions could be divided to four types which are the same-industry, the differ-industry, the industry-chain, and the comprehensive type. In the meanwhile, it has formed two functional systems which mean the close production and sales unification alliance and the loose purchase or sale agency association. Mainly for solving the problems of china's cooperatives unions, we should aim to strengthen the policy supports and guidance from the following aspects: raise awareness of thoughts, build the training mechanism, create learning circumstance, make up encouraging policy, enhance guidance services, provide fund support and reinforce the talented person cultivation.

Key words: farmers' cooperatives union; re-cooperate; production and marketing alliance; agency purchase and sale cooperation

合作社正规金融机构信贷获取状况调查报告

毛 飞 陈江蔼

摘 要 基于8省18个县196家合作社的数据，本文统计分析了合作社正规金融机构信贷情况，研究发现：虽然有半数以上的合作社向正规金融机构申请过贷款，但只有不到半数的合作社获得过正规金融机构的贷款。约有1/3的合作社仍面临信贷约束。从获批贷款情况来看，社际间在贷款额度、贷款审批时限等方面差异巨大。合作社所获单笔贷款额度与贷款审批时限之间存在显著正相关关系。贷款额度越大，贷款获批到核发时间差越大。正规金融机构一般提供1年期或半年期贷款，贷款期限一般不超过3年。从2011年至2014年，合作社从正规金融机构获取的单笔贷款额度有所上升，单个合作社年贷款额度也在不断提升。在贷款申请主体方面，半数以上获批贷款申请主体为个人而非合作社。在贷款用途方面，借贷资金主要被合作社用于农资采购；其次被合作社用于设施建设与设备购置。在贷款逾期方面，合作社贷款逾期未偿还比率为3.73%。由于存在"金融机构通过每年让贷款对象重新签订新的贷款合同并缴纳上年度贷款利息的方法从账面上将逾期贷款转化为正常资产"的情况，合作社贷款逾期未偿还比率可能被低估。金融机构对合作社贷款有要求预留风险准备金和先行扣息

---

* 本研究系国家社科基金青年项目"农民专业合作社融资创新理论与实践研究"（批准号10CJY043）阶段性研究成果。

** 毛飞，中国人民大学农业与农村发展学院讲师，研究方向为合作金融；陈江蔼，北京工商大学商学院本科生。

的情况。

关键词 合作社 正规金融机构 信贷获取

2007年7月1日,《中华人民共和国农民专业合作社法》正式实施,对全国各地农民专业合作社的发展壮大起到了极大的促进作用。截至2016年6月底,全国依法登记的农民专业合作社达到166.9万家,实有入社农户约占全国农户总数的42.7%。① 农民专业合作社是连接"小农户"与"大市场"的有效载体,有利于提高农民组织化水平、增加农民收入、推动农业产业结构优化升级。然而,农民专业合作社在实际运行发展中也遇到了一系列问题,如规模总体偏小、内部制度不健全、扶持优惠政策落实不到位等。其中,融资困难特别是正规信贷融资困难成为制约农民专业合作社进一步健康发展的重要因素。为深入分析我国农民专业合作社融资获取及其影响因素,"农民专业合作社融资创新理论与实践"课题组于2014年6~9月对全国220家合作社进行了典型调查与半结构式访谈。本文基于此次调研对合作社的正规信贷获取情况进行了统计。

一 样本选择与调查方法说明

课题组根据所在单位已积累的近300余家合作社的较翔实资料,在考虑区域分布、所经营产品类型、所处发展阶段、规模特征等因素基础上,采用判断抽样的方法,在全国选取了四川、贵州、广东、浙江、江苏、山东、山西、河南等8省18个县的220家组织结构和规章制度较为健全且运作模式比较成型的合作社作为调研对象。并于2014年6月8日~9月2日对这些合作社进行了一对一的典型调查和半结构式访谈。为了保证问卷调研质量,课题组要求每位参与调研的人员必须选择社长作为调研对象,且每天必须对调研问卷和获取的资料进行审查与梳理。本次调研共收集到202家合作社的资料。课题组已完成对这些调研问卷和资料的二次审查和录入工作,并对30余份个别信息存在前后矛盾的问卷进行了电话回访。另外,对6份信

---

① 《2016年农业部关于农民合作社的最新政策指示》,土流网,http://www.tuliu.com/read-40224.html,2016年8月25日。

息缺失比较大或者前后信息存在较大差异的问卷进行了剔除处理。课题组共获取有效问卷196份。

二 合作社基本情况

（一）地区分布、存续时间与是否为示范社

本研究对调研的196家合作社的数据进行分析。其中，浙江省41家（舟山市23家，衢州市18家），江苏省26家（苏州市24家，常州市2家），贵州省30家（遵义市30家），四川省28家（广元市28家），广东省4家（惠州市4家），河南省25家（漯河市11家，洛阳市7家，信阳市7家），山西省22家（运城市22家），山东省20家（潍坊市20家）。截至2014年8月，被调研合作社平均存续时间（见表1）已达5年以上。各个合作社之间差异很大，最长的合作社已存续时间已达20年，最短的才存续3个月。总体来看，被调研合作社的存续时间较长，这与课题组的抽样方法有关。被调研合作社注册资金与社员土地经营总面积的具体分布情况详见表1。

表1 合作社现有注册资金、存续时间与土地经营总面积分析

项目	均值	标准差	最小值	最大值	百分位数		
					25%	50%	75%
现有注册资金（万元）	204.713	323.477	0.13	3000	35.5	100	285
已存续时间（月）	62.403	36.615	3	241	37.5	59	76.5
土地经营总面积（亩）	2776.902	5397.632	7	43000	300	1115	2760
项目	最小四位数			最大四位数			
现有注册资金（万元）	0.13	0.15	0.2	1	1099.7	1202	2000	3000
已存续时间（月）	3	8	9	10	190	195	232	241
土地经营总面积（亩）	7	20	20	21	23470	30000	32150	43000

注：截至2014的8月，社员土地经营总面积的观察值共184个。

189家合作社[①]中，分别有12家、57家、50家、31家合作社为国家

---

① 196家合作社中有7家合作社在有关"是否是政府认定的示范社"方面信息缺失。

级、省级、市级、县级示范社①，分别占 189 家合作社的 6.3%、30.2%、26.5%、16.4%。另有 39 家非示范社，约占 189 家合作社的 20.6%。

（二）现有注册资金与土地经营总面积

被调研合作社的现有注册资金平均为 204.713 万元，但是彼此之间差异巨大，最少的现有注册资金仅有 1300 元，最多的可达 3000 万元，约 50% 的合作社现有注册资金达到或超过 100 万元。然而，值得注意的是，合作社现有注册资金在统计上并没有一套统一、规范的标准和流程，并且登记时在很多地区基本不存在验资问题，② 因此，各个合作社之间现有注册资金的统计口径存在极大差异。例如，有些合作社现有注册资金仅限合作社（甚至是个别社员）自有资金或股金，而有些合作社的现有注册资金既包括合作社（甚至是个别社员）购买的机械设备原值，又包括社员的林木果树价值，甚至还包括社员的土地折价。另外，还有一个现象值得关注，有些合作社将现有资金注册登记以后，便很快将这笔注册资金重新分发给社员。按照《中华人民共和国公司法》的规定，这种行为属于抽逃注册资金行为，是不合法的。当然，《中华人民共和国农民专业合作社法》并未作此规定。由以上情况可以看出，部分合作社实际上并不拥有集体资产，社员间的金融资本合作需求并不强烈。

被调研的 184 家种养合作社③中社员土地经营总面积平均约为 2776.9 亩，社际间差异巨大。有些合作社社员土地经营总面积可达 43000 亩，而有些合作社社员土地经营总面积仅 7 亩。这种差异主要与合作社发展程度、所处区域、社员规模、经营的产品类型和经营的主要业务范围等因素有关。例如一些经营观赏鱼或者高品质茶叶、兰花的合作社，以及一些由经纪人或者加工商组成的合作社，社员土地经营总面积往往很小。

（三）发起人与主要产品类型

被调研的 196 家合作社，就发起主体而言，多户共同发起的合作社占比

---

① 单个合作社可以同时属于好几个级别的示范社，本课题组仅统计合作社荣获的最高示范等级。
② 浙江和广东一些地区对合作社注册资金的管理相对来说比较严格，注册时往往需要验资。
③ 仅限种养合作社，不包括单纯的农机合作社、资金互助合作社、手工艺品合作社、经纪人合作社和劳务合作社等。

最高，占被调研合作社总数的61.22%。其次是以个人名义发起成立的合作社，数量占被调研合作社总数的25.51%。而机构发起成立的合作社数量仅占被调合作社总数的13.17%，其中，村委会发起成立的合作社在机构发起成立的合作社中数量最多，占机构发起成立合作社总数的57.4%。以上数据充分表明，绝大多数合作社是从村社内生出来的。被调研的196家合作社经营的主要产品类型不仅涉及农产品，还涉及服务领域产品，诸如农机服务、资金互助服务、劳务合作、休闲观光旅游等。合作社经营的农产品种类繁杂，几乎涉及种养业的方方面面，但主要是以瓜果和蔬菜为主，其次是粮油和畜禽产品。合作社的发起主体及经营的主要产品类型情况详见表2与表3。

表2 合作社发起主体分析

发起人	个人	多户共同	村委会	农业企业	供销社	总计
家数（家）	50	120	15	7	4	196
百分比（%）	25.51	61.22	7.56	3.57	2.04	100
累计百分比（%）	25.51	86.73	94.29	97.86	100	

注：一家村委会与多户共同发起并入村委会，一家企业与多户共同发起并入企业。

表3 合作社经营的主要产品类型分析

主要产品类型	粮油	瓜果	蔬菜	花卉	林产品	畜禽产品	水产品	其他农副产品	服务类产品
家数（家）	22	55	66	5	9	24	9	38	11
百分比（%）	11.22	28.06	33.67	2.55	4.59	12.24	4.59	19.39	5.61

注：(1) 其他农副产品主要包括茶叶、烟草、中草药、棉花等，服务类产品主要指农机服务、资金互助服务、劳务合作、休闲观光旅游等；(2) 共有41家合作社经营两种及以上类型的产品，约占被调研合作社总数的20.92%。正是由于存在这一情况，所以上表中合计家数和百分比分别超过196家和100%。

（四）合作社理事长基本情况与社会资本状况

193位现任理事长[①]中，女性仅有20位，占被调研理事长总数的10.36%。8位现任理事长并非合作社发起人，占被调研理事长总数的4.15%。合作社理事长的平均年龄约为47岁，最大70岁，最小25岁。约

---

① 196家合作社中，有3家合作社理事长信息缺失。

有 50% 的合作社理事长年龄在 47 岁及以下。合作社理事长文化程度总体较高，66.33% 的理事长拥有高中及以上学历，仅有 5.18% 的理事长拥有小学及以下学历。合作社理事长年龄及文化程度的具体分布情况见表 4。

表 4　合作社理事长年龄及文化程度分析

项目	均值	标准差	最小值	最大值	百分位数		
					25%	50%	75%
	47	9.3	25	70	41	47	52
年龄	20～30	30～40	40～50	50～60	60～70		总计
频数（人）	13	34	81	52	13		193
有效百分比（%）	6.74	17.62	41.45	26.94	6.74		100
累计百分比（%）	6.74	24.35	66.32	93.26	100		
文化程度	小学及以下	初中	高中	中专	大专	本科及以上	总计
频数（人）	10	55	65	22	29	12	193
有效百分比（%）	5.18	28.50	33.68	11.40	15.03	6.22	100
累计百分比（%）	5.18	33.68	67.36	78.76	93.79	100	

注：按截至 2014 年 8 月的年龄为准，共统计了 193 位理事长的年龄。

理事长的社会网络资本方面，有如下几种表现：(1) 有亲朋在政府、金融机构工作的理事长占比很低。约有 25% 的理事长有亲戚、朋友在政府工作，约有 13% 的理事长有亲戚、朋友在金融机构工作，约有 36% 的理事长有亲戚、朋友经商。(2) 只有不到一半的合作社社长曾经有过外出务工的经历。被调研合作社理事长中有 59.9% 的理事长没有过外出务工经历。(3) 理事长是党员，曾经担任过村干部的比例比较高，有 40.1% 的理事长是中国共产党党员，有 33.8% 的理事长曾经担任过（包括现任）村干部。

三　合作社正规信贷获取情况

（一）合作社申贷、获批情况与获贷合作社年贷款总额

2011 年以来，182 家农民专业合作社[①]中，共有 98 家合作社向正规金

[①] 196 家合作社中，有 14 家合作社有关"合作社正规信贷获取情况"的信息缺失。

融机构申请过贷款，其中共有89家合作社获得过正规金融机构的贷款，分别占被调研合作社总数的53.85%和48.9%。当然，并不是获得过正规金融机构贷款的合作社每一笔贷款申请均获批。2011年以来，89家获得过正规金融机构贷款的合作社共计申请贷款258笔，共获批250笔，获批率96.9%；足额获批242笔，占获批贷款的96.8%。

共有42家合作社面临信贷约束。包括23家正规金融借贷信心不足（担心是非企业法人，难以获得信贷；担心缺乏抵押、质押品，难以获得信贷；担心找不到符合要求的担保人，难以获得信贷；担心没有关系，难以获得信贷）的合作社，2011年以来遭遇过贷款申请未获批或未足额获批情况的10家合作社，5家合作社遭遇过申请过贷款未获批。面临信贷约束的合作社约占有正规金融借贷需求的121家合作社（包括98家申请过贷款的合作社和23家正规金融借贷信心不足合作社）的34.7%。这一比例可能低于其他研究，这与课题组的样本抽样方式有关。被调查合作社申请及获取正规信贷情况详见表5。

表5 被调查合作社申请及获取正规信贷情况分析

申请贷款情况		组织数量（家）	比例（%）	具体情况说明
未申请过贷款		84	46.15	大致可分为5类。第一类为暂无信贷资金需求（合作层次低、组织无盈利项目等）合作社，共20家，约占未申请过贷款合作社的23.8%；第二类为自身资金积累足以应付现有资金需求合作社，共16家，约占未申请过贷款合作社的19%；第三类为有更加便捷的融资渠道（主要源于社员与亲朋）合作社，共9家，约占未申请过贷款合作社的10.7%；第四类为不能接受正规金融机构高昂融资成本（如利率水平高、审批时间长、借贷程序复杂、用款期限短等）合作社，共16家，约占未申请过贷款合作社的19%；第五类为正规金融借贷信心不足合作社，共23家，约占未申请过贷款合作社的27.4%
申请过贷款	获得过	89	48.9	共计申请贷款258笔，共获批250笔，获批率96.9%；足额获批242笔，占获批贷款的96.8%。共有10家合作社遭遇过贷款申请未获批或未足额获批情况，占获得过贷款合作社的11.24%。其中，5家合作社遭遇过贷款申请未获批情况，6家合作社遭遇过贷款申请未足额获批情况（有1家合作社两种情况都遭遇过）

续表

		组织数量（家）	比例（％）	具体情况说明
申请过贷款	未获得	9	4.95	(1) 有2家合作社在调研截止时，贷款申请还在批复中。其中1家依托当地政府的"政银保合作贷款项目"，以合作社名义进行贷款申请，申请对象为农村商业银行，贷款用途为大棚建设，贷款期限为1年，贷款种类为政府政策性担保贷款；另一家则以个人名义进行贷款申请，申请对象为农村信用社，贷款用途为农资购置，贷款期限为1年，贷款种类为抵押贷款 (2) 有7家合作社贷款申请一直未获批准，其中，有3家贷款申请次数累计达4次以上。通过对12笔未获批贷款申请的统计分析可发现，未获批的主要原因包括：50%是因为抵押品和质押品不合格，33.33%是因为组织或个人资信状况差，16.67%是因为合作社企业法人地位不被认可
合计		182	100	

注：被调查合作社正规信贷获取情况与其他一些研究相比较高，这与课题组的样本抽样方式有关。

获得过正规金融机构贷款的合作社在2011～2014年年贷款总额均值除2011年为93万元以外，其他年份均在100万元以上，且有逐年提升趋势。2012～2014年，合作社之间年贷款额度差异巨大，最少为3万元，最多为950万元。从百分位数统计数据来看，单个合作社年贷款额度也在不断提升。本课题组统计的单个合作社年贷款总额可能高于其他研究，这也与课题组的样本抽样方式有关。2011～2014年合作社年贷款总额详见表6。

表6 2011～2014年合作社年贷款总额分析

年份	均值（万元）	标准差	最小值（万元）	最大值（万元）	百分位数		
					25%	50%	75%
2014	133.7	168.2	3	950	30	72.5	197.5
2013	141.4	167.5	3	950	30	100	200
2012	103.7	144.5	3	950	20	50	150
2011	93.0	94.7	5	400	20	50	150

续表

年份	最小四位数				最大四位数			
2013	3	4	5	5	400	500	600	950
2012	3	5	5	5	300	300	400	950
2011	5	5	5	10	260	300	300	400

注：截至2014年8月，2014年共48个观测值，2013年共61个观测值，2012年共58个观测值，2011年共41个观测值。

（二）单笔贷款获批额度与贷款审批时限

课题组共搜集到2011年之前以及2011~2014年共214笔获批贷款的基本情况。其中，2011年之前14笔，占比6.54%；2011年37笔，占比17.29%；2012年58笔，占比27.10%；2013年64笔，占比29.91%；2014年41笔，占比19.16%。214笔获批贷款中有8笔未足额获批。2011年以来获批的200笔贷款，平均获批额度为102.5万元，各笔贷款额度之间差异巨大。单笔贷款额度最少3万元，最多950万元。这几年合作社从正规金融机构获取的单笔贷款额度有所上升。2013~2014年75%的单笔贷款额度由2011~2012年的130万元上升到150万元。50%的单笔贷款额度由2011~2012年的50万上升到55万。被调研合作社2011~2014年所获200笔贷款额度具体情况和贷款审批时限详见表7和表8。合作社单笔贷款审批时限较短，平均为16天。但各笔贷款之间差异巨大，最长的竟达150天。值得注意的是，合作社所获单笔贷款额度与贷款审批时限之间存在显著正相关关系。贷款额度越大贷款审批时限越长（合作社所获单笔贷款额度与贷款审批时限相关性分析详见表9）。

表7　2011~2014年合作社所获单笔贷款额度分析

年份	均值（万元）	标准差	最小值（万元）	最大值（万元）	百分位数		
					25%	50%	75%
2011~2014	102.5	131.7	3	950	20	50	140
2011~2012	91.0	124.7	3	950	15	50	130
2013~2014	112.8	137.6	3	950	30	55	150

续表

年份	最小四位数				最大四位数			
2011~2014	3	3	3	3	400	600	950	950
2011~2012	3	3	5	5	300	300	400	950
2013~2014	3	3	4	5	400	400	600	950

注：截至 2014 年 8 月，2011~2014 年共 200 个观测值，2011~2012 年共 95 个观测值，2013~2014 年共 105 个观测值。

表 8　贷款审批时限与贷款利率分析

项目	均值	标准差	最小值	最大值	百分位数		
					25%	50%	75%
贷款审批时限（天）	16.0	23.2	0	150	3	7	20
单笔贷款预留风险准备金比（%）	9.03	6.83	0.2	25	4	6.67	10
项目	最小四位数				最大四位数			
贷款审批时限（天）	0	0	0	0	90	120	150	150
单笔贷款预留风险准备金比（%）	0.2	0.42	1.19	1.19	20	20	25	25

注：①截至 2014 年 8 月。2011~2014 年共 200 个观测值，2011~2012 年共 95 个观测值，2013~2014 年共 105 个观测值；②单笔贷款预留风险准备金比率观察值为 37 个。

表 9　合作社所获单笔贷款额度与贷款审批时限相关性分析

项目	相关系数（Coef.）	标准误（Std. Err.）	P 值（P>|t|）
单笔贷款额度与贷款审批时限	0.7708781	0.3993053	0.055

（三）预留风险准备金、先行扣息与贷款逾期

2011 年以来，共有 14 家合作社的 37 笔贷款在发放时需要预留风险准备金。14 家合作社占获得过贷款合作社总数的 15.73%，37 笔贷款占 2011 年以来获批的 200 笔贷款总数的 18.5%。从贷款时间看，这 37 笔贷款中，2013 年之前共 21 笔，占比 56.76%；2013 年与 2014 年共 16 笔，占比 43.24%；从贷款来源看，这 37 笔贷款中，共有 27 笔来源于农村信用社（农村商业银行、农村合作银行），占比 72.97%；共 4 笔来源于中国农业银行，占比 10.81%；共 5 笔来源于城市商业银行，占比 13.51%；另有 1 笔来源于交通银行。预留风

险准备金不能被合作社用于投资或收购农产品,只能存放在金融机构里,这实际上是降低了对该合作社的贷款额度。但预留风险准备金仍然摊入贷款总额用于计息,这无疑增加了合作社的融资成本。

2011 年以来,共有 4 家合作社的 11 笔贷款核发时被金融机构先行扣息。4 家合作社占获得过贷款合作社总数的 4.49%,11 笔贷款占 2011 年以来获批的 200 笔贷款总数的 5.5%。其中,1 家合作社的 3 笔贷款核发时被金融机构按贷款利率先行扣息,2 家合作社的 7 笔贷款核发时分别被金融机构以贷款额的 0.2% 和 0.8% 的利率先行扣息,另有 1 家合作社被金融机构以 5000 元定额先行扣息。这实际上是对合作社的一种不合理收费,加大了这些合作社的贷款成本。

课题组所统计的 214 笔获批贷款中有 8 笔逾期未还贷款,逾期未偿还比率为 3.73%。这 8 笔逾期贷款最短的已逾期半年,最长的已逾期 6 年。这里需要说明的是,其中 4 笔逾期未还贷款,金融机构通过每年让贷款对象重新签订新的贷款合同并缴纳上年度贷款利息的方法从账面上将这笔贷款转化为正常资产,而非损失。课题组不能完全确定,这种"坏账转资产"的贷款处理方式是否仅限于这 4 笔逾期未还贷款。也就是说,现实中的贷款逾期未偿还比率有可能更高。2011 年以来获批的 200 笔贷款中,逾期未还贷款共计 4 笔,逾期未偿还比例为 2%,其中 3 笔贷款存在"坏账转资产"的问题,另有 1 笔达成债务重组方案,逾期原因是"大鲵生产周期长"。

(四) 贷款来源、期限、种类、年利率与贷款申请主体身份

金融机构一般提供 1 年期或半年期贷款,贷款期限一般不超过 3 年。2011 年以来获批的 200 笔贷款中,贷款期限为 1 年和半年的贷款分别占 82% 和 7%。仅有 2 笔贷款期限超过 3 年,贷款期限为 5 年。值得注意的是,农村信用社(农村商业银行、农村合作银行)相对其他金融机构来说贷款期限比较多样,涵盖所调研出的各种期限。其中,贷款期限为 8 个月、2 年及以上的贷款除有 1 笔贷款期限为 3 年的贷款来自国家开发银行外,其他均来自农村信用社(农村商业银行、农村合作银行)。此外,贷款期限为 6 个月的贷款主要来自城市商业银行。城市商业银行发放的 6 月期贷款占贷款期限为 6 个月贷款总数的 50%(7 笔),另分别有 28.6%(4 笔)、14.3%(2

笔）和 7.1%（1 笔）来自农村信用社（农村商业银行、农村合作银行）、村镇银行和中国邮政储蓄银行。

从正规信贷的年利率来看，平均年利率为 9.92%，更有超过 1/3 的正规信贷年利率超过 10%，可见农民专业合作社贷款的利息成本仍然不低，这反映出农村金融市场滞后的现状。当然，也能在一定程度上反映出合作社的蓬勃发展，如果没有相当的经营与盈利水平，是无法申请如此高成本的贷款的。

2011 年以来 53% 的获批贷款申请主体为个人，而以合作社名义申请获批的贷款仅占获批贷款总数的 42.5%。另有 9 家合作社则以合作社关联企业名义申请到贷款。关联企业多数情况下与合作社是同一组织。这是因为在现有财务制度环境、经营环境下，公司法人在签署合同、开具发票、贷款可获性等方面优于合作社法人，一些合作社领办人倾向于在合作社成立后在工商部门即注册公司法人又注册合作社法人。当然，也存在个别关联企业是合作社下游加工企业这一情况。需要注意的是，18 笔贷款期限在 2 年及以上的贷款，除 1 笔 2 年期贷款是以合作社名义申请的以外，其他均是以个人名义申请的。贷款来源、期限、种类、年利率与贷款申请主体身份详见表 10。

表 10　2011 年以来获批贷款来源、期限、种类、年利率及贷款申请主体分析

贷款来源	农村信用社（农商行、农合行）	城市商业银行	中国农业银行	中国邮政储蓄银行	村镇银行	其他金融机构	合计
频数	142	19	8	9	6	16	200
百分比（%）	71	9.5	4	4.5	3	8	100
贷款期限	6 个月	8 个月	1 年	2 年	3 年	5 年	合计
频数	14	4	164	8	8	2	200
百分比（%）	7	2	82	4	4	1	100
贷款类型	联保贷款	抵押贷款	信用贷款	第三方担保贷款	有贷款信用保证保险的贷款		合计
频数	19	69	62	39	11		200
百分比（%）	9.5	34.5	31	19.5	5.5		100
贷款年利率	小于 6%	6%~8%	8%~10%（包括 8%）	10% 以上			合计
频数	29	47	54	70			200
百分比（%）	14.5	23.5	27	35			100

续表

贷款申请主体	个人	合作社	合作社关联企业	合计
频数	106	85	9	200
百分比（%）	53	42.5	4.5	100

注：(1) 贷款来源部分。其他金融机构包括中国工商银行（3笔）、中国银行（2笔）、交通银行（1笔）、国家开发银行（3笔）、小额贷款公司（3笔）、浦发银行（4笔）；(2) 贷款类型部分。有4笔贷款，贷款类型并不唯一。其中3笔贷款是社长以合作社名义申请的，金融机构既要求社长提供联保证明，又要求社长提供大棚作为抵押；另有1笔贷款是多户以个人名义共同申请的，金融机构向其中部分贷款户提供信用贷款，同时向另一部分贷款户提供房产抵押贷款。这4笔贷款均统计在"抵押贷款"名下；(3) 贷款类型部分。有贷款信用保证保险的贷款均出现在浙江舟山市普陀区，当地政府于2012年5月在当地开展"渔农村政银保合作贷款"项目。

（五）合作社正规信贷资金使用情况

从贷款主要用途来看，借贷资金主要被合作社用于"统一采购、配送社员需要的种苗和农用物资等"；其次被合作社用于"建设标准化生产基地、建造产品分级仓储场所、购买各类包装和加工设施、购置冷藏保鲜设施和运输设备等"。之后依次是作为合作社"统一收购、销售社员农产品时的流动资金"，作为"合作社日常运作经费""购买大中型农业机具"；另有4.5%贷款被用于其他用途，具体包括偿还往年借款、培育新产品等。被调查合作社正规信贷资金主要用途详见表11。

表11 被调查合作社正规信贷资金主要用途分析

贷款用途	统一采购、配送种苗和农用物资等	建设标准化生产基地、建造产品分级仓储场所、购买各类包装和加工设施、购置冷藏保鲜设施和运输设备等	统一收购、销售社员农产品时的流动资金	合作社日常运作经费	购买大中型农业机具	其他	合计
家数（家）	76	41	37	21	16	9	200
占比（%）	38	20.5	18.5	10.5	8	4.5	100

四 主要结论

本文运用8省18个县196家农民专业合作社的数据，对合作社正规金融机构信贷情况进行了统计分析。研究发现：有半数以上的合作社向正规金融机构申请过贷款，但只有不到半数的合作社获得过正规金融机构的贷款。约有 1/3 的合作社仍面临信贷约束。从获批贷款情况来看，社际间在贷款额度、贷款审批时限等方面差异巨大。合作社所获单笔贷款额度与贷款审批时限之间存在显著正相关关系。贷款额度越大贷款获批到核发时间差越长。正规金融机构一般提供 1 年期或半年期贷款，贷款期限一般不超过 3 年。从 2011～2014 年，合作社从正规金融机构获取的单笔贷款额度有所上升，单个合作社年贷款额度也在不断提升。在贷款申请主体方面，半数以上获批贷款申请主体为个人而非合作社。在贷款用途方面，借贷资金主要被合作社用于农资采购；其次被合作社用于设施建设与设备购置。在贷款逾期方面，合作社贷款逾期未偿还比率为 3.73%。由于存在"金融机构通过每年让贷款对象重新签订新的贷款合同并缴纳上年度贷款利息的方法从账面上将逾期贷款转化为正常资产"的情况，合作社贷款逾期未偿还比率可能被低估。金融机构对合作社贷款有要求预留风险准备金和先行扣息的情况。

The Investigation Report of Access Condition of Cooperatives' Credit from Formal Financial Institutions

Mao Fei Chen Jiangli

Abstract：Based on the data of 196 cooperatives that chosen from 18 counties in 8 provinces, we counte and analyze the cooperatives' credit condition from formal financial institutions then found that more than half of the cooperatives had ever applied for a loan, but less than half of the loan application is approved. About a third of the cooperatives still has a problem in credit constraint. From the approved loan, terms such as loan amount and loan time limit of approval have huge differences among provinces. There is a positive correlation between single loan amount and loan time limitof approval. The time lag between approval and loan originationwould be bigger with the increase of loan amount. Usually, six-month loan and one-year loans are provided by formal financial institutions. Time limit of the loan generally less than 3 years. From 2011 to 2014, both the single loan amount from formal financial institutions and the annual loan amount of single cooperative has increased. In term of subject of loan application, more than half of the approved subject of loan application were individuals instead of cooperatives. In term of loan use, purchase of agricultural means of production is the main use of loan fund, the second is infrastructure projects and equipment purchase. In terms of loans overdue, the overdue outstanding ratio of cooperative is 3.73%. But the financial institutions can transfer the overdue loans into normal assets by signing a new loan contract with borrower annually and charging annual interest. Then the overdue outstanding ratio of cooperative may be underestimated. In some cases, loan risk reserve and first deduction were required by financial institutions.

Key words: cooperative; formal financial institution; credit access

合作社政策

农民合作社联合社扶持政策研究[*]

谭智心[**]

摘　要　联合与合作是农民专业合作社发展的必然趋势。目前我国农民合作社联合社在农资统一采购、集合优质产品资源优势、技术培训、资金互助、产品质量维护、品牌建设、产品统一销售以及市场价格维护方面发挥了积极作用，在发展规模经济、延伸产业链条、服务"三农"、推广先进技术、促进农民增收等方面成效显著。现亟须构建促进联合社加快发展的扶持政策体系。

关键词　农民合作社　联合社　扶持政策

一　研究背景及意义

顾名思义，联合社是合作社之间的联合，是按照自愿、平等、互利的原则组建的经济性组织。农民合作社作为一种联结农户和市场的新型农业经营主体，有效地提高了农民的组织化程度，增强了农户进入市场和参与竞争的能力。然而，我国农民合作社作为弱势群体的联合，自身规模较小、实力较弱、合作方式单一，整体竞争力不强，在市场参与中往往处于不利

---

[*] 本文系国家社科基金青年项目"契约选择视角下的农民专业合作社联合社运行机制研究及其政策设计"（批准号13CJY080）的部分研究成果。

[**] 谭智心，农业部农村经济研究中心副研究员，博士。

地位，严重影响了其功能作用的发挥。这就要求我们不断推进合作社组织制度创新，组建多种形式的联合社，扩大合作社的规模，发挥规模效应，增强合作社在市场竞争中的主动权，最大限度地实现农民成员的经济利益。

（一）研究背景

当前农民合作社正处于由数量化发展向质量化发展的阶段，发展联合社是农民合作社做大做强的现实途径。我国联合社的发展面临着如下时代背景，有着历史的必要性。

第一，发展联合社是做大做强农民合作社、应对市场竞争的内在要求。随着改革开放的深入，越来越多的工商资本和跨国企业进入农业领域，合作社面临的竞争日益激烈，单个合作社难以与之相抗衡。面对这种形势，合作社只有走联合之路，才能有效应对激烈的市场竞争。合作社以产品和产业为纽带开展"再合作"，有助于整合资源要素，形成规模经济优势，更好地实现规模效应。合作社联合起来，能够增强经济实力，更有条件向包装、储藏、加工、营销等领域延伸，拓宽发展空间，增强抗风险能力。合作社抱团发展，可以提高产品和服务的市场占有率，摆脱单兵突进、各自为战、受制于人的困境，提高谈判地位，维护自身权益，实现持续发展。

第二，发展联合社是提高农业组织化程度、构建新型农业经营体系的现实选择。农业组织化程度低是制约现代农业建设的重要因素。近年来，农民合作社快速发展，加强了农民之间的联合，推动了规模经营。但是，多数农民合作社规模还比较小，合作社之间的协同协作机制还不完善，农业组织化程度低的问题还没有得到有效解决。发展联合社，加强合作社之间的分工协作，提供农业生产、市场信息、产品销售等方面的服务，有助于在农业生产经营中实现更广范围、更大程度、更高层次上的联合与合作，形成运行规范、功能配套、优势互补的合作形态，有效提高农业组织化程度，增强农业社会化服务功能，对于加快构建集约化、专业化、组织化、社会化相结合的新型农业经营体系具有重要推动作用。

第三，发展联合社是培育壮大主导产业、建设现代农业的具体举措。发展规模经营，壮大主导产业是建设现代农业的基础。合作社的重要特征是"生产在家、服务在社"，能够坚持家庭经营在农业中的基础性地位，实现了分散农户联合生产、共同经营、统一服务，推动了规模经营。联合社依托当地资源禀赋和产业优势，将关联度密切的合作社联合起来，扩大了优势产业的区域规模，推动了主导产业的培育和发展。同时，联合社为了积极应对市场竞争，在扩大经营规模的基础上主动引进推广新品种、新技术，推行标准化生产，开展产品质量认证，促进了高产、优质、高效、生态、安全农业的发展。

第四，发展联合社是增强行业自律、维护市场秩序的重要手段。公平的竞争环境、有序的市场秩序是社会主义市场经济健康发展的必要条件。目前合作社发展很快，数量快速增长，在同一区域、同一产业形成了多个合作社并存的状况。由于缺乏相应的行业规范，一些地方农民合作社存在竞相压价、无序竞争的现象，影响到产业的健康发展和合作社的发展壮大。联合社的成立，能够使原来合作社之间相互竞争的关系，转变为团结协作、优势互补、合作共赢的利益联合体，共同维护市场秩序、促进公平竞争、保护行业利益、实现行业健康发展。

第五，发展联合社是推进城乡要素良性互动、实现资源均衡配置的有效途径。长期以来，我国资源要素配置整体上向城市和工业倾斜，农村土地、劳动力、资金等要素大量流向工业和城镇，影响了农业和农村发展，导致工农发展失调、城乡发展失衡。联合社在一定程度上突破了乡村的行政区划，打破了行业界限，成为联结合作社与市场、农村与城市的桥梁和纽带，在扩大经营规模、实现范围经济的基础上，增强了经济实力，提高了农业经营效益，有助于吸引城市资金、技术、人才、信息等先进要素进入农业和农村，促进城乡之间资源的良性互动。

（二）研究意义

党的十八届三中全会明确提出加快构建新型农业经营体系，鼓励农村发展合作经济，支持农民专业合作社联合社的发展也是应有题中之义。2013年中央一号文件和2014年中央一号文件分别明确提出"引导农民合作社以产品和产业为纽带开展合作与联合""引导发展农民专业合作社联合社"。走向联合不仅反映了广大农民在更高层次上合作的要求（孔祥智，2012），也是农民专业合作社发展的必然趋势（苑鹏，2008）。我国农民专业合作社研究遵循典型的实践驱动型研究范式，即实践探索→理论阐释→反哺实践（徐旭初，2005）。当前，我国农民专业合作社联合社在基层的实践探索已初见成效，农业部经管总站专业合作处统计数据显示，截至2012年底，全国已成立合作社联合社1万多家，江苏、北京、湖南等8个省份出台的《中华人民共和国农民专业合作社法》配套法规中，都对农民专业合作社成立联合社进行了明确规定。然而，到目前为止，我国关于合作社联合社的理论体系尚未建立，未来针对合作社联合社的指导政策尚未出台，迫切需要进行合作社联合社的理论及实践研究。

第一，从理论价值来看，联合社是更高形式的农民组织形态，它的利益联结机制、运行机制与合作社有着共通性，同时又有着差异性。对联合社的研究有助于我们清晰地认识这一组织形态，揭示出联合社的运行规律，提炼出联合社的发展理论。

第二，从实践价值来看，我国农民专业合作社的发展已经从"数量增加"进入"质量提高"的新阶段。自2007年我国《中华人民共和国农民专业合作社法》实施以来，专业合作社大量涌现。据国家工商总局统计，截至2013年12月底，全国的农民专业合作社达近百万家。虽然实现了数量上的快速突破，但农民专业合作社在发展中仍然面临经营规模较小、发展资金短缺、市场竞争力不足等问题，难以与市场对接，无法获得规模经营优势。越来越多的专业合作社选择以合作与联合的方式，降低交易成本、提高议价能力，实现规模经济、范围经济。总之，农民专业合作社正在从传统合作向新型合作演化，从横向联合向纵向联合转变，从单一功能向多种功能拓展，从农户间互助向合作社间协作迈进。本研究将厘清各种类型合作社联合社发展过程中存在的制约因素，并提出相应的扶持政策，这将有助于认清当前我国各类合作社联合社的发展现状，从而更好地指导我国农民专业合作社联合社的基层实践。

第三，从政策价值来看，近两年，中央政府出台了一系列支持联合社发展的政策文件，一些地方政府也先后出台了支持联合社发展的意见条例和实施办法。例如，天津市为支持联合社发展，出台了《关于促进农民专业合作社联合社发展的试行意见》；湖北省从登记管理工作着手，出台了《关于农民专业合作社联合社登记管理工作的试行意见》，对联合社的设立依据、原则等进行规范；山东省从有效监管和规范化建设出发，制定了《农民专业合作联合社登记管理意见》。此外，其他一些省份也做了相关规定。这些政策法规推动了我国联合社的发展。但是，至今我国都未出台全国性的针对联合社的政策文件。我国农民专业合作社联合社的发展亟须从国家层面出台推进和指导政策。那么，政府应该从哪些方面对农民专业合作社联合社进行指导？采取何种方式进行指导？政府介入的"度"如何？本研究将为未来我国合作社联合社的发展政策制定提供研究基础。

二 文献回顾

我国关于合作社联合社的研究出现在20世纪80年代，主要研究领域包括供销合作联社和信用合作联社，关于农民专业合作社联合社的研究则兴起于2007年《中华人民共和国农民专业合作社法》颁布实施以后。目前关于农民专业合作社联合社的研究文献还十分匮乏，已有的文献主要集中在以下几个方面的研究。

一是对联合社本质的研究。如蒋晓妍（2010）认为联合社作为一种制度安排，其产生与发展是我国农村经营制度在农业产业化经营实践中具有时代性的制度变迁与创新。张娟（2012）指出联合社是在农民专业合作社发展以后，应农民专业合作社发展需求而形成的，是一种自下而上的变迁过程。与单个合作社相比，联合社的制度安排使得整个社会福利得到帕累托改进。制度经济学的理论可说明联合社的制度变迁路径。苑鹏（2008）的研究认为合作社联合社是合作社发展到一定阶段的产物。广大弱势小农为了降低交易成本、实现规模经济、改善市场地位、提高市场竞争力，组成了合作社。与小农分散独自进入市场相比，合作社有着明显的优越性；但是，与其他市场主体例如大公司相比，合作社的竞争力量仍然有限。随着外部市场竞争的不断加剧和合作社业务的不断扩大，合作社之间存在着联合起来、进一步提升市场竞争力、降低经营成本的内在动力。储成兵（2011）认为农民专业合作社联合社作为一种制度安排，其产生与发展是我国农村经营制度在实践中的制度创新，兼具盈利和公益两种属性的特殊法人，无论是哪一类型的法人都无法将农民专业合作社联合社涵盖进去。

二是对联合社的生成路径研究。张娟（2012）分析了联合社的制度生成路径，指出在制度变迁的初始阶段，农民专业合作社是第一行动集团，潜在的利益推动制度变迁集团；地方政府是诱致性制度变迁的突破口，其发现潜在收益并转换角色，制度变迁表现为中间扩散；中央政府成为主导，继续推动制度变迁。蒋晓妍（2010）比较了"自上而下"和"自下而上"两种联合社生成路径，认为与"自下而上"相比，"自上而下"的发动方式比较迅速，但依此组建的联合社容易变质，上下级之间领导与被领导的关系明显，若依"自上而下"的形式组建合作社联合社，可能得到事倍功半的结果，不仅不能促进联合社健康、有效地运转，还可能导致行政干预色彩过浓，违背了合作社联合社自由、民主的基本原则。"自下而上"地组建合作社联合社，更符合我国农民人口多、农产品地域差异明显的现实国情。针对不同地区不同产品，基层社组建符合地方特色产业的联合社，发挥资源优势，协调和整合基层社之间的矛盾和冲突，在更大范围内实现规模经济，促进农民增产增收。周振和孔祥智（2014）则围绕同业与异业两种联合社形态，以"组织化潜在利润—合作社产品异质性—谈判成本—合作社制度创新"作为研究主线，对这两类联合社的不同制度变迁生成路径进行了理论解释，得出了如下结论：当存在联合的潜在利润时，产品同质性的合作社群体联合谈判成本相对较低，更容易发生诱致性制度变迁从而生成同业联合社；产品异质性的合作社群体，由于产品的差异容易导致合作社之间利益需求的不集中，自发联合的谈判成本过高，从而很难自发形成联合社，一般要在政府或公共部门的干预下，通过强制性制度变迁的方式生成异业联合社。周振和孔祥智（2014）进一步指出，合作社在自我组建联合社时难免会遇到"谈判成本"的阻挠，尤其是在产品异质性的合作社群体之间，因而公共部门应针对有需求的合作社群体，扶助他们组建联合社。这些研究为我们分析联合社的生成路径都提供了较好的借鉴作用。

三是对联合社作用的研究。如苑鹏（2008）认为成立联合社，不仅可以通过横向一体化实现规模经济、范围经济，并最大限度地降低合作社的交易成本、提高议价能力，改善为社员的服务，解决合作社依靠自身力量无法解决的问题，而且可以促进纵向一体化经营，向农产品深加工领域延伸，扩大合作社的业务范围，巩固和增强合作社的市场地位。苑鹏（2008）

以北京市密云县奶牛合作联社为例，指出联合社在降低合作社的交易成本、提高议价能力、改善社员服务方面能发挥积极的作用。他进一步指出走向联合是农民专业合作社发展的必然趋势。

四是对联合社发展中现存的问题研究。我国农民专业合作经济组织发展历史较短，仍处于发展的初级阶段，在这种基础上组建的农民专业合作社联合社更是处于起步阶段，可以说是一个新生事物。虽然近年来我国的农民专业合作社联合社有了一定的发展，但从整体上来看，还不成熟、不完善。李敬锁（2011）的研究指出，我国联合社首先突出的问题是运行机制缺乏规范，当前，我国大部分合作社合联社是由包括基层政府、农业部门、供销社、科协和涉农企业等牵头组建的，而由农民专业合作社自己联合创建的只占少部分，甚至是很少一部分，这就导致了农民的主体地位受到削弱。虽然在合作社联合社章程中明确规定以基层合作社为基础，但实际有发言权的并不是普通农民和基层合作社，而是牵头办合作社联合社的政府部门、龙头企业或者核心合作社。在此情况下，合作社联合社的管理机制难以规范运行，章程的约束和制定的监督措施也难以发挥有效的作用。苑鹏（2011）以山西省晋中犇牛奶农专业合作社联合社为例，深刻剖析了当前国内联合社面临的现实困境：第一，联合社的合法性问题没有解决；第二，联合社创办加工企业面临着"门槛"问题，发展潜力严重受限。杨莉（2011）也指出了当前联合社面临的困境。一是组织部门条块分割严重，合作社联合社是设置于一定的行政区域内的合作组织联合体，几乎没有成形的民办合作社联合社，都由各级政府组织开办。虽然并没有法律条文对此有明确规定，但是各个地方的合作社联合社也不尽相同，大都受到各级政府条条框框的要求和约束。二是合作社间依存感欠缺，由于是政府牵头开办的合作社联合社，各个合作社之间缺乏相互信赖，经营不联合、服务不合作的问题已经成为制约联合社发展的最大障碍。

综上所述，当前关于我国农民专业合作社联合社的研究积累还较为薄弱，已有研究成果中，谈及对联合社发展中制约因素的文献较少，涉及如何通过政策扶持联合社发展的文章少之又少。我国农民专业合作社联合社正处于基层探索的初级阶段和亟待正名的特殊时期，迫切需要与之相关的研究作为理论参考和政策执行依据。

三 联合社的业务内容

从课题组调研的情况来看,联合社日常运作中的主要内容包括农资统一采购、集合优质产品资源优势、技术培训、资金互助、产品质量维护、品牌建设、产品统一销售以及市场价格维护。按照产前、产中、产后的次序,我们可以将联合社的主要做法用图1表示。

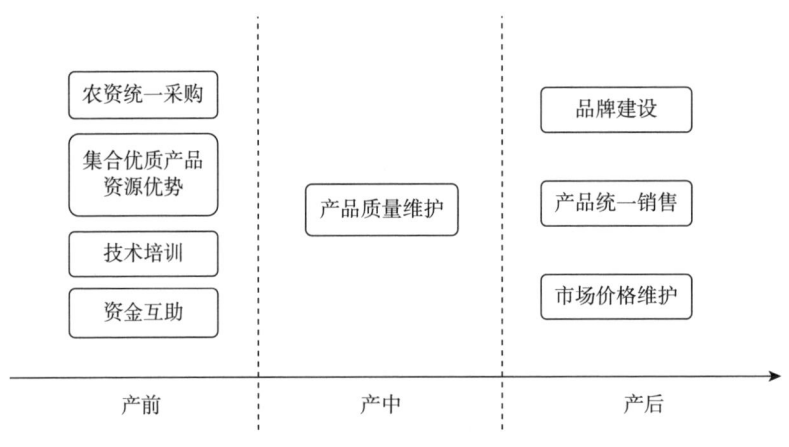

图1 联合社的主要做法示意

(一) 农资统一采购

农资统一采购是大多数联合社的常见做法。联合社比合作社更具有规模效应,这种农资统一采购的方式有利于合作社节约生产成本。例如,湖南省汉寿围堤湖蔬菜专业联合社集中开展育苗、新品种引进,使得亩均生产成本降低了123.3元,每千克销售成本降低了22.5元;山东省临朐县志合奶牛专业合作社联合社统一购买苜蓿草,比各个合作社单独购买时每车节约3500元;浙江省湖州市吴兴粮梦粮油专业合作社联合社在联合狗阿米农药、化肥等农资时,可以买到价格更便宜的产品,每亩生产成本节省了47元。

(二) 集合优质产品资源优势

集合优质产品资源优势是许多产品合作社惯常使用的方式。例如,北京市京东农合农产品产销联合社集聚了一批张家湾镇优质产品，如"张家湾"葡萄、"秋红"牌纯手工棉被、"碧海圆"鲜切红掌、"瑞正园"西凤西瓜和牛奶草莓、"大运河"樱桃等产品，通过不断宣传，改进包装，整合优质产品资源，不断扩大市场影响力。其通过划分系列，突出产品特色，如推出"果其然""果不其然"等系列产品，扩大市场影响。同时鼓励合作社不断提升产品品质，优质优价的公平交易也提升了联合社的市场形象。山东省潍坊市然中然农产品专业合作社联合社整合多家合作社优质产品，产品有蔬菜、山楂、山核桃、小杂粮、冬雪蜜桃、弥河银瓜、潍县萝卜、放牧生态猪肉等几十种。联合社拥有蔬菜、山楂、樱桃、山核桃、蓝莓、山区杂粮、青州蜜桃、弥河银瓜、潍县萝卜、黑山羊、放牧生态猪肉、蜂产品等 15 处生产基地，基地总面积达 5200 亩，年产值可达 2.6 亿元。

(三) 技术培训

联合社比合作社更具有组织规模优势，因此组建联合社后，有助于从两个方面提升合作社技术水平。一是各个合作社内部不乏某一方面的技术能手，但是很难有全面的技术人才，随着联合社的成立，先进的技术能够在联合社范围内得以扩散，有利于各个合作社取长补短、共同发展。例如，2011~2012 年湖北省松滋市汇龙生猪集团专业合作社联合社在内部开展技术交流活动 32 场，培训社员达 3296 人次，发放技术资料 1 万多份；通过飞信和 TD 短信平台发布信息 171 则 363 条 10 万多人次，技术服务团队入户指导 800 多个工日。二是组建联合社后，农民更有了组织优势、资金优势，因而能够从外界引进先进技术。例如四川省江油市蜀岭种养殖农民专业合作社联合社成立后，多次聘请农业、畜牧方面中高级职称人员为联合社常年技术顾问，指导成员建设标准化生产示范基地，组织成员进行标准化生产，开展疫、病、虫防治及生产技术指导，新品种、新技术引进及推广，提高农产品科技含量。

(四) 资金互助

依托联合社开展的资金互助有两种形式。一是联合社内部开展资金互助。例如，北京市门头沟区清水镇农民专业合作社联合社共吸收 11 家基层社入资100万元建立了发展基金。这些资金重点用于宣传打造联合社品牌、建设公共服务设施、开展内部资金互助服务、开发特色产业园区等项目。湖北省武汉市荆地养蜂专业合作社联合社也在联合社内部开展资金互助，联合社的信贷资金来源于社员的入股金额，内容如下。（1）联合社规定，只有入股联合社的社员才有资格享有信贷服务。（2）社员向联合社申请贷款时，只需所在合作社做信用担保，原则上贷款额度最高不超过10万元。成员社向联合社贷款，最高额度不能超过本社社员在联合社的总股金之和。（3）社员贷款实行差别利率服务。倘若贷款用于发展蜂业，则贷款利息为年息10%；若用于其他行业，则贷款年息为12%。（4）2012年联合社全年放贷5笔，成员社累计贷款90万元，年终贷款全部收回，产生利息9万元。其中，一笔贷给成员社发展蜂业，资金金额为70万元；另外四笔贷给社员从事蜂业生产，一笔10万元，一笔5万元，一笔3万元，一笔2万元。

二是联合社内部担保，建立外部融资机制。例如北京市门头沟区清水镇农民专业合作社联合社与北京门头沟珠江村镇银行合作，开发了"合作社联保贷"金融新产品。若干个合作社成立联保贷小组，通过联合担保的方式获得银行资金贷款，其具有不用合作社提供抵押质押，不用担保公司提供担保，合同期长、用款灵活、随借随还、资金使用成本低等特点，贷款利率按基准利率上浮15%执行，这是一种非常适合合作社使用的金融产品。2013年底，联合社已经获得珠江村镇银行授信贷款3000万元。珠江村镇银行首批选择了4家合作社组成联保贷小组，完成了业务资料收集和审查审批手续，为4家合作社各发放了100万元联保贷款，为合作社发展提供了急需的资金支持。例如浙江省湖州市吴兴粮梦粮油专业合作社联合社以嘉兴银行为金融保障，合作社注册资本金作风险抵押，金融机构按资本金1∶5放大，提高了融资信贷规模，满足了每个成员的基本需求，解决了单个合作社融资难题。此外，联合社内实行相互调配的资金互助方式。

（五）产品质量维护

在实地调研中，我们发现联合社还发挥着行业产品质量维护的作用，尤其是起到了对联合社范围内合作社的示范、监督作用。例如，湖南省郴州市家佳种植农民专业合作社联合社就充任基层合作社"质量检测部"的工作。联合社成立后，科学制定生产标准，引导农民和基层合作社按标准化生产。实行基层合作社、联合社两级检测，把不合格的农产品排除在市场之外，确保农产品质量安全不出问题。并帮助他们规范生产流程，逐步提出标准化、品牌化生产的要求，引导基层合作社组织农户扩大生产规模，提高标准化品牌化意识，提升产品质量，把基层合作社的带动能力逐步提升。合作社成员的生产水平逐步提高，逐步实现农民增收、农业产业发展的目标。基层合作社为消费者提供的原始、生态、绿色、安全、健康的本土农产品，反过来又促进联合社配送销售，从而实现产销的良性互动、相互促进。江苏省仓润农产品专业合作联社自成立后，为了确保农产品质量，让客户安心、放心，严格按照绿色食品生产要求制定生产技术规程，对基地、农户的蔬果种植生产流程，实现标准化统一管理，严控化肥、农药的施用，实现了食品安全"从田头到餐桌"的全程控制。合作社除了用自有检测设备自检农产品外，还与太仓市农产品检测中心建立委托协作关系，承担蔬果产品的质量安全检测。供货给客户前，合作社还要逐批进行验收，不符合品质要求必须退回。

（六）品牌建设

打造产品品牌往往是许多合作社组建联合社后的重要工作。例如，湖北省松滋市汇龙生猪集团专业合作社联合社组建后，已先后有 10 家合作社通过"无公害农产品产地"及"无公害农产品"认证，注册了 4 个商标标识。联合社有机整合这些优势资源，在品牌的影响下组织社员开展标准化生产，为延伸产业链条，拓展发展空间，起到了重要的助推作用。如今，联合社的主品牌"金烁巴寨"猪肉已成为荆州、宜昌、武汉等地市民的抢手货。江苏省常州市舜溪果品专业合作联社成立后，积极带动品牌创建，目前已有无公害梨、葡萄面积 3180 亩，无公害产品梨、葡萄 8 个品种，有机梨、葡萄面积 1140 亩，有机产品梨、葡萄 3 个品种，常州市名优农产品 4 个品种，常州市品牌农产品 1 个，"常溪"牌商标被江苏省评为著名商标。2009 年 8 月联社选送的"常溪"牌"醉金香"葡萄在江苏省第三届中山杯评比中荣获金奖；2011 年 8 月联社选送"常溪"牌"黑峰美人指"葡萄在第四届中国南方中山杯评比中荣获银奖；"常溪"牌"夏黑"葡萄、"舜南"牌"夏黑"葡萄在江苏省第四届中山杯评比中荣获银奖；2012年8月联社选送的"常溪"牌"巨峰"、"常溪"牌"夏黑"葡萄在第五届中国南方中山杯评比中荣获金奖。

（七）产品统一销售

绝大多数联合社会统一销售产品，这是因为统一销售既能获得价格优势，也能因规模效应节约交易成本。例如，山东省乳山市天欣农产专业合作联合社搭建产品统一销售服务平台。联合社组织社员统一销售的产品，考虑建立和申请注册统一的商标和条形码，建立农产品质量安全控制系统，发展超市农业、展会农业和农产品物流业。乳山特产展销中心已建好，社员可免费利用中心展示展销功能。联合社集合社员的优质农产品，开展委托代销，发挥集中优势，开拓市场销售渠道。组织社员通过会展招商、产品推介和市场营销等活动，帮助合作社农产品进超市、进市场，协助社员创办农产品专营店和市场直销部。引导合作社实施品牌战略，引导在同一县域范围内同一类型产品合作社打造统一品牌，加强品牌的培育、认定、宣传、推广和保护，不断提高品牌的内涵和知名度，打造一大批竞争力强的名牌产品。浙江省玉环县禾裕农民专业合作社联合社实行了联合营销的办法，在销售过程中，联合社销售部直接与超市、酒店等商家沟通，签订购销合同，再把超市采购信息传达给合作社，合作社把生产好的产品由联合社检验合格后进行统一包装，通过物流专线配送至各大超市。在财务管理方面，联合社财务部设立专门的账户及制定财务管理制度，统一进行财务结算。联合社一头联系商家，另一头联系合作社，统一进行销售业务和财务业务往来，实现销售和财务的统一管理，降低运营成本，提高工作效率。

（八）市场价格维护

实地调研发现，维护市场价格是许多联合社组建的动力，维护市场价格推动了联合社的组建；同时，很多联合社在组建后，由于规模的扩张，其市场谈判力的提升，维护市场价格内生性成为联合社的主要职能。例如，山东省临朐县志合奶牛专业合作社联合社就是在为维护市场价格的过程中自发成立的。

我们发现，联合社的成立，避免了同业成员间的恶性竞争，由原来的合作社之间相互竞争，变为一致对外，市场地位得到明显提高。例如山西省忻州市代县晨旭联合社成立后，就着手联合对外，共同应对市场。联合社是四个秸秆加工合作社的联合体，其分社基本均匀分布在该县11个乡镇。联合社建成后，生产资料实行划片收购，其取缔了以往一到秋收季节就忙着抢购秸秆的恶性收购；加工、销售产品均有了统一价格，遏制了以往合作社之间相互压价、吸引客商的恶性竞争。山西省子林农牧联合社帮助加盟合作社建起八大种养基地，并积极与蔬菜加工企业合作，实现了蔬菜"种植—加工—销售"一条龙。

四　效果与问题

从调研情况看，联合社发展取得了明显成效，但也存在一些突出困难和问题，需要认真总结和深入分析。

（一）联合社发展成效显著

联合社的发展，不仅增强了专业合作社的发展能力，更推动了农业的规模化经营，促进了现代农业产业体系构建，加快了现代农业建设步伐。

1. 规模经济效益显著增强

从各地情况看，联合社的成员合作社少则五六家，多则上百家，有的还吸纳了专业大户，扩大了农业经营规模，在农资采购、农机作业、统防统治、产品销售等生产经营环节取得了明显的规模效益。湖南省隆平高科种粮合作社联合社由42个成员社组成，覆盖7市18个县，种粮面积21万多亩。通过使用优良品种和新技术，开展统一耕种、统防统治，联合社亩均增产近100公斤，每亩降低生产成本50多元。江西省彭泽县安泰农机联合社拥有几十台农机具，服务覆盖全县80%的地域，通过大面积机耕、育秧、机播、机防、机收等，提高了当地农业经营的规模化、集约化水平。

2. 农业产业链条有效延伸

调研发现，一些联合社通过把不同环节的合作社联合起来，促进了产业链上下游的协同整合；很多联合社还积极发展农产品加工、储藏、运输、销售等业务，扩宽了农业生产经营的增值空间。拥有近百家成员社的北京市密云县板栗联社，建设了冷库，购置了分拣设备，为客户提供冷藏和筛选等初加工服务，使当地板栗的销售价格比周边产区每公斤高出 0.5 元左右。湖南省汉寿县金琮甲鱼专业联合社成立之后，积极向育种和营销领域延伸，开展优良品种选育，并在全国设立了 116 个直销点，逐渐形成了繁育、生产、销售为一体的发展模式。

3. 有效地服务了"三农"

联合社在注重发挥各个成员社比较优势的同时，通过资源统筹整合，既为成员社提供更价廉、更有效和"适销对路"的生产服务，又能在更大区域和范围内开展单个合作社难以提供的组织协调、风险预警、信用担保、市场开拓等服务。四川省郫县蜀上锦蔬菜合作社联合社由 12 家成员社和 2 家流通企业组成，其跟踪分析市场行情变化，指导成员社及时调整种植品种与面积，有效规避了价格波动带来的市场风险。浙江省湖州市吴兴粮梦粮油专业合作社联合社开展贷款担保服务，成员社各出资 15 万元存入嘉兴银行，按照 1∶5 放大后的贷款规模，可达到 1500 万元，联合社满足了各合作社生产所需资金。

4. 先进技术得到推广应用

一些联合社根据自身发展需要，直接与农业科技部门合作推广新品种、新技术，督促成员社大力推行标准化生产，建立农产品质量安全追溯体系。广东省惠州市广博大种植合作联社与省农业科学院建立合作关系，积极采用新品种、新技术，并请专家学者对疫病防控、田间管理等技术进行指导，提升了产品的科技含量。山东省潍坊市丰谷农产品联合社指导成员社建立了从田头到餐桌的质量追溯制度，不允许质检不合格的产品上市销售。

5. 农民收入快速增加

与单个合作社相比，联合社拥有更多的市场话语权和更大的主动权，不仅提高了产品销售价格，降低了交易成本，还通过延长产业链条增加就业岗位，拓宽了农民增收渠道。山东省潍坊市然中然农产品专业合作社联合社对成员社生产的山核桃进行统一分级、包装和销售，每公斤可以卖到 13~14 元，比单个合作社售价高出 30%~40%。地处弥河镇的青州市盘龙山山核桃专业合作社是潍坊市然中然农产品专业合作社联合社的成员之一，加入联合社前，核桃 1 公斤只能卖 9~10 元，加入联合社后，通过统一包装、分级销售等措施，1 公斤卖到 13~14 元，最好的卖到 1 公斤 17.5 元。北京兴农鼎力种植合作社联合社为 50 多位农民提供了农机操作、田间管理等工作岗位，人均月工资 2700 元，还为其缴纳五项社会保险。

(二) 当前联合社面临的突出问题

目前，联合社刚刚起步，组建标准也不统一，发展中还存在一些困难和问题。

第一，对联合社的认识不一致。很多专业合作社对什么是联合社、如何组建联合社还不清楚，一些地方的指导部门对发展联合社的重要性缺乏应有的认识，也不知道如何指导和规范联合社的建设与发展。有的地方认为联合社就是简单地把专业合作社组织起来开个会、挂个牌，有的地方甚至认为联合社不过是专业合作社的扩大版。个别地方也存在定任务、下指标的问题，极个别的地方也存在违背合作社意愿强制联合的现象。这些致使一些地方对发展联合社思路不清、方向不明、措施不具体，影响了联合社的健康发展。

第二，缺乏法律政策支持。《中华人民共和国农民专业合作社法》主要是促进合作社建设与发展，对联合社没有涉及。尽管一些省份的地方性法规对联合社作了相应规定，可是规定得过于笼统，对联合社的登记、管理、扶持缺乏明确具体的措施，致使一些地方存在联合社登记难、监管不到位、发展不规范等问题。同时，支持联合社发展的政策措施也比较缺乏，现有合作社的优惠政策也没有把联合社纳入支持范围，尤其是缺乏财政、税收、金融、用地等方面的政策措施。

第三，运行机制不健全。一些联合社没有建立管理制度，已经建立的多数也流于形式。有些联合社没有设立相应的决策监督机构，不少联合社出现管理不民主、决策一言堂的问题，甚至被某一合作社完全控制而随意侵害其他成员社的合法权益。一些联合社没有建立紧密的利益联结机制，没有按交易量或贡献大小返还盈余，有的甚至没有独立的成员账户和交易记录。

第四，缺乏实用人才。专业合作社普遍面临人才匮乏的问题，联合社更是如此。相比而言，联合社更需要懂经营、善管理、能销售的专业人才。尤其是当前信息技术日新月异、市场行情瞬息万变，发展机会稍纵即逝，这对联合社的经营管理人员素质提出了更高的要求。目前，绝大多数联合社的管理人员由成员社的工作人员兼任，这些管理人员本身文化水平偏低，也没有经过专业培训，难以适应联合社发展需要。同时，联合社经济实力不强，工作生活条件相对艰苦，难以吸引和留住大学生等高素质人才。

五 构建联合社扶持政策体系

发展联合社对建设现代农业、繁荣农村经济、增加农民收入有重要意义，既符合中央精神，又顺应农民期盼和合作社发展趋势，有广阔的发展空间。为引导联合社健康发展，立足联合社发展实践，借鉴国内外做法和经验，我们提出以下促进联合社发展的扶持政策体系。

（一）政策指导思想与基本原则

构建联合社发展的政策体系，需要我们高举中国特色社会主义伟大旗帜，以马克思列宁主义、毛泽东思想、邓小平理论、"三个代表"重要思想、科学发展观为指导，以促进农业增效、农民增收为落脚点，进一步解放思想，推动农业现代化建设。

联合社扶持政策体系构建应坚持如下两个原则。第一，联合社扶持政策应以公平优先为原则。目前，我国联合社发展还处于起步阶段，联合社的运行机制还不太健全。我们的政策取向应是面向所有的联合社，搭建一个公平的发展环境，从全国一盘棋的角度构建联合社扶持政策，而不是以效率为先，人为地制造不平等的发展政策。第二，针对不同的产业，有区别地制定扶持政策。大多数联合社是依产业而组建，依区域组建的联合社在数量上毕竟占少数。因而，我们的联合社扶持政策应突出各个产业的特点。

（二）联合社扶持政策框架

推进联合社的发展，需要依托系列政策共同发力。总体而言，包括工商政策、土地政策、用水用电政策、金融政策、产业政策、税收政策、财政政策、人才政策与科技政策（见图2）。

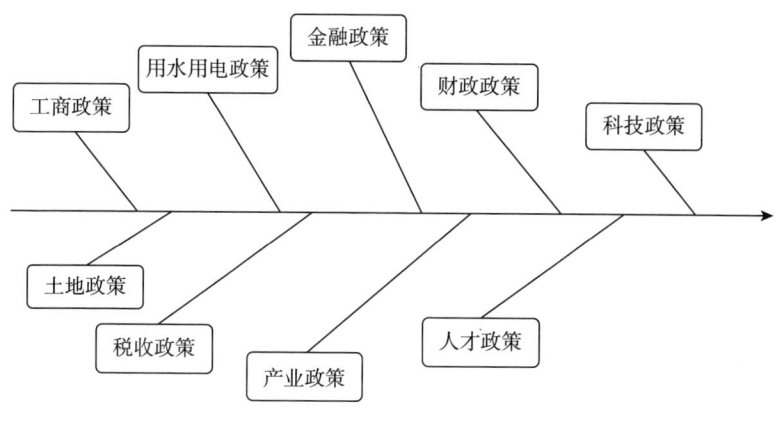

图 2 联合社扶持政策鱼骨

1. 工商政策

目前，有关联合社的登记注册，仅有部分省份出台了相关的政策。但是，中央层面的有关联合社的登记管理办法至今仍未制定；同时，有关联合社的法律仍处于空白。因此，联合社的发展要有法可依、有章可循。将联合社纳入《中华人民共和国农民专业合作社法》调整范围，中央层面应明确赋予联合社法人地位，规范联合社设立标准、成员登记、治理结构及盈余分配方式，明确合作社为联合社成员，农业企业、专业大户、家庭农场等企业或自然人不能登记为联合社成员。确需参加的，其可通过参与或领办合作社进入联合社。积极探索研究制定联合社登记管理办法，对联合社设立、变更、注销及备案登记等事项应做出规定。研究制定联合社示范章程，突出体现联合社特点，为联合社内部运行制度提供可借鉴的范本。

工商部门要设立绿色通道，简化登记程序，为办理合作社设立、变更等手续提供方便。放宽登记范围，对拥有农村土地承包经营权证或整村转非后仍从事农业生产的人员，凭本人居民身份证和农村土地承包经营权证或者村民委员会、居民委员会出具的从业证明，可申请办理登记手续；准许农村沼气服务、手工业、乡村旅游、土地流转信息服务等行业登记成立联合社。允许农民、合作社以实物、技术、知识产权、土地承包经营权等向联合社出资。

2. 土地政策

联合社的发展离不开基地的建设，然而，现实的情况却是大多数联合社都缺乏建设用地。因此，我们应在土地政策上向联合社倾斜。

第一，对合作社因农业生产需要，建造的直接用于养殖的畜禽舍、工厂化作物栽培或水产养殖的生产设施用地及其相应的附属设施用地和农村宅基地以外的晾晒场等农业设施用地，符合国土资源部、农业部《关于完善设施农用地管理有关问题的通知》（国土资发〔2010〕155号）要求和土地利用总体规划的，视为设施农用地，并按规划办理相关手续。合作社兴办加工企业等所需要的非农建设用地，在符合土地利用规划、城市规划和农业相关规划的前提下，各地国土资源部门应重点支持。

第二，联合社的农产品生产基地、种植养殖场、农机示范推广用地、设施农业用地和农机停放场（库、棚）等凡未使用建筑材料硬化地面或虽使用建筑材料但未破坏土地并易于复垦的用地，以及农村道路、农田水利用地，可以按照农业用地管理，不纳入农用地转用范围，不占建设用地指标。

第三，农村"四荒地"、废弃学校等土地的申报使用，有必要向联合社倾斜。涉及占用耕地的，联合社自行落实耕地占补平衡，经验收合格后，土地资源部门不再收取耕地开垦费。联合社从事种养业的，其种植、养殖生产用电执行农业生产电价标准。

3. 用水用电政策

第一，自来水厂应为联合社开辟用水渠道，对联合社从事生产的用水，执行优惠价格。

第二，供电企业应开辟联合社用电业务办理绿色通道，对联合社从事蔬菜、桑、茶、果树、花卉、苗木等种植业用电以及各种畜禽产品养殖、水产养殖用电，执行农业生产用电价格。

4. 税收政策

联合社是更高层次的合作社，因而在税收政策上，我们认为联合社应享有与合作社一样的优惠。

第一，税务部门要不断完善对联合社的税收管理措施，在税务登记、纳税申报、发票领用等环节，为联合社提供优质、便捷的服务。

第二，落实联合社享有合作社的税收优惠政策。对联合社从事农、林、牧、渔业项目的所得，免征或减征企业所得税。对联合社提供农业机耕、排灌、病虫害防治、植物保护、农牧保险服务和相关培训业务以及家禽、牲畜、水生动物的配种和疾病防治服务免征营业税。农产品初加工项目所得免征企业所得税。

第三，对联合社销售本社成员生产的农产品，视同农业生产者自产品免征增值税。对联合社向本社成员销售的农膜、种子、种苗、化肥、农药、农机等，免征增值税。

5. 金融政策

第一，金融机构要根据农民专业合作社联合社的特点和需要，研究制定支持联合社的信贷政策。政策性金融机构要研究设立适合联合社发展需要的贷款项目。商业性金融机构要制定联合社专项贷款指南，为联合社提供多种形式的金融支持和服务。农村合作金融机构要把联合社纳入信用评定范围，将农户、合作社信用贷款和联保贷款机制引入联合社，满足联合社小额贷款的需求。对于经营规模大、带动作用强、信用评级高的合作社，特别是县级以上示范社，金融机构实行贷款优先、利率优惠、额度放宽、手续简化。探索适应合作社特点的担保抵押方式。各保险机构要积极为具备条件的合作社提供保险服务。

第二，各地农业部门、金融办、银监局要研究具体政策，支持金融机构面向联合社开展订单农业、农用生产设施、农业机械、土地承包经营权、林权、水域滩涂使用权等抵（质）押贷款业务。

第三，允许联合社内部开展资金信用合作。联合社内部的信用合作是内生性地解决其融资困难的重要方式。因而，允许联合社在坚持"不对外、不吸储、不分红"的方式下开展内部信用合作。此外，对开展资金互助业务的联合社给予开办费用和开办当年运营费用补助。

第四，政策性担保机构要研究制定准入条件，将符合条件的联合社纳入贷款担保服务范围，并优先提供担保服务。支持商业性担保机构为联合社提供贷款担保。联合社用于贷款的担保费用由市、区县财政各承担50%。保险机构要优先为联合社办理生产保险，并适当降低保险费率。

6. 产业政策

实施产业政策对联合社支持。

第一，国家支持发展农业和农村经济的建设项目，可以委托和安排有条件的有关联合社实施。联合社可以作为项目实施单位，独立申报、承担各级农业综合开发建设、农产品优势区域建设、优势产业带建设、扶贫开发（以带动广大贫困户增收的种植业、养殖业）建设等工程项目，以及农、林、牧、渔等农产品加工重点工程项目，同等条件下予以优先安排。对联合社带动基地所在区域的基础设施建设项目、固定资产投资项目优先安排。

第二，以联合社作为各地谋划"一村一品、一品一社、一乡一业、一业一企"发展格局的抓手，把专业村镇建设成为联合社的专业化、规模化生产基地，促进村企对接、村社联动。

7. 财政政策

第一，各级政府要积极筹措资金，加大对联合社的扶持力度。采取直接补助、贷款贴息等方式，支持合作社开展信息服务、人员培训、农产品质量标准认证、农业生产基础设施建设、市场营销和技术推广等。

第二，各级财政部门要逐步加大资金投入力度，有农业的区县人民政府要建立合作社专项扶持资金。对新开办且达到规模标准的联合社补助开办当年运营费用。各级财政部门要积极发挥职能作用，管好、用好扶持联合社发展资金，会同涉农部门共同搞好对联合社扶持项目、补助和奖励的申报、审查和验收工作。

第三，对中央和省支持的农业生产、农业基础设施建设、农业装备能力建设以及农村社会事业发展的财政资金项目和预算内投资项目，各级政府要优先委托和安排符合项目实施条件的联合社承担。

第四，提供涉农项目支持。有关区县人民政府要整合涉农资金优先投向联合社和与联合社相关联的项目。农业部门要将所负责的项目和补贴优先投向联合社。财政部门要将农业综合开发、农田基本建设等投资项目优先安排联合社承担。各级发改委要将联合社作为重点发展内容纳入国民经济和社会发展规划，对符合政府投资补助政策的联合社建设项目，优先安排投资。市商务、科技、经济和信息化、水务等部门要将联合社纳入项目申报范围，优先予以安排。

8. 人才政策

发展联合社，对人才提出了更高的要求。

第一，在现有的合作社人才培养项目中加入联合社内容，宣传联合社的作用，介绍创建联合社的具体做法。

第二，将联合社负责人和经营管理人员作为培训重点，加大培训力度，提升其组织管理、产品营销、风险控制、文化建设等方面能力。

第三，采取"引进来、送出去"的办法，支持鼓励联合社采取多种形式培养领军人才，鼓励引进职业经理人，鼓励大学生、大学生村官及返乡青年参与联合社的建设。

第四，优先扶持大学生村官领办联合社。到联合社工作的全日制普通高校毕业生，享受国家和本市规定的高校毕业生到基层就业的相关待遇。

第五，将联合社助理岗位纳入支农、支教、支医、扶贫"三支一扶"计划，具体实施办法由各地人力社保部门和农业部门共同研究制定。人力社保部门要为到联合社工作的大中专毕业生提供人事档案保管、户籍管理、党团组织关系挂靠等服务。

9. 科技政策

联合社的发展也需要科技政策的支撑。

第一，农业部门和科技部门对合作社引进新品种、应用新技术的项目优先立项，并补助相关费用。鼓励农业科研人员、农技推广人员以技术入股联合社。加大联合社信息技术应用投入力度，提高联合社生产和经营管理信息化建设水平。

第二，支持联合社开展科技兴社。农技推广机构要积极为联合社提供生产技术服务。农业科研机构通过资金和技术合作，与联合社联合建立技术服务中心、种子种畜生产服务中心、动植物疫病监测防治中心等科技服务机构。鼓励大专院校、科研推广机构在合作社建立试验示范基地，开展新品种、新技术、新成果、新项目方面的合作。支持有条件的联合社申报农业科研推广项目。鼓励联合社科技人员参加职称评定，加快联合社科技人才队伍建设。

(三) 政策的推进时序与着力点

课题组认为，有关联合社的扶持政策应循序推进，短期内应注重对联合社实施工商政策、土地政策、用水用电政策、税收政策，长期内对联合社提供金融政策、产业政策、财政政策、人才政策与科技政策。

1. 短期政策推进与着力点

首先，最需要出台的是全国性的有关联合社的登记注册政策，即工商政策。一方面，国家工商总局与农业部应联合出台联合社的登记管理办法，制定联合社的示范章程，指导联合社参照示范章程，设立符合自身发展需求、具有自身特点的章程，完善各项内部管理制度；另一方面，在《中华人民共和国农民专业合作社法》修订之际，将联合社纳入《中华人民共和国农民专业合作社法》之中，明确赋予联合社法人地位。

其次，各级国土部门应积极支持联合社用地。较为重要的是，村级组织也应积极配合联合社用地，将村内"四荒地"、废弃学校等优先给予联合社使用。

再次，水务部门和电厂要积极配合联合社用水用电，落实执行优惠价格。

最后，短期内落实联合社各项税收优惠政策。

2. 长期政策推进与着力点

长期政策的着力点在于怎么让联合社成为带动农业产业进入市场并成为带动市场的主体，成为与企业、家庭农场、专业大户等新兴农业经营主体齐头并进的农村力量，长远来看需要金融政策、产业政策、财政政策、人才政策与科技政策共同支撑。

首先，建立金融支持联合社发展的长效机制。这需要长期做好以下六方面工作。一是提高金融部门对联合社的认识，要求各级农业部门和农村信用社统一思想，树立扶持联合社、合作社就是扶持农民，发展联合社、合作社就是发展现代农业的观念，努力做好联合社的金融服务工作。二是落实建立政策性、商业性、合作性金融机构对联合社的支持政策，创立适合联合社的金融产品。三是在完成农村确权工作之际，金融机构应建立土地、农机等抵押担保贷款制度。四是在三到五年内建立对联合社的征信体系。五是为联合社提供保险服务，落实联合社的金融保险扶持政策，拓展融资渠道和担保方式，扩大农业保险覆盖面和创新农业保险品种。六是建立联合社的内部信用合作机制，建立内生性金融制度。

其次，产业政策的着力点在于通过扶持联合社的方式来促进产业的发展；将联合社、合作社纳入国家财政政策支持"三农"的主体与抓手，如尽快将合作社、联合社纳入农业"四补贴"的补贴对象。

最后，人才政策与科技政策是促进联合社持续健康发展的重要手段，应建立持久的工作机制。人才政策重点依托"阳光培训"实施，持续为联合社培养懂经营、懂管理、懂市场的人才。同时，着重建立科研院校与联合社的连接通道，畅通科技入社通道。

（四）政策的配套措施

第一，做好调查研究工作，科学界定联合社的内涵和边界。从实践来看，各地联合社的做法五花八门，多元化特质明显，存在泛化苗头。课题组认为，联合社是合作社之间根据发展需要，自愿联合、民主管理的互助性经济组织，是农民及其他农业经营主体在合作社基础上的再联合、再合作。联合社发端于合作社，与合作社同属于合作经营范畴，都是互助性经济组织，都体现民主管理特征。同时，其成员身份一致、产品或服务多元、内部治理层级复杂等特点又与农民专业合作社有明显不同。联合社不是合作社的简单叠加，与合作社和农户应各有优势、各有分工：联合社规模大实力强，在发展加工、流通、销售，与其他市场主体交易等方面更有基础；合作社贴近农民成员，在为农民成员提供服务方面更有条件；农户决策效率高，在直接从事农业生产方面更有优势。发展联合社，对内应形成联合社、合作社、农户功能互补的体系，对外应形成与其他市场主体既有竞争又有合作的格局，实现在市场中的共赢、多赢。

第二，各级、各部门要认真贯彻执行国家有关联合社发展的法律法规和方针政策，把促进合作社健康发展作为推进农业转型升级的重要措施，摆上议事日程，切实加强领导。要积极开展联合社综合试点和课题研究，解决联合社发展中的理论问题和实践问题。要加强联合社党组织建设，使联合社成为农村经济发展的新型经营组织、农民增收致富的新型合作组织和党员队伍建设的新型基层组织。各级发展改革、经济和信息化、科技、民政、财政、国土资源、交通运输、水利、农业、海洋与渔业、商务、环保、税务、工商、林业、旅游、金融、畜牧兽医、农机以及供销社、共青团、妇联等部门和单位，要依据各自职责做好相关的指导、扶持和服务工作，形成促进联合社发展的强大合力。要加强调查研究，及时了解掌握农民专业合作社发展的新趋势、新特点，总结推广各地好经验、好做法，促进联合社健康发展。

第三，做好宣传发动工作，并且要严格遵循发展联合社的原则。从各地实践来看，联合社不仅增强了专业合作社的发展能力，更推动了农业的规模化经营，促进了现代农业产业体系构建，加快了现代农业建设步伐，因此各地要做好宣传发动工作。但是更为重要的是，发展联合社要坚持市场规律，合作社有内在需求才联合，在经济上能划得来、可持续才联合，规模适度、讲求实效，防止迎风而动、一哄而起。坚持平等自愿，不管采取什么方式，在哪些环节、什么时候开展联合与合作，都应当由合作社平等协商、自主决定。坚持自下而上，不管联合社的层级有多高、范围有多大，都应当由有意愿的合作社提出动议，不得采取自上而下、行政命令的方法强行推动设立联合社。坚持经济性服务性民主性的定位，在功能定位上注重经济性，让合作社通过联合取得经济效益，让农民成员得到更多实惠，避免被别有用心的人利用，异化为政治压力集团；在价值取向上体现服务性，坚持服务成员的宗旨，提供低成本、便利化的服务，而不是"建庙供菩萨"，增加合作社的负担；在内部管理上坚持民主性，坚持成员平等、民主办社，体现合作社和广大农民成员的利益诉求，防止"一社独大"、少数人说了算。

参考文献

国鲁来，2005，《合作社的经营规模与组织效率》，《农村经营管理》第 9 期。

韩俊，2007，《中国农民专业合作社调查》，上海远东出版社。

洪远朋，1996，《马克思的生产力源泉理论与可持续发展》，《世界经济文汇》第 3 期。

蒋晓妍，2010，《国外农民合作社联合社的制度设计及对我国的启示》，《北方经济》第 6 期。

孔祥智，2012，《应给予联合社相应的优惠政策支持》，《农民日报》4 月 20 日。

李敬锁，2011，《我国农民专业合作社联社发展的特点、困境及对策》，《青岛农业大学学报》（社会科学版）第 2 期。

林毅夫，1994，《制度、技术与中国农业发展》，上海三联书店。

栾昊，2007，《改革开放后我国农民合作社制度分析》，《安徽农学通报》第 13 期。

孙亚范，2006，《新型农民专业合作经济组织发展研究》，社会科学文献出版社。

徐旭初，2005，《中国农民专业合作经济组织的制度分析》，经济科学出版社。

徐旭初、黄祖辉，2005，《中国农民合作组织的现实走向：制度、立法和国际比较——农民合作组织的制度建设和立法安排国际学术研讨会综述》，《浙江大学学报》（人文社会科学版）第 2 期。

杨莉，2011，《从低碳视角看合作社联合社的发展》，《价值工程》第 6 期。

苑鹏，2005，《现代合作社理论研究发展评述》，《农村经营管理》第 4 期。

苑鹏，2008，《农民专业合作社联合社发展的探析——以北京市密云县奶牛合作联社为例》，《中国农村经济》第 8 期。

苑鹏，2011，《山西省中犇牛奶农专业合作社联合社调查思考》，《中国奶牛》第 7 期。

张绢，2012，《农民专业合作社联合社的变迁路径》，《农村经济》第 11 期。

张晓山，1991，《合作社基本原则及有关问题的比较研究》，《中国农村观察》第 1 期。

张晓山，1999，《中国发展农民合作社的实践与合作社的基本原则》，《经济研究参考》第 75 期。

张晓山、苑鹏，2009，《合作经济理论与中国农民合作社的实践》，首都经济贸易大学出版社。

张永丽，2005，《合作与不合作的政治经济学分析——欠发达地区市场化进程中的农民经济组织发展研究》，中国社会科学出版社。

周振、孔祥智，2014，《组织化潜在利润、谈判成本与农民专业合作社的联合——两种类型联合社的制度生成路径研究》，《江淮论坛》第 4 期。

Alchian, Armen, Demsetz, Harold. 1972. "Production, Information Costs, and Economic Organization." *American Economic Review*, 62（5）：777 – 795.

Cook, M. L. 1995. "The Future of U. S. Agriculture Co-operatives：a Neo-Institutional approach." *American Journal of Agricultural Economics*.（77）：1153 – 1159.

Harris, A., Stefanson, B., Fulton, M. 1996. "New Generation Cooperatives and Cooperative Theory." *Journal of Cooperatives*,（2）：15 – 28.

Jensen, M. C., Meckling, W. H. 1976. "Theory of the Firm：Managerial Behavior, Agency Costs and Ownership Structure." *Journal of Financial Economics*,（3）：305 – 360.

Study on the Support Policy of the Farmers' Cooperatives Unions

Tan Zhixin

Abstract：The union and cooperation are the inevitable trend for the development of the farmers' cooperatives. At present the China's cooperatives unions have showed positive effects on agricultural assets purchase uniformly, aggregating high quality production resources, skill cultivating, fund cooperation, production quality maintenance, establishing the brand, production sales uniformly and the market price maintenance. In the meantime, it also takes significant impact on developing economies of scale, extending industrial chains, serving the agriculture, rural area and farmer, spreading advanced technology and promoting the farmers' income. As a result, it's necessary to set up the policy support system to accelerate the growth of the cooperation unions.

Key words: farmers' cooperatives; cooperatives union; support policy

海外借鉴

合作社的混合定价与竞争标尺效应[*]

梁　巧　George Hendrikse[**]

摘　要　基于农产品市场中农民合作社和投资者所有企业并存的现实，本文构建了农民合作社和投资者所有企业之间的非合作博弈模型，观察生产不同质量产品的农户如何选择治理结构，并分析合作社在市场中的作用。合作社向所有成员支付完全或部分合并价格，合作社本身不保留盈余，而 IOF 基于产品的质量支付农民差异化价格，并使其自身利润最大化。在 IOF 双寡头市场结构下，生产者几乎没有获利；在合作社和 IOF 混合的双寡头市场结构下，低质量生产者往往加入合作社，而中等和高质量生产者将产品卖给 IOF，这种反向选择行为是由于合作社的合并价格支付政策造成；在纯合作社双寡头市场结构下，生产者随机地选择其中一家合作社。该博弈模型的结果还发现，当消费者对不同质量产品的保留价格之间差异较小时，合作社和 IOF 混合的双寡头市场是一个均衡的市场结构；合作社以成员为剩余索取人的治理结构，能够消除 IOF 垄断的局面；合作社的市场份额越高，或其差别定价的程度越高，对生产者价格的正向作用（竞争标尺效应）也越强。

关键词　合作社　产品质量　合并定价　竞争标尺效应

---

[*] 该文译自：Liang, Q., Hendrikse, G. 2016. "Pooling and the Yardstick Effect of Cooperatives." *Agricultural Systems*, 143: 97–105.

[**] 梁巧，浙江大学公共管理学院中国农村发展研究院副教授，主要研究方向为农业产业组织、农民合作社等；George Hendrikse，荷兰伊拉斯姆斯大学（Erasmus University）鹿特丹管理学院教授，主要研究方向为合作经济和合作组织。

一 引言

尽管竞争对于市场有很多有益的影响，然而当供应链中各主体存在不平衡时，市场可能还是会存在问题。小企业可能会面临着更多问题，如市场价格不稳定，高质量农产品的购买缺乏支持服务，剥削性分级行为和缺乏市场准入等（Dunn et al.，1979）。Zusman 和 Rausser（1994）提出，农户通过合作社的集体行动可以在一定程度上解决这些市场失灵问题。合作社在提高效率方面的特征已经得以证实，例如消除垄断造成的双重加价、抗衡势力、规模经济、销售保证、协调、信息提供、成员服务和竞争标尺等（Hendrikse & Feng，2013）。本文主要就合作社对农产品田头价格的影响，即竞争标尺效应进行分析，竞争标尺效应是指合作社在市场中的存在会迫使投资所有企业（Investor Owner Firm，IOF）向农户支付更高的价格。

合作社的市场竞争标尺效应在对美国的食品制造业（Rogers & Petraglia，1994）、加拿大的小麦市场（Zhang et al.，2007）、墨西哥恰帕斯州的咖啡市场（Milford，2012）和欧洲的乳制品产业（Hanisch et al.，2014）等实证研究中都得以证实。本文的研究基于以下关于农产品市场的观察，首先，许多农产品市场合作社和 IOF 同时存在（Cropp & Ingalsbe，1989；Hendrikse，1998；Bijman, et al.，2013）；其次，Nilsson（1998）指出，传统上来说，合作社应采取社员平等的原则，该原则决定了一系列的做法，如产品价格并不完全按照质量和数量进行差别定价，且所有成员具有相等的投票权；最后，关于治理结构和农产品质量之间关系的证据表明，许多合作社会提供低质量产品（Frick，2004；Theodorakopoulou & Iliopoulos，2012；Bijman et al.，2012；Pennerstorfer & Weiss，2013）。

本文通过关注组织内部治理和产业结构之间的关系来讨论以上这些问题，正如 Helmberger 和 Hoos（1962）所强调的那样。我们遵循 Hansmann（1996）的观点，即通过决策权和收益权来表征企业的内部治理。决策权指的是权力和责任，它是关于"谁拥有（关于资产的使用）权力或控制"的问题，而收益权是关于"如何分配收益和成本"的问题。IOF 和合作社在决策权方面的差异在于，在 IOF 中投资者拥有正式决策权，而在合作社中决策权为全体成员所有。合作社在收益权方面的两个重要特征是合并定价和零利润原则，合并定价意味着收入和成本的分配可能（部分）与成员交付的质量或数量无关（Menard，2004），零利润原则决定了合作社须将所有的收益返回给成员（Helmberger 和 Hoos，1962）。因此，投资者所有企业和合作社在收益权方面的区别是，IOF 根据产品质量或生产成本向农民支付不同的采购价格，并最大化其企业利润，而合作社支付（部分）合并价格，并将所有盈余分配给成员。

产业组织方面的文献区分了三种类型的市场，分别为同质性、水平差异化和垂直差异化的产品市场。关于对合作社市场竞争标尺效应的研究对这三类市场都进行了分析。不少学者对同质性产品市场进行研究，如 Helmberger 和 Hoos（1962）强调了零利润约束，Helmberger（1964）的后续研究发现开放性会员资格制度能够提高支付给生产者的价格，然而，由于寡头垄断之间相互依赖造成的复杂性，他们并未对合作社和 IOF 并存的混合市场进行分析。Cotterrill（1987）也强调了合作社的竞争标尺效应是由零利润约束所驱动的，Tennbakk（1995）讨论了两组同质农户在双寡头市场中所有权结构选择，竞争标尺效应的产生是因为其消除了双重加价。在 Karantininis 和 Zago（2001）的模型表明，成员是合作社剩余利润的索取人，农户在混合双寡头市场中的所得高于纯 IOF 双寡头垄断市场中的所得；此外，合作社往往能够吸引低质量的农民。Hendrikse（2007）提出了一个基于生产不确定性、成员和非成员惠顾的模型，合作社的形成能够产生合约外部性，从而驱动竞争标尺效应。

Sexton（1990）和 Tribl（2012）在同质性农户的空间模型中分析了竞争标尺效应。Sexton（1990）指出，竞争标尺效应的大小取决于竞争的强度、开放还是封闭性会员资格制度，以及合作社采取净边际收益产品还是净平均收益产品的定价策略，而 Tribl（2012）认为在企业的竞争过程中还存在斯坦克伯格（Stackleberg）先动优势。

目前文献中关于垂直差异化产品市场的竞争标尺效应的研究主要包括：Zago（1999）、Deng 和 Hendrikse（2013）强调了合作社垄断模型中产品质量的合约问题，这些模型的结果并未发现竞争尺度效应。Saitone 和 Sexton（2009）则分析了产品质量差异化市场中处于竞争边界的合作社最优化合并定价策略，其中竞争边界是合作社定价策略的约束，在他们的模型中具有防止成员退出的作用。

我们设计了一个基于垂直差异化产品的双寡头垄断模型，以讨论竞争标尺效应的各个方面。假设市场中企业数量及其治理结构是内生决定的，并试图解决以下研究问题：在不同的市场结构中农产品的收购价格如何？合作社的竞争标尺效应是否存在？若是，该竞争标尺效应的强度是否受合并定价的程度所影响？在什么情况下合作社和 IOF 并存的双寡头市场结构才是均衡结果？我们的研究结果证实了合作社竞争标尺效应的存在，不但合作社的成员能够获得更高的盈余，而且其他农户也获得比纯 IOF 市场下更高的收益水平。

本文的结构如下：第二部分描述了农户和企业之间的博弈；第三部分对博弈进行求解；第四部分对模型进行扩展，进一步讨论当合作社采取部分合并定价策略时的均衡结果；第五部分进行总结，并提出了未来研究的一些可能性。

二　模型

本部分构建了一个关于企业定价和农户销售渠道选择的非合作博弈模型，接下来介绍该博弈的五个要素，分别是局中人、策略、效用、信息和决策次序。

（一）局中人

假设市场中有三个农户、两家企业和三个消费者，其中农户 1（2，3）产生低（中，高）质量的产品。需要指出的是，农户的产品质量是外生的，我们提出这个假设的原因是农户间存在许多异质性来源（Iliopoulos & Cook，1999），而其中一些是很难在短期内改变的，产品质量就是其中一个方面。这两家企业向农户购买农产品，并销售给消费者。

（二）策略

每家企业 e（=1,2）进行两个决策。首先，企业决定是否进入市场。

如果企业选择进入市场，则产生固定的沉没成本 F，该沉没成本包括企业的注册成本等（Sutton，1991；Bresnahan & Reiss，1994）；如果企业选择不进入市场，则不发生任何成本。第二，每个企业选择其治理结构，即社员资格开放性合作社或 IOF。合作社采取零利润服务成员原则下合并定价策略，且农户可以不受限制和无成本地自由加入合作社。IOF 采取利润最大化目标下的差别定价政策，同时可以拒绝农户的产品。

每个农户选择其销售渠道和产量。使 q_j^{eg} 为农户 $j(=1,2,3)$ 将其产品卖给具有治理结构 $g(=I,C)$ 的企业 $e(=1,2)$，其中 $I(C)$ 代表 IOF（合作社）。假设每个农户的产量为 0 或 1 个单位，因此，$q_j^{eg}=1(0)$ 表示农户 j 向治理结构为 g 的企业 e 销售（不销售）产品。

消费者 1（2，3）选择不购买或购买 1 个单位的产品，且假设在零售市场中也相应地有三种类型的消费者。

（三）效用

IOF 和合作社具有不同的定价策略和效用函数。IOF 基于质量对农户的产品进行差别定价，它获得收购价格和销售价格之间的差额；合作社则对成员所提供的不同质量的产品进行合并定价，并将所有收益分配给成员。当然，在下游零售市场中，IOF 和合作社都根据产品的质量进行差别定价。

令 R_j 为消费者对于产品 j 的保留价格，该保留价格随产品质量提高而增加，即 $R_1<R_2<R_3$。令 $c_j(j=1,2,3)$ 为农户 j 生产 1 单位农产品的生产成本，其中 c_j 随着 j 的增加而增加，当农户不生产时，生产成本为 0。此外，假设每一产品的保留价格大于其生产成本，即 $c_j<R_j$，其中，$j=1$，2，3。

企业的效用为收购成本和销售收入之间的差异。令 p_{jb}^{eg} 为具有治理结构 g 的企业 e 在购买产品时 j 支付的价格，p_{js}^{eg} 是具有治理结构 g 的企业 e 向消费者销售产品 j 时收取的销售价格。值得注意的是，IOF 对产品进行两次加价，分别为 $p_{jb}^{eI}-c_j$ 和 $p_{js}^{eI}-p_{jb}^{eI}$；而合作社只有单次加价。IOF 的定价政策被称为双重加价（Spengler，1950），其中加价是指每个环节的价格和边际成本之间的差异（Carlton & Perloff，1990）。

具有治理结构 g 的企业 e 的收益可以表示为 $\sum_{j=1}^{3} q_j^{eg} p_{js}^{eg} - \sum_{j=1}^{3} q_j^{eg} p_{jb}^{eg} - F$，其中 $\sum_{j=1}^{3} q_j^{eg} p_{js}^{eg}$ 是具有治理结构 g 的企业 e 的总收入，$\sum_{j=1}^{3} q_j^{eg} p_{jb}^{eg}$ 是该企业向农户收购产品时支付的成本。农户 j 将产品卖给具有治理结构 g 的企业 e，其获得的价格为 p_{jb}^{eg}；若农户不生产，则其收益为 0。假设合作社的成员除了承担其自身的生产成本，还需平均分摊合作社的进入成本。因此，当农户 j 通过 IOF 销售时获得收益 $p_{jb}^{eI} - c_j$，当他通过合作社销售时则获得收益 $p_{jb}^{eC} - c_j - F/\sum_{j=1}^{3} q_j^{eC}$。

此外，令 π_e^{eh} 为具有治理结构 g 的企业 e 在与具有治理结构 $h(= I, C)$ 的企业竞争时取得的收益，F_j^{gh} 为农户在具有治理结构 g 的企业与具有治理结构 h 的企业竞争时所获得的收益。

（四）信息

本模型假设产品信息对于各个供应链主体来说都是已知的。例如，Hansmann（1996）描述了加利福尼亚合作社通过独立的评级公司以确保产品评级过程的公正性，并确保该信息对于成员来说是高度透明的。因此，我们假设产品质量、生产成本、消费者保留价格、企业定价策略、各主体的收益函数等在该博弈中都是完备信息。

（五）决策次序

该博弈包括四个阶段，[①] 第一阶段，每个企业同时决定是否进入市场；第二阶段，每个企业同时选择治理结构为 IOF 或合作社，该选择决定了其定价策略；第三阶段，三个农户同时选择产品的销售渠道；第四阶段，每个

[①] 关于博弈次序的原则是，难以改变的决策往往先于较容易改变的决策，长期性的决策先于短期性的决策（Sutton，1991）。Williamson（2000）区分了四个社会分析的层次，第一层为社会嵌入性层面的规则、惯例、传统等；第二层为制度性环境，包括法律法规和财产权等正式制度；第三层为治理层面，主要指交易中合约的形式；第四层为通过资源分配和雇佣等以调整价格和供给，从而实现市场的均衡。这四个层面的改变所需要的时间跨度分别为 100~1000 年、10~100 年、1~10 年和持续性变化。因此，第一层关于社会嵌入性的选择是最难以改变的，而第四层的资源分配和雇用是最容易改变的。我们的模型主要对第三和第四层面的问题进行分析，其中关于第四层面的分析嵌入在第三层面中。这种层次关系体现在我们所构建的博弈模型的次序中，前三个阶段为关于交易治理结构的选择，最后一个阶段是关于资源分配的选择。

农户选择他的产出水平,即产生 1 个单位的产品或不生产。①

三 均衡

我们通过反向推理的方法对该博弈进行求解。

(一) 市场进入、价格制定、销售渠道和生产决策

每个企业都可能选择 IOF 或合作社作为治理结构,这意味着三种可能的市场结构,即纯 IOF 市场,IOF - 合作社混合市场和纯合作社市场。我们对每种市场结构下的企业市场进入决定和价格制定,以及农户的销售渠道选择和生产决策等行为进行分析。

1. 纯 IOF 市场

假设每家企业都选择 IOF 作为其治理结构,两家 IOF 之间存在激烈的波特兰(Bertrand)价格竞争,只要 IOF 获得非负收益,就会持续地通过提高其收购价格吸引农户,直至高至 $p_{jb}^{eI} = R_j - \varepsilon$,其中 ε 是非常小的正数。由于企业在进行市场进入决策时能够预期到,沉没成本 F 的存在会导致该竞争下的企业遭受负利润这一后果(Baumol et al.,1982),因此最终只有一家企业进入市场。②

假设 IOF1 进入市场,而 IOF2 不进入市场。IOF1 对农户的产品采取边际成本定价策略以最大化其收益,即 $p_{jb}^{1I} = c_j + \varepsilon$,并且由于 IOF1 知道每个消费者的保留价格,会选择将产品以价格 $p_{js}^{1I} = R_j$ 卖给消费者。因此,该 IOF 的收益为 $\pi^I = \sum_{j=1}^{3} R_j - \sum_{j=1}^{3} c_j - F - 3\varepsilon$,每个农户的收益为 ε。我们从该博弈的结果中得到命题 1。

命题 1:所有农户将产品卖给同一家 IOF,每个农户的收益都几乎为零。

表 1 汇总了该博弈的结果,包括企业选择的均衡价格、农户的渠道选择和生产决策。

---

① 我们同时也分析了当两家企业进行惯序博弈时的结果,发现其同时博弈的结果相同,因此在本文中我们只对同时博弈进行分析。

② 该结果是同质性产品市场中价格竞争的经典结论,Osborne(2009)在其著作中对寡头垄断市场中对波特兰(Bertrand)博弈进行分析,可以说,波特兰博弈是一种最为激烈的竞争。

表 1 纯 IOF 市场的均衡结果

j	p_{jb}^{1I}	p_{js}^{1I}	q_j^{1I}	q_j^{2I}
1	$c_1 + \varepsilon$	R_1	1	0
2	$c_2 + \varepsilon$	R_2	1	0
3	$c_3 + \varepsilon$	R_3	1	0

2. IOF - 合作社混合市场

合作社将其收入平均分配给生产者成员，这意味着合作社企业本身是零盈余。因此，通过合作社销售产品的农户 j 获得的收益为 $p_{jb}^{eC} = \frac{\sum_{j=1}^{3} q_j^{eC} p_{js}^{eC} - F}{\sum_{j=1}^{3} q_j^{eC}}$。这里要注意零利润约束对合作社进入市场时发生的固定成本 F 在收购价格中的影响，由于零利润约束，合作社将 F 纳入采购价格的制定，但固定成本 F 不会影响 IOF 对于收购价格的制定，因为它是第一阶段就已经发生的沉没成本（当所有企业采用 IOF 作为治理结构时，这一成本的沉没也是造成垄断的原因）。

IOF 根据农户的产品质量不同制定差异化价格。IOF 选择低质量农产品的收购价格为 $p_{jb}^{1I} = R_1 - F - \varepsilon$，以阻止低质量农产品的供给；选择 $p_{2b}^{1I} = (R_1 + R_2)/2 - F/2 + \varepsilon$ 作为中等质量农产品的收购价格，以吸引农户或者说防止农户 2 参与合作社；选择 $p_{3b}^{1I} = (R_1 + R_3)/2 - F/2 + \varepsilon$ 作为高质量农产品的收购价格，以吸引农户 3 的产品供给。IOF 这么做的原因是，当沉没成本足够小时，购买农户 1 的产品所产生的收益 $F - \varepsilon$ 无法覆盖其造成的支付农户 2 的额外价格 $(R_2 - R_1)/2 - F/2$ 或支付农户 3 的额外价格 $(R_3 - R_1)/2 - F/2$ 的损失。

值得注意的是，IOF 销售的每一种产品有两次加价，当农户 j 将产品卖给 IOF 时，产生一次加价；当 IOF 将产品 j 卖给消费者时，产生第二次加价。因此，IOF 需选择两组价格，即收购价格和销售价格，IOF 获得收购价格和销售价格之间的差额。

假设进入成本 F 不至于大到会阻止农户的生产行为。合作社的合并定价策略使得它面临逆向选择问题，即只有低质量的生产者农户 1，通过合作社来销售，而更高质量的生产者农户 2 和农户 3，则都选择通过 IOF 来销售。表 2 显示了在农户非负收益的条件下，企业的均衡价格以及农户的渠道选择和生产决策。

表 2　IOF – 合作社混合的双寡头市场的均衡结果

j	p_{jb}^{1I}	p_{js}^{1I}	p_{jb}^{2C}	p_{js}^{2C}	q_j^{1I}	q_j^{2C}
1	—	—	$R_1 - F$	R_1	0	1
2	$\frac{R_1 + R_2}{2} - \frac{F}{2} + \varepsilon$	R_2	—	—	1	0
3	$\frac{R_1 + R_3}{2} - \frac{F}{2} + \varepsilon$	R_3	—	—	1	0

在该混合市场中，农户 1 通过合作社销售产品，获得收益 $R_1 - F - c_1$。农户 2 通过 IOF 销售产品，获得收益 $(R_1 + R_2)/2 - F/2 - c_2 + \varepsilon$，而 IOF 从与农户 2 的交易中赚取收益 $(R_2 - R_1)/2 + F/2 - \varepsilon$。农户 3 的收益为 $(R_1 + R_3)/2 - F/2 - c_3 + \varepsilon$，IOF 从与农户 3 的交易中获得利润 $(R_3 - R_1)/2 + F/2 - \varepsilon$。所有农户在混合市场中的效用水平都高于其在纯 IOF 市场中获得的效用。由此，我们得出了命题 2。

命题 2：在 IOF – 合作社混合市场中，生产低质量农产品的农户通过合作社来销售，生产中等和高质量农产品的农户通过 IOF 进行销售。

命题 2 指出，合作社的合并定价策略阻碍了高质量农产品的农户加入合作社，这意味着逆向选择，这是一个被广泛认可的合作社问题（Fulton & Sanderson，2002；Saitone & Sexton，2009）。生产低质量农产品的农户愿意加入合作社，他们受益于双重加价的消除，然而他们并未享受合作社的合并定价所带来的效益，因为只有低质量农产品的农户才加入合作社，这种合并定价策略阻碍了生产高质量农产品的农户加入合作社。因此可以说，IOF 占领的是高质量农产品和高保留价格的市场利基。

3. 纯合作社市场

合作社的特点之一是采取合并定价策略。在纯合作社市场中，不存在纯策略纳什均衡，因为生产低质量农产品的农户总是倾向于加入有高质量农产品的农户的合作社，以便从合并定价中受益；然而，生产高质量农产品的农户预期到低质量农产品的农户的这种倾向后，便会选择不加入或退出合作社，并加入或成立其他合作社，从而造成成员结构的变化和新合作社的出现。Hendrikse（2011）对此进行过例证。

在纯合作社市场中，纳什均衡是混合策略。令混合策略 q_i 为农户 i 选择加入合作社 1 的概率，因此策略 $1-q_i$ 为农户 i 选择加入合作社 2 的概率。[①] 因此该混合策略的均衡结果取决于每个农户对于预期收益最大化的选择，即每个农户都以 0.5 的概率选择合作社 1 和以 0.5 的概率选择合作社 2（混合策略均衡的计算过程见附录）。命题 3 对该结果进行概括。

命题 3：纯合作社市场中每个农户采取混合策略来选择其成员资格。

尽管合作社采取完全合并定价策略，然而每个农户获得的价格不尽相同，这是因为合并价格是由合作社的实际成员结构所确定的。因此，农户 1 的支付价格最低，农户 3 的支付价格最高。具体来说，农户的预期收益（见附录）反映了如下事实，有时候该农户是其合作社的唯一成员，而有时候该农户与其他农户一起组成合作社成员。该博弈的均衡结果表现为混合策略，合作者的成员数量根据混合策略的概率而变化。表 3 给出了每个农户的预期价格、渠道选择和生产决策。

表 3　纯合作社市场的均衡结果

j	p_{jb}^{1C}	p_{js}^{1C}	p_{jb}^{2C}	p_{js}^{2C}	q_j^{1C}	q_j^{2C}
1	$\dfrac{14R_1+5R_2+5R_3}{24}-\dfrac{2}{3}F$	R_1	$\dfrac{14R_1+5R_2+5R_3}{24}-\dfrac{2}{3}F$	R_1	0.5	0.5
2	$\dfrac{5R_1+14R_2+5R_3}{24}-\dfrac{2}{3}F$	R_2	$\dfrac{5R_1+14R_2+5R_3}{24}-\dfrac{2}{3}F$	R_2	0.5	0.5
3	$\dfrac{5R_1+5R_2+14R_3}{24}-\dfrac{2}{3}F$	R_3	$\dfrac{5R_1+5R_2+14R_3}{24}-\dfrac{2}{3}F$	R_3	0.5	0.5

农户的预期收益等于其获得的价格减去每单位生产成本，农户 1、农户 2 和农户 3 的预期收益分别为 $(14R_1+5R_2+5R_3)/24-c_1-2F/3$、$(5R_1+14R_2+5R_3)/24-c_2-2F/3$ 和 $(5R_1+5R_2+14R_3)/24-c_3-2F/3$。

[①] 当 $(R_1+R_2)/2>c_2$，$(R_1+R_2+R_3)/3>c_3$，且 $(R_1+R_3)/2>c_3$ 时，每个农户都生产 1 单位产品。否则，混合策略均衡结果就会被改变，比如，若 $\dfrac{R_1+R_2}{2}<c_2$，农户 2 会选择不生产，若 $\dfrac{R_1+R_2+R_3}{3}<c_3$ 或 $\dfrac{R_1+R_2}{2}<c_3$，农户 3 会选择不生产。

(二) 竞争标尺效应

本部分主要讨论农户所获得的价格和合作社市场份额之间的关系,即竞争标尺效应。根据表1、表2和表3显示的结果,农户的均衡收益在不同市场结构下存在显著差异。在纯IOF市场,所有农户通过IOF销售产品,IOF基于农户的边际生产成本进行定价,农户获得非常低的收益。在IOF-合作社混合市场中,合作社的合并定价策略导致了农户的逆向选择行为,只有生产最低质量农产品的农户加入合作社,其他农户通过IOF进行销售,但是,相比于纯IOF市场,农户所得到的价格要高得多,这是因为合作社将所有盈余返还给成员的原则迫使IOF向农户支付更高的价格以吸引农户。图1对表1、表2和表3的结果进行汇总,以反映竞争标尺效应,横轴表示合作社的市场份额,纵轴表示收购价格。例如,纯IOF市场的均衡结果(见表1)在图1中显示为合作社的市场份额为0的水平轴上,三个农户所获得的收购价格显示在垂直轴上。类似的,IOF-合作社混合市场情况下,合作社的市场份额为1/3,不同质量农产品的采购价格也分别显示在相应的纵坐标上。农户在不同的市场结构下获得的采购价格用虚线表示,随着合作社的市场份额增加,采购价格也随之提高。因此可以说,图1描述了合作社市场份额和农户获得的收购价格之间的关系。

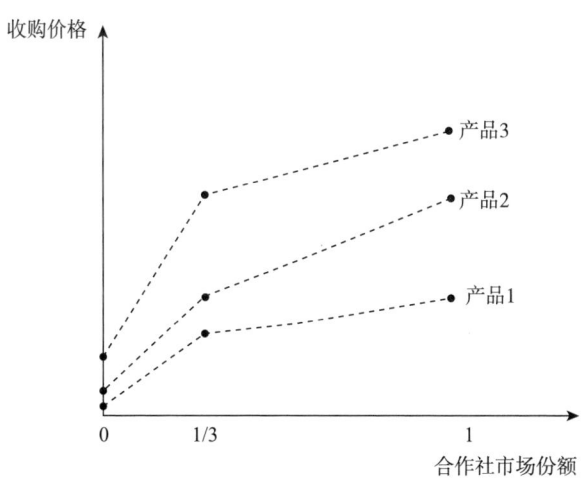

图1 市场结构和收购价格

以市场中存在合作社时农户获得的收购价格与不存在合作社时的收购价格之间的差异作为衡量竞争标尺效应的指标，本文的模型结果显示了混合市场中合作社的竞争标尺效应，不但加入合作社的农户的收益得以提高，而且通过 IOF 销售产品的农户也获得了更高的收益水平。命题 4 对该结论进行总结。

命题 4：合作社在市场中的存在具有竞争标尺效应。

现有企业和潜在企业之间的竞争与限制性定价比较类似，限制性定价意味着高产出水平或低价格，以阻止潜在企业进入行业（Milgrom & Roberts，1982；Sexton & Sexton，1987）。潜在企业预期到现有企业在新企业进入市场后能够保持其进入前的产出或价格，这种预期降低了潜在企业进入市场的吸引力。模型的结果却呈现出相反的结果，合作社在市场中的存在能够提高农户获得的产品价格。这就是合作社的竞争标尺效应。

（三）治理结构选择

本部分讨论市场结构的均衡结果。表 4 列出了在三种不同的市场结构下农户和企业的收益，表格的每个单元格都罗列了向量（$[F_1^{gh}, F_2^{gh}, F_3^{gh}, \pi_1^{gh}]$，$[F_1^{hg}, F_2^{hg}, F_3^{hg}, \pi_2^{hg}]$）的值，它反映了治理结构 g 的企业与治理结构 h 的企业相互竞争时，农户 j 和企业的收益。

纯 IOF 市场并不是均衡的市场结构。在纯 IOF 寡头垄断市场中，IOF 制定的价格为产品的边际生产成本，每个农户几乎得不到任何回报。农户们认识到他们的这种不利地位，并意识到只有通过构建合作社，他们的收益才能得以改善。例如，农户 1 能够使其收益从 ε 增加到 $R_1 - F - c_1$。因此，纯 IOF 市场不是一个均衡的市场结构。值得注意的是，不仅加入合作社的农户改善了收益水平，而且通过 IOF 销售的农户也获得了更高的收益。这就是竞争标尺效应。

IOF - 合作社混合市场的均衡结果表现为，农户 1 加入合作社，其他农户则通过 IOF 销售。农户 2 和农户 3 不加入合作社是为了避免合作社的合并定价造成其被搭便车，IOF 知晓合作社的零利润服务成员原则和合并定价策略，因而向每个农户提供稍高于农户加入合作社时获得的收益。对于农户 1 来说，相对于 IOF - 合作社混合市场，他更喜欢纯合作社市场，因为在纯合

表 4 不同市场结构下的农户收益

	IOF	合作社
$e=1$	$\begin{bmatrix} \varepsilon \\ \varepsilon \\ \varepsilon \\ \sum_{j=1}^{3} R_j - \sum_{j=1}^{3} c_j - F - 3\varepsilon \end{bmatrix}, \begin{bmatrix} 0 \\ 0 \\ 0 \\ R_1 - F - c_1 \end{bmatrix}$	$\begin{bmatrix} 0 \\ \dfrac{R_1+R_2}{2} - \dfrac{F}{2} - c_2 + \varepsilon \\ \dfrac{R_1+R_3}{2} - \dfrac{F}{2} - c_3 + \varepsilon \\ \dfrac{R_3+R_2-2R_1}{2} - 2\varepsilon \end{bmatrix}, \begin{bmatrix} R_1 - F - c_1 \\ 0 \\ 0 \\ 0 \end{bmatrix}$
$e=2$	$\begin{bmatrix} 0 \\ \dfrac{R_1+R_2}{2} - \dfrac{F}{2} - c_2 + \varepsilon \\ \dfrac{R_1+R_3}{2} - \dfrac{F}{2} - c_3 + \varepsilon \\ \dfrac{R_3+R_2-2R_1}{2} - 2\varepsilon \end{bmatrix}, \begin{bmatrix} \dfrac{14R_1+5R_2+5R_3}{24} - \dfrac{2F}{3} - c_1 \\ \dfrac{5R_1+14R_2+5R_3}{24} - \dfrac{2F}{3} - c_2 \\ \dfrac{5R_1+5R_2+14R_3}{24} - \dfrac{2F}{3} - c_3 \\ 0 \end{bmatrix}$	$\begin{bmatrix} \dfrac{14R_1+5R_2+5R_3}{24} - \dfrac{2F}{3} - c_1 \\ \dfrac{5R_1+14R_2+5R_3}{24} - \dfrac{2F}{3} - c_2 \\ \dfrac{5R_1+5R_2+14R_3}{24} - \dfrac{2F}{3} - c_3 \\ 0 \end{bmatrix}.$

作社市场中他可以"搭便车"于其他高质量农产品的农户以获得更高的价格，同时还可以与其他农户一起分担合作社的沉没成本。至于混合市场和纯合作社市场哪个是均衡的市场结构，这取决于消费者的产品保留价格和沉没成本 F 的大小。纯合作社市场对于农户 2 来说是具有一定程度的吸引力的，因为其与农户 3 的产品进行合并定价可以带来额外收益，然而同时也需与其他农户一起承担合作社的构建成本（沉没成本）。因此，均衡的市场结构取决于不同产品质量之间的保留价格差异和沉没成本 F 的大小。若消费者对于不同质量产品的保留价格差异较小，则合作社和 IOF 共存于市场中；当消费者对于不同质量产品的保留价格差异较大时，纯合作社市场是均衡结构。

命题5：当 $(5R_2 + 2R_3 - 7R_1)/4 \leq F$ 时，IOF - 合作社混合市场是均衡的市场结构；当 $(5R_2 + 2R_3 - 7R_1)/4 > F$ 时，纯合作社市场是均衡的市场结构。

四 部分合并定价

不根据产品质量进行分级或者说收益平均分配曾是合作社的基本原则，然而随着市场形势的变化，现在很多合作社采取改进的支付策略。差别定价对于合作社的稳定性和成员异质性增加时的最优生产决策来说非常重要（Sexton，1986；Staatz，1984）。例如荷兰合作社 Coforta 曾因为其采取的合并定价策略导致高质量的成员退出合作社，而当合作社调整其定价策略后，高质量农产品的农户又重新回到合作社（Hendrikse，2011）。正因为如此，很多合作社对成员的产品进行差别定价。本部分扩展了上述博弈模型，通过改变合作社的合并定价程度来进行比较静态分析。

令 θ 为合作社对产品进行差别定价的程度，$\theta = 0$ 表示完全合并定价，$\theta = 1$ 表示没有合并定价或完全差别定价。通过合作社销售的农户所得由合并价格和差异化价格两部分组成，即 $p_{jb}^{ec} = (1-\theta)\sum_{j=1}^{3} q_j^{ec} p_{js}^{ec} / \sum_{j=1}^{3} q_j^{ec} + \theta p_{js}^{ec} - F/\sum_{j=1}^{3} q_j^{ec}$。

首先考虑 IOF - 合作社并存的双寡头市场。农户对于销售渠道和治理结构的选择与完全合并定价时的情况相同，农户 1 通过合作社销售，而农户 2 和农户 3 通过 IOF 销售。尽管合作社的差别定价能够激励农户 2 和农户 3 加入合作社，但 IOF 能够通过提高收购价格来吸引农户 2 和农户 3。三个农户获得的收购价格分别是 $p_{1b}^{2C} = R_1 - F$、$p_{2b}^{1I} = (1-\theta)(R_1+R_2)/2 + \theta R_2 - F/2 + \varepsilon$ 和 $p_{3b}^{1I} = (1-\theta)(R_1+R_3)/2 + \theta R_3 - F/2 + \varepsilon$。随着 θ 增加，IOF 须不断地提高收购价格才能吸引农民。因此，支付给中等和高质量农产品的农户的采购价格也随之不断提高。①

虽然合并定价程度的减少并不会改变农户对于销售渠道的选择，但它影响了合作社的竞争标尺效应。IOF 支付给农户 2 和农户 3 的收购价格随着合作社的差别定价参数 θ 的增加而增加。当 θ 增加时，高质量农产品的农户加入合作社的意愿趋于强烈，IOF 也必须相应地向农户 2 和农户 3 支付更高的收购价格，以防止他们离开，这推动了整个市场的收购价格提高。命题 6 对该结果进行总结。

命题 6：合作社采取的差别定价的程度与农户收到的收购价格之间存在正相关关系。

图 2 描述了 IOF – 合作社混合市场中合作社定价策略与每一农户获得的收购价格之间的关系。当 $\theta = 0$ 时对应的收购价格与表 2 中的收购价格相一致。

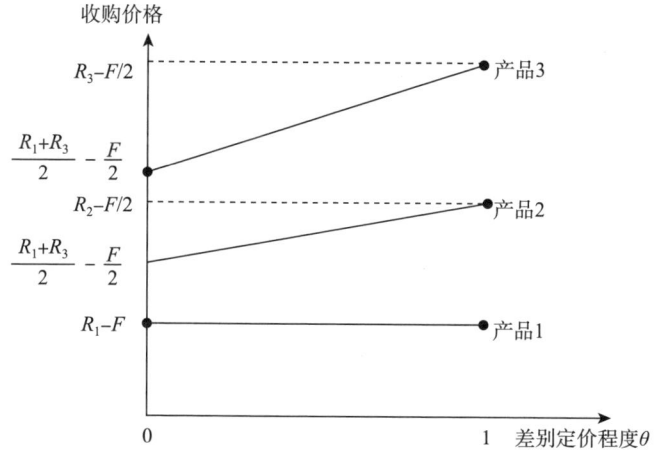

图 2　IOF – 合作社混合市场中收购价格和合作社定价策略

---

① 当 $\theta = 1$ 时，该博弈有两个均衡解。一是农户 1 加入合作社，农户 2 和农户 3 通过 IOF 销售，此时三个农户的收益分别为 $p_{1b}^{2C} = R_1 - F$、$p_{2b}^{1I} = R_2 - F/2$ 和 $p_{3b}^{1I} = R_3 - F/2$；二是所有农户加入合作社，此时市场成为纯合作社市场，每个农户的收益为 $p_{1b}^{2C} = R_1 - F/3$、$p_{2b}^{1I} = R_2 - F/3$ 和 $p_{3b}^{1I} = R_3 - F/3$，因为如果 IOF 支付给农户的价格与合作社相同，IOF 的收益为 0。

五　结论与未来研究方向

本文构建了一个垂直差异化产品市场的博弈模型,以分析合作社的合并定价和零利润约束如何影响合作社的社员结构,以及合作社如何通过影响农产品市场的竞争性来提高农户收入。企业选择采用 IOF 或合作社为治理结构,IOF 对农户的产品采取差别定价,并获得收购价格和销售价格之间的差异,而合作社对农户的产品采取合并定价策略,并将所有剩余分配给成员。

现有文献中已经有不少关于合作社和 IOF 共存的各种解释,如保证供应（Carlton, 1979a; 1979b）、空间市场中的竞争标尺效应（Sexton, 1990）、产品差异化（Hendrikse, 1998）和合同外部性（Hendrikse, 2007）等。我们的模型分析表明,当消费者对于不同质量产品的保留价格足够相似时,合作社和 IOF 的共存是一种稳定的市场结构;否则,纯合作社市场是一种均衡的市场结构,农户采取混合策略来选择其销售渠道。在 IOF - 合作社混合市场中,由于合作社采取（部分）合并定价策略,低质量产品的农户倾向于加入合作社,而高质量产品的农户通过 IOF 销售产品。

合作社竞争标尺效应源于其将所有收益返还成员的原则。合作社在市场中的存在会迫使 IOF 提高收购价格以吸引农户,不仅加入合作社的农户获得了更多的剩余,而且其他农户也获得了比 IOF 市场更高的收益水平。合作社采用差别定价的程度越高,其竞争标尺效应也越强。尽管抗衡势力和竞争标尺效应都能够为农户带来收益,但它们驱动价格提高的机制却截然不同。抗衡势力意味着许多小农户联合起来组成一个协会,通过集体行动与供应链中的其他主体进行谈判,这意味着合作社成员和交易伙伴之间的权力分配发生了变化,最终导致农户成员所获得的价格上涨（Hendrikse, 2011）。合作社的竞争标尺效应则是治理结构选择的外部性效应,合作社的出现创造了一种对合作社以外的农户有利的外部性。更具体地说,合作社的出现提高了农户除 IOF 以外的其他选择,而这种改进的外部选择,使得农户获得了更高的价格。

本研究尚有一系列待研究的可能性。我们强调了收益权结构与合作社竞争标尺效应之间的关系,这决定了合作社只能提供低质量农产品,因为无论是完全还是部分合并定价都会导致合作社只能吸引低质量农产品的农户。然而,合并定价其实也可能带来优势(Saitone & Sexton, 2009; Hendrikse, 2011)。它削弱了农户过度生产高质量农产品的动机,确保风险厌恶型农户不会随机改变产品质量水平,从而产生抗衡势力。当然,合作社也可能通过设置其他收益权结构以同时吸引或仅仅吸引高质量农产品的农户,而并非只能吸引低质量农产品的农户。

第二,合并定价在本研究的模型中被视为外生参数,但是我们可以在博弈中通过增加一个关于合作社中成员决策权选择的阶段,即让成员自己对定价策略进行投票,从而改变合并定价的外生性程度。Hart 和 Moore(1996)、Zago(1999)提出了基于多数表决的决策规则。另一个可能影响合并程度的重要因素是,合作社须对其盈余和集体资本如何在成员之间分配作出规定(Giannakakis & Fulton, 2005)。

第三,传统上来说,合作社高度重视平等主义,如团结和平等待遇,对成员的产品进行合并定价就是其中一个例子。我们已经分析了合作社的合并定价策略对其质量供给的影响,以回应现实中经常观察到的关于合作社提供低质量产品的现象。然而,也有证据表明,一些合作社能够提供比其他组织形式更高质量的农产品(Schamel & Santos-Arteaga, 2015)。其中可能的原因是合作社采取对高质量农产品的奖励措施,例如,Fares 和 Orozco(2014)分析了一家法国葡萄酒合作社所采用的质量竞赛项目,以对高质量农产品的农户进行激励,但是他们并未对合作社与其他企业的竞争进行分析。可以说,寡头市场中合作社对质量的激励措施与其市场竞争标尺效应强度之间的关系,是未来研究的重要议题。

第四,合作社中所有权和控制权的分离,也是研究合作社产品多样化中需考虑的重要因素,成员所有权与管理者控制权决定了他们之间收益函数和目标的不同(Bijman et al., 2013)。可以说,合作社控制权从其所有者到管理者的转移,在很大可能性上会影响合作社的质量供给。

附　录

本附录对纯合作社市场中农户的混合策略均衡结果进行计算。我们假设 $\frac{R_1+R_2}{2}>c_2$、$\frac{R_1+R_2+R_3}{3}>c_3$ 和 $\frac{R_1+R_3}{2}>c_3$，即每个农户生产 1 单位产品。农户需承担的成本包括其自己的生产成本和合作社的市场进入成本。假设农户 1 加入合作社 1 的概率为 q_j，则其加入合作社 2 的概率为 $(1-q_j)$。附表对每一种可能性下各个农户的收益进行了描述。

我们将该博弈的均衡结果分为两种情况来看。第一种情况是当农户 1 加入合作社 1 时，农户 2 和农户 3 是如何选择的，即附表中的左半边。如果农户 3 加入合作社 2 的话，农户 2 也倾向于加入合作社 2；同样的，如果农户 2 加入合作社 2，农户 3 也倾向于加入合作社 2，无论合作社的沉没成本 F 的值如何。如果农户 3 加入合作社 1，而农户 2 倾向于加入合作社 2，那么当农户 1 加入合作社 1 时，农户 2 和农户 3 的收益最大化选择为都加入合作社 2；同样的，如果农户 2 加入合作社 1，而农户 3 倾向于加入合作社 2，那么当农户 1 加入合作社 1 时，农户 2 和农户 3 的收益最大化选择为都加入合作社 2，该结果发生于当 $2F<2R_3-R_1-R_2$ 时。若该条件不满足，即 $2F\geq 2R_3-R_1-R_2$，那么在农户 1 加入合作社 1 的前提下，将会存在两个纯策略纳什均衡和一个混合策略纳什均衡。第二种情况是当农户 1 加入合作社 2 时，农户 2 和农户 3 的收益最大化选择同样是另一家合作社，三个农户的收益水平也与农户 1 加入合作社 1 的情况相同，因为两种情况是完全对称的。当农户 1 加入合作社 2 时，在 $2F<2R_3-R_1-R_2$ 的条件下，农户 2 和农户 3 都加入合作社 1；在 $2F\geq 2R_3-R_1-R_2$ 的条件下，同样存在三个可能的均衡结果，我们不再对此作分析。

我们进一步对 $2F<2R_3-R_1-R_2$ 条件下的纳什均衡结果进行分析，因为在该条件下，只存在唯一的混合策略纳什均衡，且每个农户都生产 1 单位

产品和获得非负收益。假如农户 2 和农户 3 都加入合作社 2，则农户 1 也倾向于加入合作社 2，因为 $R_1 + R_2 + R_3 - F > 3(R_1 - F)$。然而，随着农户 1 加入合作社 2，农户 2 和农户 3 将会选择退出合作社 2。总之，农户 2 和农户 3 总是倾向于加入没有农户 1 的合作社。这就是该博弈不存在纯策略纳什均衡解，而只有一个混合策略纳什均衡的原因。该混合策略纳什均衡下各农户的收益最大化计算过程如下。

农户 1 的预期收益为：

$$F_1^{cc} = q_1 \left[q_2 q_3 \left(\frac{R_1 + R_2 + R_3}{3} - c_1 - \frac{F}{3} \right) + q_2 (1 - q_3) \left(\frac{R_1 + R_2}{2} - c_1 - \frac{F}{2} \right) \right.$$
$$+ (1 - q_2) q_3 \left(\frac{R_1 + R_3}{2} - c_1 - \frac{F}{2} \right) + (1 - q_2)(1 - q_3)(R_1 - c_1 - F) \right]$$
$$+ (1 - q_1) \left[q_2 q_3 (R_1 - c_1 - F) + q_2 (1 - q_3) \left(\frac{R_1 + R_3}{2} - c_1 - \frac{F}{2} \right) \right.$$
$$+ (1 - q_2) q_3 \left(\frac{R_1 + R_2}{2} - c_1 - \frac{F}{2} \right) + (1 - q_2)(1 - q_3) \left(\frac{R_1 + R_2 + R_3}{3} - c_1 - \frac{F}{3} \right) \right]$$

农户 2 的预期收益为：

$$F_2^{cc} = q_1 \left[q_2 q_3 \left(\frac{R_1 + R_2 + R_3}{3} - c_2 - \frac{F}{3} \right) + q_2 (1 - q_3) \left(\frac{R_1 + R_2}{2} - c_2 - \frac{F}{2} \right) \right.$$
$$+ (1 - q_2) q_3 (R_2 - c_2 - F) + (1 - q_2)(1 - q_3) \left(\frac{R_2 + R_3}{2} - c_2 - \frac{F}{2} \right) \right]$$
$$+ (1 - q_1) \left[q_2 q_3 \left(\frac{R_2 + R_3}{2} - c_2 - \frac{F}{2} \right) + q_2 (1 - q_3)(R_2 - c_2 - F) \right.$$
$$+ (1 - q_2) q_3 \left(\frac{R_1 + R_2}{2} - c_2 - \frac{F}{2} \right) + (1 - q_2)(1 - q_3) \left(\frac{R_1 + R_2 + R_3}{3} - c_2 - \frac{F}{3} \right) \right]$$

农户 3 的预期收益为：

$$F_3^{cc} = q_1 \left[q_2 q_3 \left(\frac{R_1 + R_2 + R_3}{3} - c_3 - \frac{F}{3} \right) + q_2 (1 - q_3)(R_3 - c_3 - F) \right.$$
$$+ (1 - q_2) q_3 \left(\frac{R_1 + R_3}{2} - c_3 - \frac{F}{2} \right) + (1 - q_2)(1 - q_3) \left(\frac{R_2 + R_3}{2} - c_3 - \frac{F}{2} \right) \right]$$
$$+ (1 - q_1) \left[q_2 q_3 \left(\frac{R_2 + R_3}{2} - c_3 - \frac{F}{2} \right) + q_2 (1 - q_3) \left(\frac{R_1 + R_3}{2} - c_3 - \frac{F}{2} \right) \right.$$
$$+ (1 - q_2) q_3 (R_3 - c_3 - F) + (1 - q_2)(1 - q_3) \left(\frac{R_1 + R_2 + R_3}{3} - c_3 - \frac{F}{3} \right) \right]$$

为使每个农户的收益最大化，需求解 $\dfrac{dF_j}{dq_j}=0$，即：

$$\begin{cases} (q_2+q_3-1)\dfrac{R_1+R_2+R_3}{3}+(q_3-q_2)\dfrac{R_2+R_3}{2}+(1-q_2-q_3)R_1+(q_2+q_3-1)\dfrac{2F}{3}=0 \\ (q_1+q_3-1)\dfrac{R_1+R_2+R_3}{3}+(q_3-q_1)\dfrac{R_2+R_3}{2}+(1-q_1-q_3)R_1+(q_1+q_3-1)\dfrac{2F}{3}=0 \\ (q_1+q_2-1)\dfrac{R_1+R_2+R_3}{3}+(q_2-q_1)\dfrac{R_2+R_3}{2}+(1-q_1-q_2)R_1+(q_1+q_2-1)\dfrac{2F}{3}=0 \end{cases}$$

该方程组的均衡解为 $q_1=q_2=q_3=0.5$，即每个农户加入合作社 1 和合作社 2 的概率都为 0.5，也就是说，每家合作社的社员规模为 1.5，三个农户的所得分别为 $F_1^{cc}=\dfrac{14R_1+5R_2+5R_3}{24}-c_1-\dfrac{2F}{3}$，$F_2^{cc}=\dfrac{5R_1+14R_2+5R_3}{24}-c_2-\dfrac{2F}{3}$，$F_3^{cc}=\dfrac{5R_1+5R_2+14R_3}{24}-c_3-\dfrac{2F}{3}$。

附表

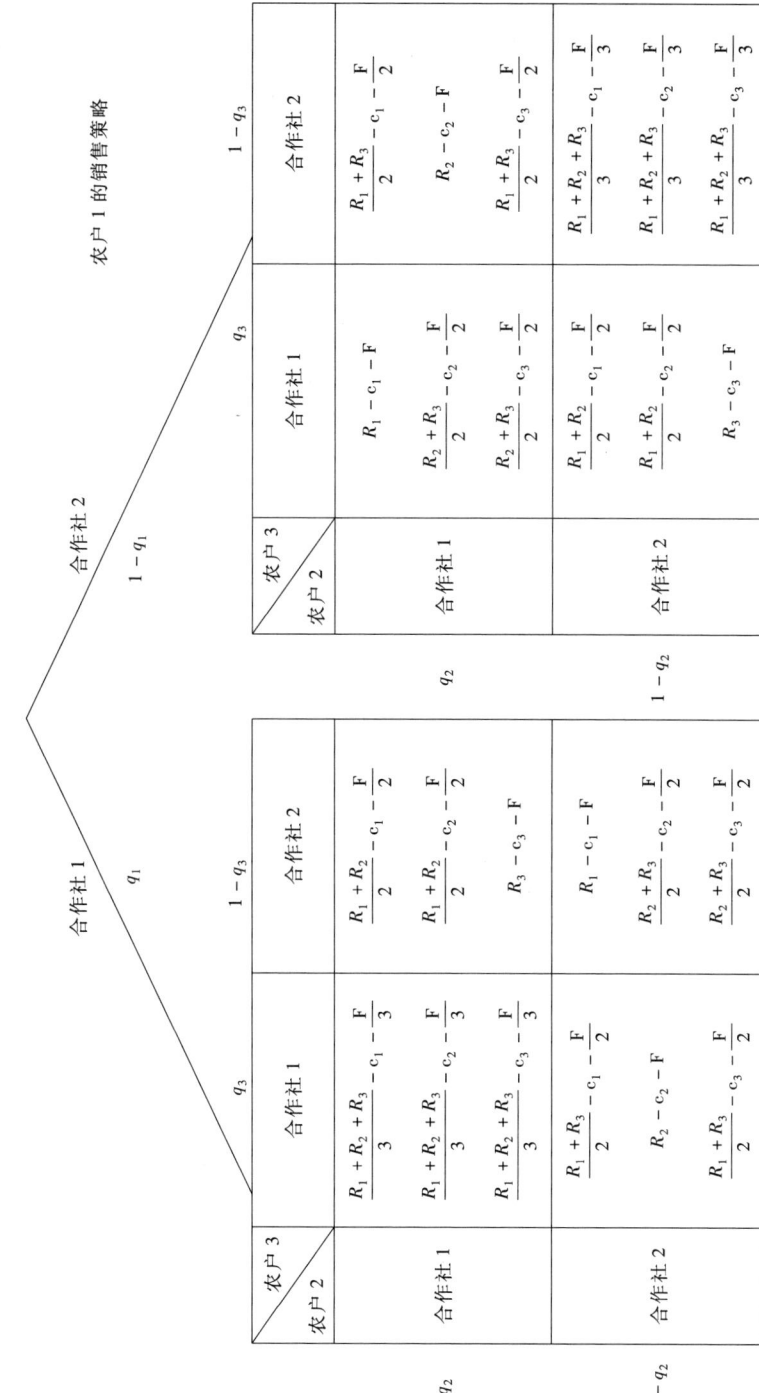

纯合作市场的策略树

参考文献

Abbring, J. H., Campbell, J. R. Tilly, J., Yang, N. 2014. *Very Simple Markov-perfect Industry Dynamics*. Tilburg University, CentER Discussion Paper.

Baumol, W. J., Panzar, J. C. Willig, R. D. 1982. *Contestable Markets and the Theory of Industry Structure*. Hartcourt Brace Jovanovic.

Bijman, J., Hendrikse, G. W. J., Van Oijen, A. A. C. J. 2013. "Accommodating Two Worlds in one Organization: Changing Board Models in Agricultural Cooperatives." *Managerial and Decision Economics*, 34 (3 – 5): 204 – 217.

Bijman, J., Iliopoulos, C., Poppe, K. J., Gijselinckx, C., Hagendorn, K., Hanisch, M., Hendrikse, G. W. J., Kühl, R., Ollila, P., Pyykkonen, P., van der Sangen. G. *Support for Farmers' Cooperatives, Final Report*. Wageningen: Wageningen UR.

Bresnahan, T. F., Reiss, P. C. 1994. "Measuring the Importance of Sunk Costs." *Annales d'Economie et de Statistique*, (34): 181 – 217.

Carlton, D. W. 1979a. "Vertical Integration in Competitive Markets under Uncertainty." *Journal of Industrial Economics*, 27 (3): 189 – 209.

Carlton, D. W. 1979b. "Contracts, Price Rigidity, and Market Equilibrium." *Journal of Political Economy*, 87 (5): 1034 – 1062.

Carlton, D. W., Perloff, M., 1990. *Modern Industrial Organization*. Scott, Foresman/Little, Brown High Education.

Cotterill, R. W. 1987. *Agricultural cooperatives: A Unified Theory of Pricing, Finance and Investment*. In J. S. Royer (Ed.), Cooperative Theory: New Approaches. ASC Service Reports 18, US Department of Agriculture, Washington, D. C., 171 – 258.

Cropp, R., Ingalsbe, G. 1989. *Structure and Scope of Agricultural Cooperatives*. in D. Cobia (Ed.), Cooperatives in Agriculture, Prentice Hall, Englewood Cliffs.

Deng, W., Hendrikse, G. W. J. 2013. *Uncertainties and Governance Structure in Incentives Provision for Product Quality*. In Ehrman, T., Windsperger, J., Cliquet, G., and Hendrikse, G. W. J. (Eds.), Network Governance: Alliances, Cooperatives and Franchise Chains, Physica Verlag, 179 – 203.

Dunn, J. R., Ingalsbe, G., Armstrong, J. H., 1979. *Cooperatives and the Structure of US Agriculture*, in Structure Issues of American Agriculture. Agr. Econ. Report No. 438, USDA/ESCS, Washington, D. C., 241 – 248.

Fares, M., Orozco, L. 2014. "Tournament Mechanism in Wine-grape Contracts: Evidence from a French Wine Cooperative." *Journal of Wine Economics*, 9 (3): 320 – 345.

Frick, B. 2004. "Does Ownership matter? Empirical Evidence from the German Wine Industry." *Kyklos*, 57 (3): 357 – 386.

Fulton, M., Sanderson, K., 2002, *Co-operatives and Farmers in the New Agriculture*. Working paper, Centre for the Study of Co-operatives, University of Sasketchewan.

Giannakakis, K., Fulton, M. 2005. "Process Innovation Activity in a Mixed Duopoly: the Role of Cooperatives." *American Journal of Agricultural Economics*, 87 (2): 406 – 422.

Hanisch M., Rommel, J., Müller, M. 2014. *The Competitive Yardstick Revisited: Panel Evidence from the European Dairy Sectors*. Journal of Agriculture & Food Industrial Organization, (forthcoming).

Hansmann, H. 1996. *The Ownership of Enterprise*. Harvard University Press.

Hart, O., Moore, J. 1996. "The Governance of Exchanges: Members' Cooperatives Versus Outside Ownership." *Oxford Review of Economic Policy*, 12 (4): 53 – 69.

Helmberger, P. G. 1964. "Cooperative Enterprise as a Structural Dimension of Farm Markets." *Journal of Farm Economics*, 46 (3): 603 – 617.

Helmberger, P. G., Hoos, S. 1962. "Cooperative Enterprise and Organization Theory." *Journal of Farm Economics*, 44 (2): 275 – 290.

Hendrikse, G. W. J. 1998. "Screening, Competition and the Choice of Marketing Cooperative as an Organizational Form." *Journal of Agricultural Economics*, 49 (2): 202 – 217.

Hendrikse, G. W. J. 2007. On the Co-existence of Spot and Contract Markets: The Delivery Requirement as Contract Externality." *European Review of Agricultural Economics*, 34 (2): 257 – 282.

Hendrikse, G. W. J. 2011. Pooling, Access, and Countervailing Power in Channel Governance. *Management Science*, 57 (9): 1692 – 1702.

Hendrikse, G. W. J., Feng, L. 2013. *Interfirm Cooperatives*. in Grandori A. (Ed.), Handbook of Economic Organization: Integrating Economic and Organization Theory." Edward Elgar Publishing, 501 – 521.

Iliopoulos, C., Cook. M. L. 1999. *The Efficiency of Internal Resource Allocation Decisions in Customer-owned firms: The Influence Costs Problems*. Paper Presented at the Third Annual Conference of the International Society for New Institutional Economics, Washington, D. C., September 16 – 18.

Karantininis, K., Zago, A. 2001. "Endogenous Membership in Mixed Duopsonies." *American Journal of Agricultural Economics*, 83 (5): 1266 – 1272.

Menard, C. 2004. "The Economics of Hybrid Organizations," *Journal of Institutional and The-*

oretical Economics, 160 (3): 345 – 376.

Milford, A. 2012. "The Pro-competitive Effect of Coffee Cooperatives in Chiapas, Mexico." *Journal of Agricultural & Food Industrial Organization*, 10 (1): 1515 – 1542.

Milgrom, P. R., Roberts J. 1982. "Limit Pricing and Entry Under Incomplete Information: An Equilibrium Analysis." *Econometrica*, 50 (2): 443 – 459.

Nilsson, J. 1998. "The Emergence of New Organizational Models for Agricultural cooperatives." *Swedish Journal of Agricultural Research*, 28 (1): 39 – 47.

Osborne, M. J. 2009. *An Introduction to Game Theory*. Oxford University Press.

Pennerstorfer, D., Weiss, C. R. 2013. "Product Quality in the Agri-food Chain: Do Cooperatives offer High-quality Wine?" *European Review of Agricultural Economics*, 40 (1): 143 – 162.

Rogers, R. T., Petraglia, L. M. 1994. "Agricultural Cooperatives and Market Performance in Food Manufacturing: Implications for Market Performance." *Journal of Agricultural Cooperation*, (9): 1 – 12.

Saitone, T. L., Sexton, R. J. 2009. "Optimal Cooperative Pooling in a Quality-Differentiated Market." *American Journal of Agricultural Economics*, 91 (5): 1224 – 1232.

Schamel, G., Santos-Arteaga, F. 2015. *An Empirical Analysis of Product Quality and Organizational Form*. In Windsperger, J., Cliquet, G., Ehrmann, T., Hendrikse, G. W. J. (Eds.), Interfirm networks: Franchising, cooperatives and strategic alliances. Springer, 191 – 207.

Sexton, R. J. 1986. *The Formation of Cooperatives: a Game-theoretic Approach with Implications for Cooperatives*. Giannini Foundation Information Series No. 88 – 3, University of California.

Sexton, R. J. 1990. "Imperfect Competition in Agricultural Markets and the Role of Cooperatives: a spatial analysis." *American Journal of Agricultural Economics*, 72 (3): 709 – 720.

Sexton, R. J. Sexton, T. A. 1987. "Cooperatives as Entrants." *The RAND Journal of Economics*, 18 (4): 581 – 595.

Spengler, J. J. 1950. "Vertical Integration and Antitrust Policy." *Journal of Political Economy*, 58 (4): 347 – 352.

Staatz, J. M. 1984. *A Theoretical Perspective on the Behavior of Farmers' Cooperatives*. Ph. D. dissertation, Department of Agricultural Economics, Michigan State University, USA.

Sutton J. 1991. *Sunk Costs and Market Structure*. The MIT Press Cambridge, Massachusetts: London, England.

Tennbakk, B. 1995. "Marketing Coperatives in Mixed Duopolies." *Journal of Agricultural Economics*, 46 (1): 33 – 45.

Theodorakopoulou, I., Iliopoulos, C. 2012. *Support for Farmers' Cooperatives: Sector Report*

Wine. Wageningen: Wageningen UR.

Tribl, C. 2012. *Spatial Competition of Food Processors in Pure and Mixed Markets under Uniform Delivered Pricing*. PhD dissertation, University of München.

Williamson, O. E. 2000. "The New Institutional Economics: Taking Stock, Looking Ahead." *Journal of Economic Literature*, 38 (3): 595 – 613.

Zago, A. M. 1999. "Quality and Self-regulation in Agricultural Markets: How do Producer Organizations Make the Rules?" *European Review of Agricultural Economics*, 26 (2): 199 – 218.

Zhang, J., Goddard, E., Lerohl, M. 2007. *Estimating Pricing Games in the Wheat-handling Market in Saskatchewan: The Role of a Major Cooperate*. In Novkovic, S., Dena, V., (Eds.), Cooperative Firms in Global Markets. Emerald Group Publishing Limited, 151 – 182.

Zusman, P., Rausser, G. C. 1994. "Intraorganizational Influence Relations and the Optimality of Collective Action." *Journal of Economic Behavior & Organization*, 24 (1): 1 – 17.

Pooling and the Yardstick Effect of Cooperatives

Liang Qiao George Hendrikse

Abstract: The article addresses the competition between supplier-owned-firms (Cooperatives) and investor-owner-firms (IOFs) when procuring raw commodities of different quality from agricultural producers. The cooperative pays a (partial) pooling price to all its members and retains no surplus, whereas the IOF pays farmers prices based on their quality and maximizes its profits. When there is an IOF duopsony, farmers gain no profits. In the case of a mixed duopsony, the low-quality producer delivers to the Cooperative, while medium and high quality producers sell to the IOF. This adverse selection is due to the pooling within the Cooperative. In the case of a Coop duopsony, producers randomize their outlet decisions. The mixed duopsony is an equilibrium market structure when reservation prices of consumers are sufficiently similar. Cooperatives will challenge the monopsonistic price setting of an IOF due to the farmers being residual claimants. Both the market share of cooperatives and the extent of payment differentiation inside a cooperative have a positive effect on the prices received by farmers.

Key words: cooperative; product quality; pooling price; yardstick effect

对合作社失败的经济学解释*

Emmanuel T. Velasco

摘　要　本文从经济学的角度，对理性个人所追求的个体利益与集体利益之间的冲突进行了分析，认为这种冲突会威胁到群体的稳定性，这是造成合作组织失败的一个重要原因。从菲律宾合作社发展的经验可以看出来，虽然政府在合作社的发展过程中发挥了重要的作用，例如强制成员加入和提供私人物品，但是当政府停止支持时，合作社便停止业务。因此政府应该通过制度方式，例如提供教育，来保证合作社的长期发展，并且将合作社的规模控制在一定范围之内，从而保证合作社的公共物品供给。

关键字　合作社　个人利益　集体利益　公共物品

一　引言

作为合作社在亚洲实践的一部分，菲律宾合作社主要是通过政府主导和扶持而发展起来的。其结果是，与许多亚洲国家一样，菲律宾合作社的实践是失败的。菲律宾合作社的发展证实了这样一个结论：合作社要想成功发展，需要其成员有效组织起来。换句话说，作为具有活力的经济组织，

---

* 本文译自 Velasco, E. T. 1975. "A Theoretical Economic Explanation of the Failure of Cooperatives." *Philippine Review of Business and Economics*, 12（2）: 135 - 154。译者：张琛，中国人民大学农业与农村发展学院博士研究生，主要研究方向为农业政策分析，合作经济。

合作社的成功发展离不开社员的支持和其自身努力（Macaranas，1963）。

本文的观点：政府的长久支持是合作社成功的基本要素。菲律宾过去出现合作社发展失败的原因主要有以下两点：一是政府对合作社支持的减弱；二是合作社的互助理念没有在合作社运动过程中得以形成。

本文的框架如下：第二部分探讨了导致合作社发展失败的原因；第三部分介绍了市场中个体与群体利益的冲突；第四部分着重关注了合作的稳定性；第五部分对集体财产、公共财产的性质进行了探讨；第六部分依据群体"副产品"理论强调了非集体物品的重要性；第七部分对菲律宾合作社运动进行总结，得出相关启示。

二 合作社失败的原因

菲律宾合作社的发展是失败的。其中，1915 年实施的农村金融合作社试验计划就是一个失败的案例。从 1915 年颁布的农村金融信贷法令开始，到 1926 年，菲律宾农村金融信贷合作社的数量达到峰值，即 544 家；但这 544 家农村金融合作社，到 1935 年只存在 10%（Onagan et al.，1973）。销售型合作社与之相类似，1927 年合作社法律出台后，销售型合作社呈现出快速发展的趋势，但到 1939 年，登记注册的销售型合作社中只有 20% 还在起作用。1952 年，菲律宾颁布的第 821 条法令对合作社成员提供金融贷款业务，但颁布的第 2023 条法令造成了菲律宾合作社发展的失败。1967~1970 年菲律宾登记注册和运行的合作社情况如表 1 所示。

表 1 登记注册和运行的各类合作社统计（1967~1970 年）

单位：家，%

年份	信用合作社			消费合作社			工业合作社			服务型和其他类型		
	注册数	运营数	比例	注册数	运营数	比例	注册数	运营数	比例	注册数	运营数	比例
1967	1683	1302	77	1884	283	15	76	46	61	73	23	32
1968	1931	1192	62	1916	213	11	79	24	30	81	15	19
1969	2183	1454	67	1957	241	12	85	25	29	90	26	29
1970	2434	1690	69	2046	328	16	87	27	31	98	23	23

资料来源：Annual Reports of Cooperative Administration Office.

从菲律宾合作社管理局所获得的数据可以看出，1967～1970年菲律宾注册登记的合作社中只有36%～45%仍在运行，且以信用合作社为主。

依据经济发展基金会发布的报告，1972年6月，726个农业类合作社和5568个非农业类合作社中分别只有45%和54%仍在运行（Economic Development Foundation，1973）。为此，许多学者将菲律宾合作社运动的失败归因于多种因素。其中Onagan等（1973）将菲律宾合作社运动的失败归结为以下14个因素：（1）不胜任的管理；（2）缺乏对合作社原则、实践、目标的准确理解；（3）对合作社成员信贷的监管不合理，进而导致成员的借款用途不是用于农业生产，而是用于狂欢和奢侈品消费；（4）存在缺陷的证券；（5）政治干预尤其是对过期账款的收集；（6）缺乏对管理者的补偿制度；（7）缺乏对合作社的充分监管；（8）缺乏对合作社成员使用资金的道德风险及应承担责任制度；（9）缺乏对合作社负责人肆无忌惮地利用权力牟利的惩罚措施；（10）个人主义与集体合作之间存在矛盾；（11）合作社保护自身资产能力不足；（12）合作社与供应商和批发商之间缺乏紧密联系；（13）政府对于合作社的委托代理过程没有有效的制度设计；（14）合作社销售渠道不足。

Economic Development Foundation（1973）的研究认为主要存在以下7个方面原因导致菲律宾合作社运动失败：（1）缺乏大量忠诚会员的支持；（2）缺乏经济合理性；（3）资本匮乏；（4）经营管理不善；（5）生产量和销售量不充足；（6）政治干预合作社；（7）业务发展与既得利益之间的矛盾。

其他学者对菲律宾合作社运动失败原因的总结分析与上述基本相似（Cooperatives Administration Office，1967；Araneta，1973）。有个问题值得思考，为什么合作社容易建立而难以实现长期稳定发展呢？

从历史的视角对菲律宾合作社的发展进行分析，我们可以得出，菲律宾大量出现合作社，是因为菲律宾政府对合作社的政策支持。因此，农民合作社协会组织的成立能够确保合作社会员获得自由信贷。为了进行抗日运动，菲律宾政府把发展农民合作社协会组织作为经济"武器"，因此政府对农民合作社协会组织重新规划了发展方向，这导致许多合作社活动日益减少。与之相类似的是，菲律宾独立后，政府对合作社发放救济物资导致消费型合作社数量不断上升。正如我们所预期的那样，当政府不再发放救济物质时，这些合作社也就暂停自身业务。

在美国，由政府创办的农场局是美国最大的农场组织。农民能够充分利用农场局提供的信息与技术进行畜牧业生产。美国合作社运动中的会员数量随着政府支出的增多而增多，但也会随着政府对农场局提供补助的减少而减少。之后发展的原因可以归结为其他保持会员的方式，例如保险等（Olson，1971）。

由此可以清晰地看出，某些积极的诱因（比如政府支持）是合作社成立的基础，这些积极诱因的持续性提供是合作社得以长期维持的重要前提。但是，这与合作社的互助理念相违背。合作社的互助理念是以自助和自力更生为基础，强调合作社成员的个体主动精神和责任性，实现一个共同的目标。也就是说，合作社存在着一个共同的目标，即实现合作社内部每个成员的利益。为此合作社就需要考虑为什么个体会联系在一块，共同脱离个体理性和自利行为。在合作社发展的大背景下，社员对合作社的忠诚需要遵循这样的假设：当群体利益得到满足时，个体利益也能得到满足。

具有共同利益的个人群体出于实现个人利益进而实现群体利益已被社会学家在群体行为的研究中所认同，这也是许多研究一个暗含的假定。传统群体理论声称群体是无处不在的，合作社也是大量存在的。因为人具有群居性，有形成和组成群体的倾向，因此群体存在的广泛根源在于人生存本能以及人适应社会进化的能力。

对传统群体理论的批评主要是认为传统群体理论中没有将小群体和大群体、非正式群体和正式群体进行有效区分。但 Olson（1971）认为理性、自利的个体并不会为实现群体共同利益而努力。换句话说，即使群体内部所有的人都去为实现群体目标而努力，在大群体中的个体并不会努力实现共同目标。群体目标的追逐并不与"当群体利益得到服务时，个体利益也能得到服务"的假设相一致。

三　个体与群体利益之间的冲突

经济学理论的假定是人是利己主义。对行为假定的描述对于我们讨论个体与群体利益冲突具有十分重要的意义。

亚当·斯密的著作《国富论》将人的自利行为作为经济活动重要的激励因素,是第一部详细完整介绍经济行为的著作。利己主义意味着人都是追求自身利润最大化,这也促使个体生产产品用于满足社会需求。亚当·斯密指出,在不需要竞争的情况下,每一个经济个体的行为都会根据"看不见的手"进行调节,进而实现资源的有效利用,实现最大数量的商品供给和最多的社会福利和国民财富。

需要注意的是,资本主义根据英国自由主义的传统,认为群体利益是相对重要的。与其他经济学家有所不同,英国经济学家一般并不关注这一状态的合适角色。因此,有关集体决定行动的本质、群体利益与个人利益的研究仍然是经济学理论发展的前沿。

让我们现在转到个人利益与集体利益冲突上来,通过类比的方法刻画大型组织中个体和竞争市场上的厂商行为。

处于竞争性行业的厂商具有许多方面的需求,最主要的需求是其生产的产品在市场上获得更高的价格。完全竞争市场下厂商是价格接受者,因此不可能独自享受更高的价格,最终的结果是厂商生产的边际成本等同于市场价格。我们假定如果厂商通过抬高产品市场价格的方式实现共同利益,那么每个厂商都会选择尽可能多的生产产品,自然会影响到其他厂商的利益。这样,一个问题就出现了:厂商追求利润最大化的行为与追求共同利益的行为产生矛盾,导致整个行业的利润低于原先情况。

假定,完全竞争市场存在不均衡的状况,这意味着厂商面临的价格超过边际成本,因此厂商会对生产进行调整。假定厂商所处的行业是开放的,需求曲线是缺乏弹性的,作为价格接受者的厂商将会对生产进行调整,如图 1 所示。P_0 是不均衡状态下的价格,Q_0 是与之对应的产量。价格为 P_0 时,厂商的边际收益大于其边际成本,厂商会获得超额利润(价格与边际成本的差值)。每个厂商都是自利的,意味着每个厂商均会生产出 q_0,实现超额利润。但是随着整个行业产量的不断增加,产品市场价格根据供求关系将会降低,同时需求曲线是缺乏弹性的,这意味着整个行业的总收益将会降低,这样每个厂商会调整自身的产量,达到边际成本等于边际收益,生产更多的产量意味着将会花费更多的成本。每个厂商在整个行业中过于渺小，自身生产的产品对整个市场上产品价格的影响可以忽略不计。独自限制产量进而实现对价格的垄断是非理性的，因为这只会使得厂商获得价格效应中的很小一部分。上述分析说明厂商追求利润最大化的行为与追求群体利益最大化的行为背道而驰。

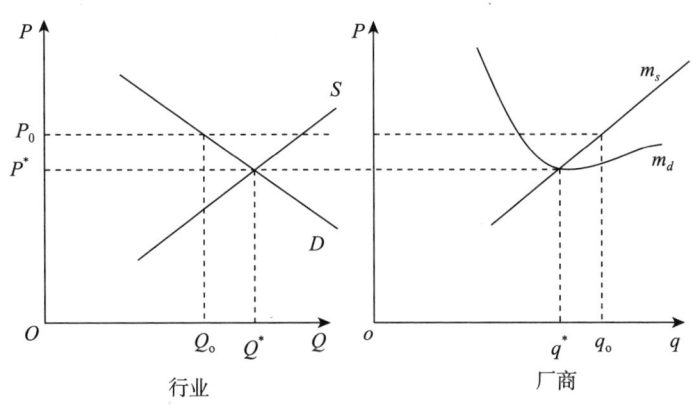

图1　完全竞争行业下价格和产量的调整

接下来，我们利用种植农户的决策案例作进一步分析。假定在农户层面上，农业是完全竞争行业，为什么农户总是希望大丰收？这个解释是如果一个农民的祈求得到实现，意味着这个农民能够以更高的价格销售更多的产品，因此获得更高的收入。获得更多的收入意味着其他人收入的降低，因此个体自利行为与群体利益再次出现矛盾，也就是说每个农户都希望能够获得大丰收，那么市场价格就会降低。此外，大多数的农产品是缺乏弹性的，农产品价格降低导致整个行业的收益降低。每个农户都会对未来的产量有所预期，尽可能在种植期间更好地耕作实现产量的增加。农民都是实现自身利益最大化的个体，他们所采取的行为与实现群体利益最大化的行为相违背。美国农户的经验表明，农户会通过选举的方式迫使政府采取措施减少产量。

最后，让我们考虑另外一个例子。完全竞争性行业下通过广告的方式提高整个行业产品需求进而实现群体利益。群体利益下厂商通过广告的形式增加行业产品的需求，然而这并不是个人利益最大化下的最优行为。这是因为，对于个体厂商来说，其担负全部广告费用会对行业的其他成员带来好处，这样并不合理。在这里，将会探讨另外一个涉及个体利益与集体利益冲突的例子。一个让人备受争议的问题是合作社最初是如何出现的？本文将在第四部分探讨合作社在市场中的稳定性。在此，让我们先关注这些行为在大型组织中的应用。

在大的自发性组织和竞争性市场中，人的行为是相似的。以支付会费为例，在大型组织中，损失一个人的会费并没有明显地增加其他缴费成员的负担，这就像在竞争性产业中，一个公司的产量增加对另一个公司的影响不大。因此，一个大型组织中的成员不会相信自己不履行职责会给组织带来瓦解的风险。

再举一个例子，工人联合会通过强有力的成员支持来增强自己的实力，但是在工人联合会的活动中如果有人参与较少，表现出极其缺乏兴趣，那就会被详尽地记录下来。不过事实上这个现象能由这样一个理由来解释，即没有任何经济上的激励促使他们积极地参与工人联合会。因为不管成员是否参与会议，他们都可以从工人联合会中获得好处。

另一个例子是税收。为什么选民都很乐意把选票投给采取从税收中提供更多的资金为群众服务的政府，但是却会尽可能的少交税呢？同样的道理，因为没有任何激励去鼓励他们去贡献出自己所有的钱财去交税，人们都会从政府提供的服务中获益，不管他们交税多少。

总的来说，尽管全体成员在获得集体好处的方面有着共同的利益追求，可是在支付成本上他们却没有共同利益。每一位成员都会做出让其他成员支付利益成本的姿态。我们会在后面详尽地给出公共财产的性质。

四　市场中合作的稳定性

通过合作提高市场地位的动机一直以来都是存在的。在这种情况下的利润可以通过合并或形成一个卡特尔的方式实现。图 2 考虑了竞争性行业下 n 个厂商的均衡情况。

行业的需求和供给曲线的均衡点为 P^* 和 Q^*。一个代表性厂商根据边际成本等于边际收益的原则生产产量获得零利润。考虑这样一种情况，OQ^* 等同于 n 个代表性厂商生产的产量之和。假定，存在着这样的一个卡特尔，每个厂商的配额是总产量的 $1/n$，每个厂商都面临向下倾斜的需求曲

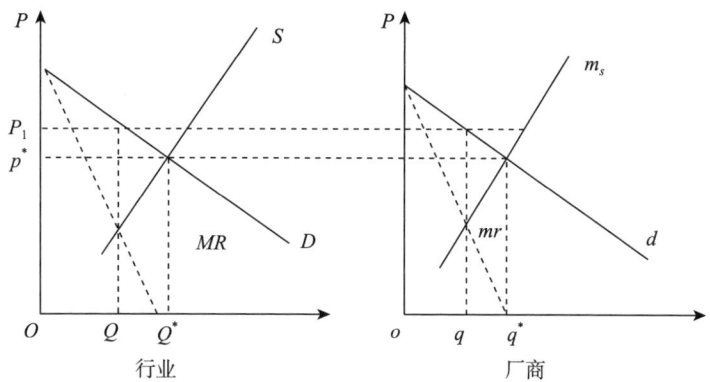

图 2　垄断卡特尔或合并

线，利润最大化的情形是 $P = P_1$，产量为 oq，小于最优产量 oq^*。

合并也会产生与形成卡特尔相同的结果（Stigler，1967）。整个行业只有一个厂商，因此我们可以推出边际收益的曲线。垄断情况下的价格为 P_1 产量为 OQ，能够获得垄断利润。

之前所讲述的情形可以得出，如果一个厂商想获得超额利润，那就需要合作，限制行业产量。但是，如果这种情况出现，那么仍然会出现许多问题进而阻碍群体达成协议，危及稳定性。Stigler（1967）指出阻碍群体达成协议有以下四方面的问题：（1）顽固的厂商；（2）不同的成本；（3）投资竞争；（4）闯入者。

顽固的厂商指的是不愿意达成协议进行合作的"搭便车"者。在这种情况下，厂商能够在给定的价格尽可能多卖产品，进而获得比卡特尔厂商更多的利润。每个厂商都有这样一个动机，即不达成协议获得更多的利润，选择不形成卡特尔或者是并不遵循所限定的配额。

如果厂商之间存在不同的成本，那么限定配额下每个厂商并不能获得最大的卡特尔利润。也就是说，对于不同厂商而言，其边际收益与边际成本存在差异，从而导致个体的行为并不能实现群体利益最大化。

获得更多的配额意味着获得更多的利润。因此厂商会出现这样的动机：尽可能的扭曲成本获得更多的配额。厂商之间的竞争性投资也是存在的另外一个问题，因为获得更多的配额意味着获得更多的收益，每个厂商都会尽可能去证实自身的能力去获得更多的配额。

新厂商的进入也会危害卡特尔的稳定性。与顽固性厂商类似，除非新进入的厂商自身实力强大，才不会选择加入卡特尔。新厂商的进入会降低整个行业的收益，会对加入卡特尔的厂商产生威胁，对卡特尔产生一系列的问题。

可以得出，形成一个卡特尔需要考虑到成本，越是较大的厂商，越不愿意形成卡特尔。其与 n 个厂商达成协议的谈判，增加了厂商的数量却意味着减少了每个厂商所获得利润。卡特尔在小型的组织之中较为常见，主要原因是小型的组织便于面对面交流和遵守规则，社会联结也较为紧密。从历史角度看，像卡特尔这样组织的形成既不是政府直接帮助的结果也不是通过政府援助的延伸。此外，卡特尔的存在也一定程度上取决于政府对行业新进入者的限制。

五 公共财产、集体财产的性质

由国家为大众提供的福利服务称为政府的基本服务。这些能由大众受益的服务称为公共财产或集体财产。

公共财产具有特有的性质，这就将其与私人财产分离开来。公共财产的一个特性是非排他性，即公共财产能为不同的人同时提供，而私有财产则是排他的，人们可以独享收益。公共财产另一个特性是不可分割性，相同单位的公共财产对不同的消费者来说是平等的。相反，私有财产的消费数量存在着个体差异。

第三个公共财产的特性是它在消费量供给上的联合性，这是由于公共财产的非排他性和不可分割性导致的。因此，一个单位的生产和供给会同时为群体成员提供相同数量的消费产品。换句话说，一个人的单位消费量不会减少或消除其他人消费的可能性。关于公共财产和私人财产在特性上的不同，最好的描述方式就是进入角色不同。对于私人财产，人们想禁止其他人进入以最小化与他人分享的利益；而对于公共财产，人们则是渴望他人进入，因为可以有更多的人共担成本，从而获得更多的收益。公共财产在供给和消费量上不固定，所以群体越大越好（Olson，1971）。

从以上提出的公共财产特性，我们知道国家只能通过税收而不是自愿捐赠的方式提供服务。一些公共财产的经典例子就是国家防卫设备、灯塔、警察和救火设备等。

我们仍应该认识到公共财产的利益归属对于整个社会中群体与整个社会是不必要区分的。换句话说，生产者会在较高的农产品价格下受益，而消费者则会在较低的产品价格下获益。一个商品对群体是共有的，意味着没有人可以独享这个财产带来的收益。因此，特定财产的公有性需要根据特定的群体来定义。这样来看，当共同目标实现的时候，我们需要承认公共财产是由群体提供的。这是由于一个组织的基本功能就是提供公有财产。

但是，与之对应的一个新问题产生了，尽管国家可以在公共财产的提供上采取强制手段，可是为了鼓励潜在成员的加入或者为了现有成员保持积极性，大量的自发组织仍会借助政府的帮助或者借助其他特殊的激励措施。

六 群体的"副产品"理论

如果群体成员理性地选择最大化自己的利益，他们就不会去促进群体目标的实现，除非有强制力强迫他们这么做，或者是群体的剩余分配利益能够负担个体成本。这种大的合作群体既不会在强制力的驱使下也不会在剩余分配利益的刺激下实现群体的共同目标。这个论点全体成员在集体财产达成一致时也适用。

因此，大的合作群体会有走向失败甚至联合失败的趋势，除非它可以主动提供联合或者具备对公有财产和非公有财产联合销售的政策。然而在这种情况下，假如以群体的能力去购买一间会议投票厅，其就变成了一个不论群体如何运用都可以的"副产品"。

让我们用柯氏模式的农民合作社来解释这个概念。在第二部分，我们提到了美国农场局运动是在政府的帮助下成立的，并且随着政府农业支出数量的变化而变化。但是当农场局的成员关系走向衰退的时候，伊利诺伊州农场局的成员关系却变好了，原因在于柯氏合作社的组织性改革。

柯氏合作社由唐纳德·L·柯克帕特里克设计，同时也是伊利诺伊州农业协会（IAA）指定的普遍性决策。柯氏合作社模式与传统的罗克代尔模式完全不同，最基础的特征是组织内所有与商业相关的方面都由合法分割的群体来控制。群体的主要关注点是政治以及游说投票。因此所有的成员在合作社市场上由伊利诺伊州农场局提供有表决权的股票，所有权都归伊利诺伊州农业协会。这就是我们所说的关于"副产品"发挥政治性作用的案例。

柯氏合作社模式的另一个特点就是，非公共利益的建立与公共财产二者之间具有高度相关性。因此非 IAA 成员不能为其购买农场局的工伤意外险。非成员可以与合作社进行商业交易与农产品供应，但是非成员没有股份赞助的资格。在这个具体模式下，小型组织成员数量的增长应该紧随体制内商业组织数量的扩张。这就是美国农场联合会的案例。

总的来说，从美国农场合作社的案例中我们发现，提供特殊激励的需求申请，首先要经过政府（成员关系在农场局或没有技术援助），其次才是关于非集体利益的合同。

另一种方法的一个例子，即强制大型组织的成员去扩大他们的共同利益，是强制性的工人联合组织。没有行会的封闭处罚政策，工人运动在美国就不能存在。

七　菲律宾合作运动的意义

菲律宾政府全力加强合作化运动。因此，第 6 – A 号总统令规定，在教育系统的各个层次上开展对合作社的研究学习。第 27 号总统令明确指出在土地改革中受益的农民必须加入合作社。地方政府和社区发展部（DLGCD）属下合作社发展局也在重组计划中建立起来。另外，菲律宾国家经济和发展局（NEDA）制定的四年发展规划也包含了合作社发展做出的贡献。此外第 175 号总统令认可了合作社可以在国家发展中扮演的角色，尤其是由农民合作社协会联盟（Katipunan）构成的 Kilusang Bayan 为国家发展发挥了重要的作用。

菲律宾合作化运动涵盖了哪些具体的活动？除了农民合作社之外，其他产业的活动也相继开展开来。在市场方面，区域销售合作社建立起来，金融方面，消费者农业银行成立并逐步发展。最后，为了保障合作社成员的保险需求，菲律宾合作社保险体系也建立起来。

为了确保这些活动的开展，农民合作社建立了三种基金：普通基金、Barrio 担保基金和 Barrio 储蓄基金。普通基金由非农民合作社成员的社员费（每月 5 比索）提供资金支持，这种基金被存起来用作合作社日常运作的花费。Barrio 担保基金被用来支付合作社农民成员的寿险，也被用来当作成员的土地和还款担保，这项基金由农民每季度每公顷上交 1 卡文（菲律宾重量单位）来保证。合作社成员生产贷款中 5% 的金额构成了 Barrio 储蓄基金。到 1975 年 7 月，合作社基金的估值达到了 3500 万比索。

将菲律宾合作社发展与我们之前的讨论联系起来，可以发现：（1）政府干预不仅存在强制农民参与合作社的情况，也存在菲律宾合作社发展局对合作化运动支持的情况；（2）合作化运动提供了一些非集体的东西，比如寿险和公共服务等。

总的来说，菲律宾的合作化运动可以说是有足够的政府支持和其他的正向刺激来使其走上了成功的道路。然而，其他手段必须通过制度方式以保证其增长。

从长期来看，我们知道政府不太可能会扩大其干预手段。如果这样做，非集体的产品数量会增加来保证合作化运动的增长。与一个多元化、以增长为导向的公司管理者相类似，合作社的管理者扮演一个关键的角色，其作用是通过多样化的非集体产品来使成员分担集体产品的供应，维持合作社成员的利益。教育可能是非集体产品之一，同时，教育也是一种宣扬集体利益大于个人利益的社会价值观的有效方法。

政府必须采取保障措施来限制组成合作社联盟的个体合作社规模，甚至是限制合作社联盟的规模。政府可以通过非经济刺激手段实现，例如特权、尊重、友情（这些都是导致集体凝聚在一起的非集体因素）。小型组织而非大型组织更有可能将集体产品提供给社员，这不仅是因为这些社会的法令，也是因为小型组织中的一个成员更易于发现自己从集体产品的个人所得超出个人付出，这样成员就会承担分配给他的全部任务。在 Kilusang

Bayan 的保护下,合作社中具有高度自治权的小型组织保证社员在合作化运动中获得利益。

参考文献

Araneta, T. 1973. *Cooperatives*: *A Strategy for Development*. Quezon City: Filipino Publishing.

Cooperatives Administration Office. 1967. *Handbook on Non-agricultural Cooperatives*. Manila: Central Cooperative Education Board.

Economic Development Foundation, 1973. "An Introduction to Agricultural Cooperatives in the Philippines." *The EDF Economic Bulletin*, 1 (1): 10 – 11.

Macaranas, J. S. 1963. *Cooperatives in the Philippine Setting*. UST Cooperative.

Olson, M. 1971. *The Logic of Collective Action*: *Public Goods and the Theory of Groups*. New York: Schocken.

Onagan, L., Simangan, J., Esguerra, M. 1973. *Cooperatives Principle and Practices*. Quezon City: L. D. Onagan and Sons Publishers.

Stigler, G. 1967. *The Theory of Price*. New York: MacMillan.

A Theoretical Economic Explanation of the Failure of Cooperatives

Emmanuel T. Velasco

Abstract: This article, from the angle of economics, analyzes the conflict between private interests which is pursued by rational individuals and collective interests, considering that this conflict will threaten the stability of the group, which is an important cause of the failure of cooperative organization. It can be seen from the development experience of cooperatives in Philippines that the government had played an important role in the development of cooperatives, such as offering compulsory membership and providing private goods, but when the government stopped supporting cooperatives stopped business as well. Therefore, institutional methods should be taken into consideration bythe government, like providing education, to ensure the long-term development of cooperatives, and the scale of cooperatives should be within a certain range should also be considered so as to ensure the supply of public goods in cooperatives.

Key words: cooperative; private interest; collective interests; public goods

欧美农民合作社融资经验及对中国的启示[*]

毛 飞 李 昂[**]

摘 要 欧美农民合作社融资经验主要包括以下方面：一是政府方面。设计完善的法律法规为合作社发展和融资获取提供制度性保障，通过对合作社的财政补贴、贷款优惠、农业保险支持、税收优惠等方式大力扶持合作社融资，建立完善的合作金融体系为合作社融资提供支撑。二是农民合作社自身探索方面。鼓励社员缴纳入社资金，独特的分配制度增加合作社资金积累，合作社成立自己的银行吸收资金，发行股票。欧美农民合作社融资经验对中国的启示：加大对农民合作社融资的扶持力度；推进合作社制度改革，保证内部直接融资；创新合作社利益分配机制，适当扩大合作社公积金等资金积累；鼓励合作社外部融资方式创新。

关键词 欧美农民合作社 美国农业信贷体系 新一代合作社 融资

农民合作社作为现代农业经济和农村发展中的重要组织模式，在我国农业人口众多、单个农户力量弱小、农产品销售困难和农业生产成本面临"地板"的背景下，成为维护小农利益，助推农业腾飞，加快农村经济发展的重要"砝码"。农民合作社不仅带动了农业生产结构的调整升级，推进了农业生产和销售的现代化、产业化进程，而且在增加农民收入、促进农村

---

[*] 本文系国家社科基金青年项目"农民专业合作社融资创新理论与实践研究"（批准号10CJY043）阶段性研究成果。

[**] 毛飞，中国人民大学农业与农村发展学院讲师，研究方向为合作金融；李昂，中国人民大学农业与农村发展学院硕士研究生，研究方向为农村金融。

发展、缩小城乡差距等方面都发挥了单个农民甚至国家都不可替代的作用。近年来，特别是《中华人民共和国农民专业合作社法》颁布以来，农民合作社及入社农户数量均呈快速增长态势，但是，农业合作社作为一种新兴的市场主体，其发展，尤其是融资创新受到其内部治理、外部制度环境、农村金融市场发展等诸多因素的制约。资金短缺、融资困难仍是制约我国合作社发展的重要障碍。为解决这一问题，2012 年的中央一号文件提出要有序发展农村资金互助组织，加大对种养大户、农民专业合作社的信贷投放力度。2014 年的中央一号文件鼓励地方政府和民间出资设立融资性担保公司，为包含农民专业合作社在内的新型农业经营主体提供贷款担保服务。2016 年的中央一号文件要求完善信贷保险政策，撬动规模化经营主体增加生产性投入。欧美国家的农民合作社经历了近百年的发展，已经成为能与股份制公司相竞争的一种成熟组织形式，这与欧美国家有关合作社发展的制度设计、政府扶持和合作社自身运营方式及融资模式创新等密不可分。本文对欧美国家农民合作社融资创新实践与政策法律扶持进行梳理，以期为我国政府完善助推合作社融资创新的政策法律提供借鉴。

一　欧洲国家农民合作社融资实践

法国、西班牙、德国、丹麦、荷兰、意大利等欧洲国家实现农民合作社成功融资的路径主要有四种：一是完善的法律法规做保障；二是政府的大力扶持；三是完善的合作金融体系做支撑；四是农民合作社自身的探索。

（一）完善的法律法规为合作社发展和融资获取提供制度性保障

完善的合作社法律体系是保障合作社获得持续融资能力的前提。法国和西班牙就是通过制定相关法律来扶持合作社发展（特别是信贷扶持），解决合作社制度缺陷造成的资金投入不足等问题。法国在 1883 年就对农业互助信贷、渔业互助信贷专门立法。1960 年 8 月 5 日，法国颁布了《农业方针法》，以规范和扶持农民合作社的发展。该法将合作社的原则灵活处理，为合作社资金的筹措和内部管理提供便利，如赋予农民合作社同等法人身份和自治地位；在资金来源选择上，合作社可以有限地接受一些自然人或法人合伙人，以非农业合作社成员的身份入股。而且，法国的《农业方针法》等相关法律都规定国家须对农民合作社给予贷款优惠。在西班牙，国家及各大区都制定了针对合作社的专门法律、法规，对合作社享受的税收优惠政策、合作社内部管理、出资方式等做出了明确规定。现实中，合作社公共积累的存在在一定程度上导致了合作社的融资难。针对就剩余索取权的"免费搭车"引发的社员对合作社缺乏投资积极性的现象，西班牙法律明确规定，合作社由社员集体出资成立，成立时的资本金最低为10万欧元，初始社员出资额不能低于3000欧元。这些初始资金即为合作社的资本金。新社员入社需缴纳一定费用，但不能超过合作社资金的45%，而且，新社员的缴费不形成资本金，只能分享合作社的收益，因此，并不能影响合作社的股权结构。入社后社员个人股本的增加，主要靠合作社利润分配的存入。这就从法律上杜绝了"免费搭车"的出现，提高了社员投资合作社的积极性。而且，西班牙的《巴斯克合作法》还允许合作制企业通过债券市场进入资本市场融资。

（二）政府对合作社融资给予大力扶持

除出台保护和支持合作社发展的相关法律外，作为合作社建设的引导者和支持者，欧洲各国政府在农民合作社融资方面都给予了特别扶持，既有各种补贴政策，又有优惠贷款政策，既有税收优惠政策，又有农业保险政策，形成了一整套助推合作社融资的政策扶持体系。

1. 财政补贴

政府通过直接的财政扶持资金注入为合作社发展提供资金支持。法国政府在农民合作社成立之初就给予投资补贴。以农业机械合作社为例，合作社在成立之初，政府就给予2.4万~3万欧元的启动费（具体金额根据社员人数而定），而且，政府对合作社购买的农机还给予相当于购买价格15%~25%的无偿补助。此外，欧洲其他国家如德国、意大利、丹麦、西班牙都在资金方面给予农民合作社支持。西班牙中央政府和各大区都给予合作社经济补助，特别是对合作社投资实行无偿补贴。而且，西班牙政府规定，失业工人如果加入合作社并将2年内的失业救济金一次性交给合作社，就可以获得 5000 美元的政府补贴。

2. 贷款优惠

金融机构是农民合作社融资的重要渠道。欧洲各国政府纷纷出台相关政策为合作社获得银行贷款提供便利，同时提供贷款贴息。欧洲大部分国家实行了合作社贷款优惠政策，尽管方式不尽相同，但都旨在消除信贷供给的约束、扶持农民合作社发展。在法国，法律明确规定国家要对农民合作社给予贷款优惠。优惠贷款在法国农民合作社的投资来源中占一半以上。农业信贷互助银行作为法国支持农业、农村发展的主要金融机构，行使着政策性金融和合作性金融双重职能。该银行为 90% 的合作社提供利率较低、年限较长、数额较高的优惠贷款。同时，政府对优惠利率与普通利率的差额进行补贴。此外，政府还为合作社提供特别的条件优惠的中期贷款。1996年，对于山区和经济条件较差的地区，合作社贷款最长期限可达 12 年，年利率为 3.145%；对于平原地区，合作社贷款最长期限达 9 年，年利率为 4.17%。20 人的合作社贷款限额为 200 万法郎；20 人以上的合作社贷款限额为 275 万法郎。而且，1998 年 7 月 2 日的一条法令还将能获得此项贷款的合作社的规模加以放宽，从以前的 20 人为限变为现在的 15 人。

在意大利斯卡纳大区，政府提供优惠贷款成为当地合作社发展的显著优势之一。政府提供的优惠贷款，其利息比一般贷款低 8.5% 左右，且给予合作社投资性贷款最高限额不超过 5 亿里拉（约值 55 万元人民币）。优惠贷款分惠赠、借贷和有息三种，多数是有息贷款。利息比一般贷款利息低 8%~10%。比如，国家规定的第一种贷款利息是 20.1%，而给合作社发展苗圃生产贷款利息仅为 7.25%~14.79%。

丹麦农民合作社的发展也得到了政府的巨额信贷支持。在丹麦，有专门的农业抵押信贷机构——丹麦农业抵押银行，它主要为农场主提供信贷资金。该银行由丹麦中央银行、丹麦农场主联合会、丹麦家庭农场协会和丹麦种植业者协会共同发起成立，主要为农业、花卉业和林业提供贷款。而且，早在 1880 年，丹麦政府就制定了专门的立法为农民等小生产者提供倾斜性贷款，并为其提供担保。法律明文规定，小生产者购买土地所需资金的 90% 可通过国家信用贷款取得，年息低至 3 厘；农民贷款可以以公债的形式由国家银行提供担保，一方面，公债可以在市场上销售；另一方面，贷款还款期限可长达 98 年。此外，有专门的土地抵押信用团体来经营长期抵押贷款。政府允许这类团体发行公债券并免征该债券的印花税，还在管理上给予便利。而且，政府还出资成立皇家抵押银行来专门购买该债券以维持债券价格的稳定。政府保障此类信用组织的发展以帮助小生产者融资。

3. 农业保险支持

农业保险作为一项为农民合作社融资保驾护航的制度安排，在农民合作社的发展进程中发挥着重要的作用。经过 200 多年的探索，欧洲国家在农业保险方面都已形成了一套较为完整、独特的经营体制与经营模式，其中以丹麦和法国最为典型。在丹麦，针对公共灾害对农业造成的损失，政府会通过提供赔付率很高的援助金来弥补。比如，就干旱导致的畜牧业损失，农业保险赔付率高达 100% 甚至 140%。而且，在遇到大的农业灾害时，政府还为农业合作社提供税收优惠甚至免税政策，并提供止损再保险。农业保险为灾害时农民合作社资金的回流提供了保障。

法国通过具有政策性与合作性相结合的农业保险支持体系降低农民合作社的经营风险，确保合作社收益的可获性。在法国，农业保险体系将农业视为一个整体系统，承保范围涉及种养业、财产、人身等诸多方面，有效降低了农业生产经营风险和相应的信贷风险。法国制定了专门的《农业保险法》，通过法律形式对农业保险给予保障，对农业保险的险种、保险责任、再保险、保险费率、理赔计算方式都做了明确规定，并且实行对所有农业保险经营机构的资本、存款、收入及其他财产免税政策。而且，农业保险作为一种政府行为，其运营经费和农险基金赤字都由政府直接补贴。在政府的支持下法国建立专门的"金字塔"式的政策性农业保险组织模式：塔顶为农业相互保险集团，负责政策的制定，并为省（地）级公司提供再保险；中层是 22 家地区或省级公司，拥有自己的营业网点和财务账目，对上获得农业相互保险集团提供的再保险，对下向互助保险社提供再保险业务；塔底是 9000 家左右的互助保险社，基本覆盖了所有乡镇。政府为支持农业保险的发展，给予农业相互保险集团管理费补贴，给予参保农户保费补贴。

4. 税收优惠

税收减免有助于提高合作社的生存和发展能力。在法国，政府为提高农民加入合作社的积极性，实行对合作社成员有差别的税收优惠政策。政策规定，在遵循合作社原则、只与社员进行业务往来并为社员服务的情况下，合作社可享受免税；如果合作社与其他非社员有业务往来，那么与非社员间的业务按法国企业通行的33%税率纳税，其余部分免税。此外，政府对谷物合作社免征登记印花税，对农产品供应、采购及农产品生产、加工、储藏和销售合作社免征相当其生产净值35%~38%的公司税，免征合作社50%的不动产税和按行业征收的产品税。

在意大利，政府对所有合作社都免征企业所得税；在德国，合作社免交营业税、机动车辆税等，合作社的税后利润投资免交所得税；在西班牙，合作社也享受一定的税收优惠，合作社的公司税率为20%，而一般企业的公司税率为35%。实践表明，税收减免使得许多资金回流到合作社内部，成为解决农民合作社融资困难的有效手段。

(三) 完善的合作金融体系为农民合作社融资提供支撑

在欧洲，合作社除了直接吸收社员资金外，剩余部分基本来自向金融机构的贷款，这与欧洲国家在农业领域建立的合作金融体系不无关系。强大的合作金融体系为农民合作社融资提供了重要保障和极大便利。

法国实行针对农业的政策性金融和合作性金融分工协作机制。政策性金融按照商业化运作，偏向于支持风险较大、投资回收期限较长的中长期农业经营性项目；合作性金融根据商业可持续原则自主开展农村金融业务，偏向于支持回收周期较短的农业经营性项目。其中，法国最大的银行——农业信贷互助银行作为扶持农业、农村发展的主要金融机构，为农业提供信贷服务。农业信贷互助银行体系完整，由中央农业信贷银行即法国农业信贷互助银行总行、省级农业信贷互助银行、地方农业信贷互助银行三级构成，为90%的合作社提供利率较低、年限较长、数额较高的优惠贷款。

丹麦和荷兰合作社的发展也得益于其专门的农业金融支持体系。在丹麦，有专门的农业抵押信贷机构——丹麦农业抵押银行为合作社提供农业信贷，农业信贷占整个农业系统所投入资金的75%~80%。在荷兰，由众多独立的合作信贷组织和一些合作社的金融信用服务机构共同组成的兰伯合作银行为合作社农业生产经营活动特别是保险、租赁、投资、农产品国际贸易等金融活动提供服务。目前，合作社贷款的大多数都来自兰伯合作银行。

德国完善而健全的合作银行体系也为合作社的发展提供了经济保障，确保了合作社资金的可获得性。在德国，合作银行提供的贷款金额占与农业有关的贷款总额的43%左右。德国的合作银行共分为三级：地方基层银行由社员组成，每位社员都可以申请加入合作银行，但银行要根据其信用情况决定是否批准其加入，基层银行还不能实现为所有的合作社提供信贷；第二级为三个地区中心银行，每个中心银行下辖几个地区性银行，可提供有价证券，扶持基层银行发展；最高一级为德意志合作银行，它是合作银行的首脑机构，负责为所有的合作银行平衡债务，提供咨询服务。中小型的金融业务由基层银行负责，大型业务有一部分由三个地区中心银行承担，而德意志合作银行就如同银行业的"批发商"，只有销售额达到10亿马克及以上的大公司才是它的客户。德意志合作银行的资本金26%属于三个地区中心银行，55%~60%属于地区的由基层银行组成的控股公司。基层银行是三个地区中心银行的主人，也是德意志合作银行的控股者，股份资本的利率为5%。

（四）农民合作社自身的探索

1. 社员缴纳入社资金

社员投资是农民合作社内部融资的重要来源。在欧洲农民合作社的发展过程中，作为后续发展的基础启动资金和部分运营资金，大都来自社员对合作社的投资。在法国，社员加入合作社一般都要根据与合作社的预期交易量来缴纳入社股金。股金每年不参与分红，但可获得一定数额的利息，利息一般低于同期活期银行利率。如果社员的种植面积或产量增加，还需要补交股金；如果减少则股金维持不变。此外，当合作社需要投资或建设时，社员要集体出资。以农业机械合作社为例，当合作社决定要购买农机时，社员须缴纳购买农机金额20%的社会资本金，这一资本金不是平均分摊，而是根据各个社员自己的经营面积或工作时间来分摊。

在西班牙，社员加入合作社须缴纳一定数额的"经费"，其标准由管理委员会提出并经社员大会批准，通常而言，入社经费约等于一个年轻社员一年的收入，相当于当地创造一个就业机会所需成本的10%。入社经费标准随社会经济的发展而增长，早期入社经费在1000美元左右，现在增加到1万欧元左右。入社经费数额应以不对社员的加入构成障碍为前提，如社员一次性缴纳有困难，可在两年内分期缴清。合作社吸收较高入社经费，一是为了使合作社在成立初期有足够的运营资金；二是使社员在经济上有拥有感，激励社员更加关心合作社发展，参与合作社工作。除规定的入社资金外，社员也可以投入更多资金，但这部分资金只算作对合作社的借款，合作社对此支付比银行利率高约2%的利息。

在丹麦，合作社的启动资金主要是农场主缴纳的股金。股东以合作方式提供给合作社资金，合作社对这种资金不付利息，但在赚取了一定的利润后要对资金提供者进行偿付。而且，每个社员可以以自己拥有的家庭农场作为信用保障，参加合作社的农民可以联合起来共同为创办合作社所需要的资金贷款提供担保。

此外，在意大利、荷兰和德国，新社员加入合作社都必须交纳股金和入社费。其中，在意大利，新社员加入合作社须缴纳不少于1万里拉的股金，最高不得超过国家法律规定的标准；入社越晚，入社费用越高，因为合作社公共积累在不断增加。

2. 独特的分配制度增加了合作社资金积累

在欧洲众多国家中，西班牙农民合作社内部融资有其独特之处。独特的分配制度使西班牙的农民合作社资金积累不断增加。在西班牙，合作社的盈余分配不是依据社员的出资额度。合作社盈余在分配前要先留出储备金，剩余盈余根据社员向合作社提供的农产品数量、等级等进行分配。一般情况下，合作社盈余的30%~70%被用作储备金和社会基金。在合作社内部，设立专门的社员个人资本账户，社员入社时交纳的资金和合作社盈余分红等资金都记在该账户中。账户中的资金归社员所有，但需暂留在合作社中使用，社员只有在退休或离开合作社时才可提取账户中的资金。如果社员转到一家与合作社有直接竞争的单位中工作，则合作社最多可扣除其账户金额的20%。如果社员不幸去世，其账户可以兑现退还给其法定继承人。这种独特的分配制度不仅避免了社员退社退股导致的合作社资金链不稳定，也使得合作社积累了越来越多的运营资金。

3. 合作社自身成立银行吸收资金

在西班牙，合作社一般规模较小，难以得到商业银行的贷款支持。在此背景下，合作社和银行职工共同出资、按照合作社的办法组建的合作银行出现。该合作银行吸收的存款首先用于对合作社的贷款，支持合作社业务的开展。自成立以来，合作银行一直是当地合作社融资的主要来源。合作银行筹集资金的渠道多样，主要有：一是合作社要求新加入社员以其1/4的初始资金存入合作银行作为银行未来偿付能力的担保；二是合作银行除对合作社和社员开立账户外，还广泛吸纳公众存款，充实资金供应；三是开展投融资服务。

德国的农民合作社虽然没有成立自己的银行，但其本身也开展信贷业务，包括吸收存款、向合作社成员发放贷款以及对外的商业金融活动。在荷兰，合作社也吸纳外部社会资本，双方联合成立公司按股分红，但合作社须保持控股地位。合作社获得的红利再根据社员与合作社的交易额进行分配。

4. 发行股票

随着经济全球化和贸易自由化进程的推进，合作社也面临日趋激烈的国内、国际竞争。传统融资渠道已远远不能满足合作社资金需求。为提高市场竞争力，突破传统融资渠道限制，获得更多社会资本投入，欧洲部分国家的合作社大胆进行制度创新，推出可上市交易的股票。发行的股票主要包括合作社内部股票和优先股两种。不同国家农民合作社发行的内部股票也存在着差异，主要集中在能否交易、能否评估，是否有投票权、分红比例方面。内部股票的发行既满足了合作社资金的需求又提高了会员投资积极性，削弱对资本收益限制。公开发行的优先股虽然没有投票权但股息较高，合作社也没有损失其控制权。例如，Südzucker（German）从2003年11月发行5年期的可自由兑换的债券中筹集了2.5亿欧元；Granarolo（Italy）2004年4月出让了20%的股份给意大利联合商业银行得到7200万欧元的资金。

此外，建立下属上市公司也是实力强大的合作社的筹资手段之一。合作社将一部分资产转入独立法人公司，吸引外部资金加入并控制大部分股份。例如，1986年，意大利奶制品合作社建立了下属的PLC（Public Limited Company）Kerry集团并在柏林和伦敦上市获得外部的投资。这些制度创新既保证了社员对合作社的控制,又破解了合作社资金约束,拓宽了合作社资金来源渠道,使合作社获得了更多的外部资金,推动了合作社的更快发展。

二 美国农业信贷体系的建立与新一代合作社的融资创新

(一) 美国农业信贷体系的建立

美国政府除了给予合作社反垄断豁免、披露义务豁免以及税收优惠外,其另一项重要举措就是提供信贷支持。在美国政府的引导和扶持下,农业信贷体系逐步建立并完善。早在1912年,美国国会就成立了"美国使团"前往欧洲考察信贷与合作体系。使团将欧洲经验引入美国,建议在美国建立土地银行。1914年和1915年,关于支持农业信贷的具体建议纷纷被提交至国会。建议主要包括:(1) 由政府出面设立专门的基金直接为农场主提供贷款;(2) 成立由联邦政府核准,私人拥有产权的股份制土地银行;(3) 建立地方合作组织,允许合作组织从政府出资的联邦土地银行获得贷款。在上述一系列主张的基础上,1916年,美国国会通过了首个农业信贷法案——《联邦农场信贷法》。该法规定成立两种土地银行:一种是最终归为农场主所有的全国农场信贷协会;另一种是归私人投资者所有的土地银行。截至1917年底,共有1839个农场信贷协会先后成立,另有近2000个信贷协会在酝酿成立。截至1919年底,农场信贷协会达4000个,以此为开端,美国逐步形成了一个比较完备的农业信贷体系。1917年4月,联邦土地银行被核准成立。该银行在发展过程中曾先后两次得到联邦政府的大力资助。直到1947年,政府资金被全部还清后,联邦土地银行才归联邦土地银行合作社及借款人所有。现如今,美国已在全国建立了由12个区组成的联邦土地银行体系,由联邦农场信贷委员会管理。

1923年,联邦政府组建了12家与联邦土地银行平行的联邦中间信贷银行。1933年,为向符合条件的农业合作社提供贷款,联邦政府还成立了12家地区合作社银行和1家中央合作社银行。至此,由联邦土地银行、中间信贷银行、生产信贷协会、合作社银行等组成的农业信贷体系最终建立,该体系由当时农业部下属的农场信贷管理局负责统一协调和管理。

（二）新一代合作社的发展与融资创新

1. 新一代合作社的特点

在美国，新一代合作社被称为"农工综合企业"，有力地推动了美国农业体系的协同发展。新一代合作社是 20 世纪 80 年代在美国北达科他州最早成立的以增加农产品附加值为目标的自发性经济组织。这类合作社之所以被称为新一代合作社，主要在于：（1）从发展的时间阶段来看，新一代合作社可以被认为是美国最新一代类型的合作社代表，在美国，最早期的一代合作社于 20 世纪 20 年代出现，接下来的一代合作社于 20 世纪 40 年代出现；（2）新一代合作社以从事加工业为主，以提高农产品的附加值为核心目标，而不是像之前的合作社那样致力于农产品销售；（3）新一代合作社只面向社员收购预定数量的产品，而不再是作为产品交换销售的场所。实际上，在合作社与社员之间存在着"双向合同"，既要求社员向合作社交售一定数量的产品，又要求合作社必须收购这些产品。

此外，交货权和社员的有限性也是新一代合作社区别于传统合作社的突出特点。这是由新一代合作社把重点放在加工上所致。在新一代合作社成立之前，可行性研究中一定要包括合作社将要建立的加工设施的有效加工容量。一旦有效加工容量被确定，未来社员向合作社交售的产品数量就可以确定。为了在潜在社员中合理分配交货权以及为构建生产设备筹集资本，发行股份成为合作社的首要举措。在合作社内部，每一股代表社员向合作社交售一单位的农产品。股份价格取决于合作社期望筹集的资金总额及加工设备可能消化的农产品量所能分成的单位数。

2. 新一代合作社的融资创新

（1）新一代合作社重点提高合作社内部资金积累能力

新一代合作社的出现既是合作社为适应现代农业变化所作出的调整，也是合作社对其内部制度安排缺陷进行的改革和创新（王爱芝，2010）。新一代合作社大大增强了合作社的资金实力，改善了合作社的经营管理，提高了合作社的生产效率。其提高内部资金积累能力的主要方式包括：一是进行可行性研究确定合作社最佳经济规模和资金需要量。新一代合作社首先进行可行性研究，根据其经营规模确定投资规模，从而进一步确定总股本金和吸纳社员的数量,按照社员持股数确定其产品交易权限。可行性研究内容涉及市场机会、竞争状况、启动资金、资本成本、生产成本、投资需求、原材料需求量及成员数量规模、投资潜在回报、人事及管理要求等诸多方面。可行性研究虽不能确保合作社一定成功,但至少对成功的可能性进行了评估,从而有助于成员做出是否投资合作社的决策。二是通过股金筹集机制获得大量资金。新一代合作社实行交易份额制,社员根据其交货量购买相对应的股金,一般而言,每个社员承购 5000~15000 美元的股金,但合作社对社员的最高与最低持股额有所限制。社员股金资本占合作社总资本的 40%~50%。社员虽然不能自由退股,但可以转让股份。另外,合作社还发行优先股以吸收外部投资者的资金。这种社员高额入股、股金及交货合同可以转让的资本运作做法,一方面确保了合作社获得足够的启动资金,另一方面也使合作社有了固定的资本存量,从而有利于从银行获得贷款。三是通过有效的利益分配机制吸引投资。新一代合作社按照社员与合作社的农产品交易量来进行盈余分配。由于交易量与社员的出资额存在联系,按交易量分配也就意味着按社员股份分配。这种交易份额制实现了盈余分配与投入资本相结合,实现了按劳分配与按资分配相结合。因此,新一代合作社在一定程度上可以被看作实行的是按惠顾额返还与按股分红相结合的利益分配机制。

(2)新一代合作社利用良好的外部融资环境提高资金筹集能力

一是新一代合作社利用财税优惠政策提高资金实力。根据美国农业部数据分析,2011 年,政府补贴农业的资金约为 1900 亿美元,比 1996 年增加约 830 亿美元,平均每年增加约 55 亿美元。政府每年都从财政中拨出一定经费对合作社成员进行培训,对合作社从事的加工业务进行补贴;政府还为合作社提供税收优惠,合作社分配给社员的红利、惠顾返还金以及其他资金都享受免税待遇。二是利用良好的金融市场环境扩大融资规模。新一代合作社主要利用农业信贷合作体系的支持实现自身发展。在美国,农业信贷合作体系主要由联邦土地银行、联邦中介信贷银行与合作银行组成。这三类农村合作金融机构都是在政府领导和出资扶持下,采用自上而下的方式建立起来的。其中,合作银行体系是美国专门为给合作社购置设备、采购商品、补充运营资金等提供贷款而设立的。合作银行向合作社发放贷款的利率根据种类、期限和融资成本的不同而有所差异,但总体而言,合作社可以享受到低于市场利率的贷款。合作银行提供的贷款在很大程度上满足了合作社的信贷需求，已成为合作社重要的融资渠道。

三　助推合作社融资的借鉴与启示

当前，我国农民合作社的发展已经进入新常态。但是，资金短缺，融资困难仍然是合作社现在面临并且将长期面临的重大难题。这一问题的出现，既受农业弱势化、农村正规金融供给短缺等外部环境的影响，也与合作社内部的制度缺陷和管理模式有关。欧美的农民合作社已经发展得较为成熟，其在发展模式和融资等方面的经验都可以为我国农民合作社的发展提供借鉴。因此，要立足我国实际，结合欧美经验，一方面，政府要加大对农民合作社融资的扶持力度，为合作社融资创造良好的环境；另一方面，要推进合作社制度改革以保证实现内部直接融资，创新合作社利益分配机制，适当扩大合作社公积金等资金积累，鼓励合作社外部融资方式创新，最终解决我国农民合作社融资难题。

（一）加大对农民合作社融资的扶持力度

纵观欧美农民合作社的发展历程，政府在其中一直扮演着推动者的角色，为合作社融资营造了良好的政策环境和制度环境。结合中国实际，一方面政府要继续对农民合作社的融资给予政策支持，如对农民合作社实行税收优惠、专项补贴等。可以对提供农业贷款金融机构减少营业税，通过税收、利率、补贴等手段，引导银行等金融机构为农民合作社提供优惠贷款等融资服务。充分发挥中国邮政储蓄银行、中国农业发展银行、中国农业银行等涉农银行在实现合作社融资方面的积极作用。可以借鉴欧美国家经验，引导成立合作银行或合作金融组织。另一方面，政府要鼓励扶持农民合作社自身开展融资业务，引导推进资金互助社的成立和发展。当前，不管是在欧美发达国家，还是我国的山东省、浙江省等省份，都出现了社员内部间互助的合作金融组织。在浙江省，忘不了柑橘专业合作社于2009年牵头成立了省内首家农村资金互助社，该资金互助社有具体的章程和内部控制、管理制度，成立之初即吸收103户社员入股，募集资金总额350万元。截至2013年8月，该资金互助社共吸收社员存款 36525 万元，支付存款 35103 万元，贷款发放 10431.5 万元，收回贷款 8082.3 万元，不良贷款为 0（谢潇潇，2014）。在当前信贷约束依然广泛存在的情况下，资金互助社成为农村金融市场的有效补充，满足了合作社多层次的融资需求。国家可以给予引导和扶持，将农户间的资金互助纳入法制轨道，规范、指导农村资金互助的发展。

（二）推进合作社制度改革，保证内部直接融资

受自身规模特别是资金规模的限制，而且缺乏信贷抵押物，农民合作社普遍难以从银行获得贷款。根据企业金融发展生命周期理论，企业在创立期和成熟期，主要的资金来源都是内源融资。因此，农民合作社可以借鉴欧美国家农民合作社融资经验，在不影响其服务和发展的前提下，通过制度创新，改变其制度设计，稳定和增加内部直接融资以提升其自我筹集资金能力：（1）提高入社资金门槛。可以通过设定较高额度的入社资金（如 5000 元）来筹集创立和发展资金。一方面可以使合作社在成立之初就获得较多的资金以开展相关业务，提高经营能力；另一方面可以增强社员与合作社的联系程度，促使社员更加关心合作社发展，参与合作社工作。在具体的入社资金筹集过程中，也可以根据交易量确定合作社的投资规模，从而算出总股本和接受社员数量，让每位社员根据自己与合作社的预期交易量来购买交易权股，但要限制最低与最高持股数。（2）鼓励向资本实力较强的社员融资。可以专门设置只享受分红而没有投票决策权的分红股，向合作社内资本实力较强或有闲余资金的社员出售进行融资，也可以实行类似于银行吸收存款的方式，向社员借款进行融资，到期后支付本金和高于银行存款利率的利息。（3）严格规定社员退社不退股，确保股份在合作社内部流动而不是流失。在成员退出时，股份的变现不是抽走而是转让，原有成员可优先购买，外部成员也可以购买从而转变为替代之前社员的新社员。这样就避免了社员退出导致的合作社资金减少、经营困难等问题，从而保障内部融资的稳定性。

（三）创新合作社利益分配机制，适当扩大合作社公积金等资金积累

在合作社内部，社员出资额、公积金和用于分配出的盈余都可以是合

作社内部的资金积累。虽然《中华人民共和国农民专业合作社法》明确规定盈余按成员与合作社的交易量（额）比例返还，但是仍然可以通过创新利益分配机制，促进合作社内部融资：（1）扩大出资额盈余分配比重。明确区分劳动性投资和资本性投资，建立以生产劳动为主体和以股金二次返利为根本的盈余分配体系。在盈余主要根据社员与合作社交易量（额）分配的同时，扩大按股金（出资额）分配在盈余分配中所占比重，以提高社员投资合作社的积极性，促进合作社融资。（2）提高公积金的法定提取比例，建立储备金或发展基金。合理提取一定数额的储备金，增强合作社抵御市场风险的能力；有条件的合作社可以通过社员大会投票等形式鼓励社员将盈余分配所得"留守"在合作社内，转化为个人股金或存款以继续在合作社内部发挥作用。（3）总体上降低盈余返还比例，提高"留守"在合作社内部的资金量，将"留守"资金计入个人账户，从而增加合作社资金积累。同时，借鉴欧美国家合作社的做法，限制个人账户资金的提取。

（四）鼓励合作社外部融资方式创新

当合作社发展到一定规模时，内部融资已经不能满足其发展需求，这就需要合作社通过外部融资解决资金难题。在面临正规金融约束的情况下，合作社可以通过吸纳新成员融资，也可以通过吸收社会资本融资。政府应该鼓励合作社外部融资方式的创新，一方面鼓励合作社吸收新成员，从而吸纳其入社股金和投资金。为避免"免费搭车者"现象，可以借鉴欧美国家合作社经验，对新老社员的投票决策权进行差异化设置或对新社员的入社资金额度和构成进行重新设定。另一方面，鼓励合作社向社会融资，允许设置类似于股票的可以在社会上流通和转让的合作社股份，该股份可以获得合作社分红；此外，鼓励有条件的合作社成立上市公司，发行股票。

参考文献

陈诗波、李伟、唐文豪，2013，《完善内部治理提升农民专业合作社融资能力》，《科技创新与生产力》第11期。

房慧玲，2015，《国内外财政支持发展农民合作组织的做法及启示》，《广东农业科学》第3期。

景堃、毛加强、王佳佳，2013，《德国RCH合作社成功经验及对我国的启示》，《西北农林科技大学学报》（社会科学版）第 4 期。

梁敏，2005，《浙江省农民专业合作社发展过程中政府的作用研究》，硕士学位论文，浙江大学。

米新丽，2004，《美国农业合作社法初探》，《江西社会科学》第 3 期。

欧继中、张晓红，2009，《荷兰和日本农业合作组织模式比较与启示》，《中州学刊》第 5 期。

全国人大农业与农村委员会代表团，2005，《法国农业合作社及对我国的启示》，《农村经营管理》第 4 期。

戎承法、李舜、美国，2011，《西班牙农业合作社融资的经验对中国农民专业合作社融资的启示》，《世界农业》第 4 期。

孙春、孙婷、孔祥智，2010，《德国农业合作社发展历程及经验借鉴》，《世界农业》第 8 期。

王爱芝，2010，《国外农业合作社的发展趋势及对我国的启示》，《开发研究》第 1 期。

谢潇潇，2014，《农民专业合作社融资问题及对策研究——基于临海市的调查》，《人力资源管理》第 1 期。

易欢、谢元态、于细婷，2011，《法国农民专业合作社财政金融支持政策及启示》，《中国农民合作社》第 8 期。

于细婷、易欢、谢元态，2011，《丹麦农业合作社的财政金融支持政策及启示》，《海南金融》第 2 期。

余丽燕、郑少锋，2007，《美国农业合作社筹资经验及启示》，《中国合作经济》第 12 期。

钟广池，2010，《农民专业合作社税收优惠法律制度研究》，《华南农业大学学报》（社会科学版）第 2 期。

The Experience Enlightenments of European and American Farmers' Cooperatives' Financing to China

Mao Fei　Li Ang

Abstract：The financing experience of European and American farmers' cooperatives lie primarily in two areas. In the aspect of government. Well-designed laws and regulations can institutional guarantee the development and financing of cooperatives. Financial subsidies, preferential loans, agricultural insurance support, tax incentives and other measures should be promoted to support cooperatives' financing. Furthermore, a well-constructed cooperation financial system is necessary in the cooperatives' financing. In the aspect of farmers' cooperatives development and exploration. Encourage members to pay as a condition into the cooperative. Increase the cooperatives' capital accumulation by its unique distribution system. Set up banks to absorb funds and issue shares. The financing experience of European and American farmers' cooperatives have several enlightenments to China. First, firmly support should be provided in cooperatives' financing. Second, institutional reform in cooperatives should be promoted to guarantee the internal direct financing. Third, innovate the benefit distribution system and enlarge the capital accumulation such as cooperative accumulation funds. Fourth, encourage the innovation of cooperative external financing.

Key words: European and American farmers' cooperatives; American agricultural credit system; new generation cooperative; financing

投稿者须知

一 本刊组稿要求

1. 注重学术价值：要求论文具有较高的学术水准，拒绝常识性的、教科书式或政策文本式的描述。

2. 注重实践意义：要求论文选题前沿，理论联系实际，对政策制定和实践发展具有一定的参考。

3. 注重写作规范：要求论文采用规范的经济学或管理学研究方法进行语言表述，主题明确、结构清晰、文字顺畅。

二 投稿

1. 稿件强调首发。所有来稿均须在文章首页以脚注形式注明是否在其他刊物或媒体（包括自媒体）上公开发表过。

2. 稿件篇幅一般不低于1万字，言之有物、言之有理的文章可以不限篇幅。

3. 稿件应附有规范的中英文对照的标题、作者姓名、单位及中英文摘要及关键词。

4. 稿件应在首页以脚注形式注明作者中文姓名、工作单位、学位、职务或职称、研究方向、通信地址、邮政编号、联系电话（宅电、单位电话、手机）、电子邮箱等。

5. 附件使用Office系统Word软件A4排版，字号为五号宋体，行间距20磅。要求：文字和图表字迹清晰，公式表达规范（复杂公式须用公式编辑器编辑），数据准确，图表内文字应以中文为主。

三 文内格式

1. 论文题目（即一级标题）：黑体三号。

2. 作者及作者单位：楷体小四号格式，作者人数原则上不超过三人。

3. 内容摘要：楷体五号格式，原则上不超过 300 字。

4. 关键词：楷体五号格式，原则上不超过五个。

5. 正文：全文由宋体五号、20 磅行距排版书写。其中，二级标题以黑体四号字排版，题头空两格，标题序号以汉字书写（即"一、"）；三级标题以宋体四号字排版，标题序号以括号加汉字数字书写（即"（一）"）；四级标题楷体小四号字排版，标题序号以阿拉伯数字 1～9 书写（即"1."）；五级标题以宋体五号加粗排版，标题序号以括号加阿拉伯数字书写（即"（1）"）。无特殊情况，不出现五级以下的标题。

四　参考文献

1. 参考文献附于正文之后，所列文献应与文内相对应。

2. 文献格式一般为：作者. 发表时间. 文章名（书名）. 期刊名（出版社），卷期数。

3. 引用参考文献时应在括号内按姓名、年份的顺序注明该文献，如（科斯，1946）。如同一年份中有一个以上文献，可在年份后加 a、b、c……如正文中已有作者名字，括号内可以仅注明年份。

五　审稿

本刊实行匿名审稿制度，通过编辑部初审的论文，我们将请专家以公正和客观的态度审阅您的稿件。稿件一经评审通过即通知作者本人。文章表发后按作者数量寄送样刊若干。

热忱欢迎国内外学者踊跃投稿！稿件请发至电子邮箱：zghzjjpl@126.com。

《中国合作经济评论》编辑部

图书在版编目(CIP)数据

中国合作经济评论. 2017年第1期：总第1期 / 孔祥智主编. -- 北京：社会科学文献出版社，2017.4
ISBN 978-7-5201-0422-7

Ⅰ.①中… Ⅱ.①孔… Ⅲ.①中国经济-合作经济-研究 Ⅳ.①F121.24

中国版本图书馆CIP数据核字（2017）第043404号

中国合作经济评论　2017年第1期（总第1期）

主　　编 / 孔祥智
副　主　编 / 陈卫平　钟　真　谭智心　毛　飞
本期执行主编 / 钟　真

出　版　人 / 谢寿光
项目统筹 / 蔡继辉
责任编辑 / 张艳丽

出　　版 / 社会科学文献出版社·皮书研究院（010）59367092
　　　　　　地址：北京市北三环中路甲29号院华龙大厦　邮编：100029
　　　　　　网址：www.ssap.com.cn
发　　行 / 市场营销中心（010）59367081　59367018
印　　装 / 三河市东方印刷有限公司

规　　格 / 开　本：787mm×1092mm　1/16
　　　　　　印　张：15　字　数：230千字
版　　次 / 2017年4月第1版　2017年4月第1次印刷
书　　号 / ISBN 978-7-5201-0422-7
定　　价 / 69.00元

本书如有印装质量问题，请与读者服务中心（010-59367028）联系

版权所有 翻印必究